罗仁坚　周小棋/等编著

DAZAOQIAOTOUBAO

KUNMINGQUYUXINGGUOJIJIAOTONGYUNSHUSHUNIU

打造桥头堡

昆明区域性国际交通运输枢纽

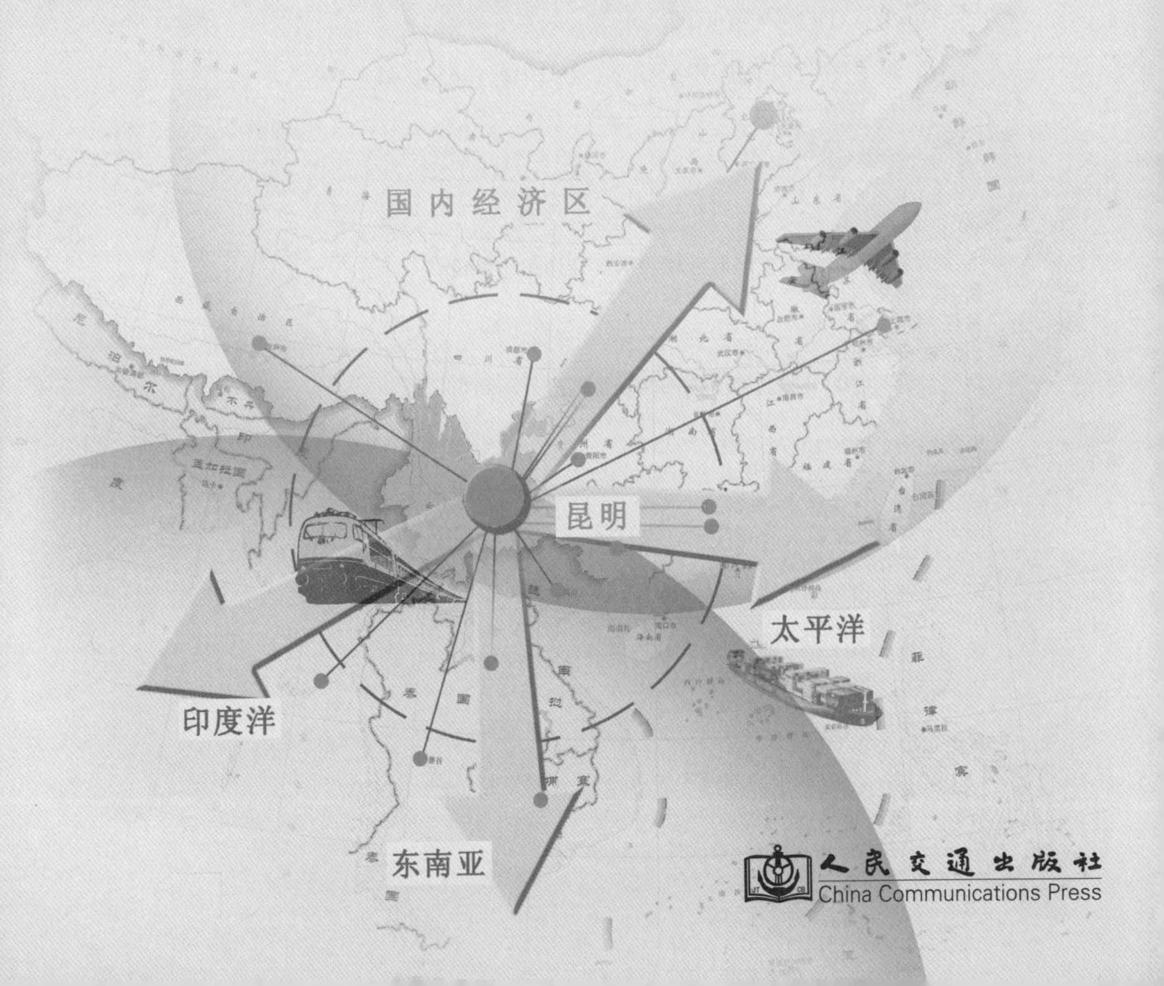

国内经济区

昆明

太平洋

印度洋

东南亚

人民交通出版社
China Communications Press

内 容 提 要

本书是以昆明为对象，研究枢纽城市的通道网络和枢纽站场布局的范例类书籍。全书分研究报告和基础专题两篇，共十三章，内容包括：交通区位、区域性国际交通运输枢纽定义、构建发展的必要性、功能定位、经济社会发展支撑、对外对内通道网络布局、枢纽站场、口岸和通关便利化、国际客货运输组织模式等。本书既有宏观性、理论性，又具体针对昆明市和云南省进行分析研究，理论与实践相结合。

本书适合于交通运输相关专业大学本科以上的学生、教师、科研人员、交通领域的管理工作者使用。

图书在版编目(CIP)数据

打造桥头堡昆明区域性国际交通运输枢纽／罗仁坚等编著．—北京：人民交通出版社，2011.9
ISBN 978-7-114-09295-4

Ⅰ．①打… Ⅱ．①罗… Ⅲ．①交通运输中心-研究-昆明市 Ⅳ．①F512.774.1

中国版本图书馆 CIP 数据核字(2011)第 146559 号

书　　名：打造桥头堡昆明区域性国际交通运输枢纽
著 作 者：罗仁坚　周小棋　等
责任编辑：戚学林
出版发行：人民交通出版社
地　　址：(100011)北京市朝阳区安定门外外馆斜街 3 号
网　　址：http://www.ccpress.com.cn
销售电话：(010)59757969，59757973
总 经 销：人民交通出版社发行部
经　　销：各地新华书店
印　　刷：北京凯鑫彩色印刷有限公司
开　　本：720×960　1/16
印　　张：19
字　　数：280 千
版　　次：2011 年 9 月　第 1 版
印　　次：2011 年 9 月　第 1 次印刷
书　　号：ISBN 978-7-114-09295-4
定　　价：58.00 元
(如有印刷、装订质量问题的图书由本社负责调换)

编写组成员名单

顾问指导组: 周小棋　胡炜彤　豆劲鸣　李世新

编写组组长: 罗仁坚

编写组副组长: 郭小碚　程世东

编写组成员: 宿凤鸣　陆成云　贾　进　王喜玲　钟　燕　杨　微　饶　雪　董盼盼

序言

交通是交叉千行、通连万家的大产业、大事业，是城市经济社会发展的龙头、基础、载体和支撑，可以让城市更有效率、效果和效益。有了大交通就会有大物流，有了大物流就会有大流通，有了大流通就会有大市场，有了大市场就会拉动大发展。

随着经济全球化、区域一体化加速，国家之间、区域之间、城市之间的交流交锋交融更加明显。对于一个城市发展而言，是否符合国家战略需要，直接决定着这个城市的特质、内涵和功能，也影响着这个城市的地位、份量和高度。国务院《关于支持云南省加快建设面向西南开放重要桥头堡意见》明确提出，要加快建设以昆明为中心，包括曲靖、玉溪、楚雄的滇中城市经济圈，使之成为重要的区域性国际交通运输枢纽和全国重要的商贸物流基地。昆明在我国版图中虽然地处边陲，但从我国与世界的关系来看，却是一个重要的结合部，是亚洲的地理中心，属于“门户型”城市；而从西南地区和东南亚、南亚、西亚生产要素的流向来看，昆明则是一个重要的集散地，是南北方向泛亚铁路国际大通道和东西方向第三条亚欧铁路大陆桥的交汇点，又是亚洲五小时航空圈的中心，属于“枢纽型”城市。加快建设区域性国际城市，把昆明建设成为区域性国际交通运输枢纽，能够更好发挥、提升和强化昆明作为“门户型”、“枢纽型”城市的作用，也是我们贯彻落实桥头堡战略最直接、最具体、最重要的抓手。

当前，国家新一轮西部大开发深入推进，云南桥头堡建设全面实施，为昆明扩大开放、加快发展提供了千载难逢的历史机遇。2011年8月闭幕的中国共产党昆明市第十次代表大会，明确提出要加快建设区域性国际城市，为在科学发展社会和谐中造福人民而奋斗。我们将全力抢抓新一轮西部大开发和桥头堡建设两大历史机遇，紧紧围绕市第十次党代会描绘的宏伟蓝图，着力建设大都市、培育大产业、构建大通道、汇聚大物流、提速大开放、改善大民生、营造大环境，加速跨越崛起，实现跨越腾飞。

构建昆明区域性国际交通运输枢纽，是建设区域性国际城市的重要基础，是形成区域网络节点、汇集各方要素、降低物流成本、扩大对外开放的重要支撑。我们将积极配合国家和省促进区域性交通枢纽、物流节点建设，全面加快以交通为重点的基础设施建设。未来10年，投资2000亿元以上，着力构筑公路、铁路、航空、水运、管道“五通互联”的现代化综合交通运输体系，把昆明建设成为立足云南、辐射西部、联通泛亚的通道枢纽。以昆明新机场、泛亚铁路、昆明至北部湾快速铁路和昆河、昆曼、昆仰高速公路等为依托，加快构建昆明—皎漂、昆明—北部湾、昆明—曼谷等大通道，推动昆明至河内、皎漂、曼谷、密支那经济走廊建设，实现借港出海、连线出境、互联互通。推动昆明至广东珠三角经济走廊、昆明至成渝经济走廊、昆明至西藏昌都经济走廊建设。加快推进滇中城市经济圈城际快速交通和市域高等级路网建设，积极推进环滇中高速外环线、西北绕城、东南绕城、昆武、昆嵩高速等项目建设。到2015年，形成以高等级公路为骨架的“十三射五环五纵六横”路网体系。以南昆铁路、贵昆铁路、成昆铁路、沪昆铁路、滇藏铁路等为依托，构筑起昆明“八出省、四出境”的铁路大通道。加快轨道交通规划建设，确保“十二五”前半期1、2、3、6号线建成营运，4、5号线开工，公交分担率达到60%以上。

《打造桥头堡昆明区域性国际交通运输枢纽》一书，系统论述了昆明打造区域性国际交通运输枢纽的重要性和必要性，提出了昆明建设区域性国际交通运输枢纽的路径和方向，具有较为重要的参考价值，必将对昆明加快区域性国际城市建设、在科学发展社会和谐中造福人民，产生积极而深远影响。在此，感谢课题组的辛勤工作和深入研究！

中共云南省委常委
昆明市委书记　　仇和

前言

2009年7月，胡锦涛总书记在云南考察时指出："云南要统筹对内对外开放，一方面要加强同国内其他地区的横向经济联合和协作，积极引进省外资金、技术、人才，主动承接东部产业转移；另一方面要拓展对外开放广度和深度，推动对外贸易、利用外资、企业'走出去'上水平，尤其要充分发挥云南作为我国通往东南亚、南亚重要陆上通道的优势，深化同东南亚、南亚和大湄公河次区域的交流合作，不断提升开放质量和水平，使云南成为我国向西南开放的重要桥头堡。" 这是一项极其重大和深远的战略谋划。打造昆明区域性国际交通运输枢纽，使昆明成为区域性国际网络的重要节点、贸易中心、物流和人流的主要集聚地，形成桥头堡的强大核心功能体，促进昆明和滇中城市群以及云南全省的经济社会加快发展，提升对外开放实力和影响力，是贯彻总书记指示精神、实施桥头堡战略的重要举措和基础。

昆明是云南省省会城市，也是云南省唯一的特大城市，具有极高的首位度和对全省的辐射带动作用，在交通上具有极强的通道枢纽区位，是我国通往印度洋通道、东盟通道、南亚通道以及与国内主要通道链接的重要枢纽，是最有条件发展成为具有区域影响力的桥头堡中心城市。交通运输是获取发展资源、拓展产品市场、传播先进生产力、提高对资源要素吸引力和配置能力的重要基础条件。打造昆明区域性国际交通运输枢纽是为了彻底改善昆明市以及云南省交通落后现状，增强对东部产业转移的承接能力和向东南亚、南亚"走出去"的实力；是为了通过枢纽的作用将新区位优势和通道优势转化为经济、贸易、效益的增长，壮大经济总量规模；是为了提升桥头堡在区域合作发展中的影响力和推动力等等。

昆明市"十二五"发展规划纲要提出，到2015年在云南省率先基本实现全面建设小康社会目标，基本建成中国面向西南开放的国际门户和桥头堡中心城市；到2020年，率先在全省基本实现现代化，初步建成我国面向西南开放的区域性国际城市。加快昆明区域性国际交通运输枢纽的建设发展是实现经济社会发展目标和建设区域性国际城市的重要基础支持，具有十分重要的意义。

区域性国际交通运输枢纽主要是由地缘区位条件和国际区域合作所决定的，昆明区域性国际枢纽的最大特征就是以陆路国际通道为主以及航空运输组成的区域性国际运输网络中心。通道网络、口岸条件和通关便利化以及跨国间组织运输模式对于昆明枢纽来说非常重要，它们决定和影响着昆明枢纽的地位、功能、效率以及流量规模和辐射范围；区域内的枢纽站场以及城市交通、城际交通也都是重要影响要素。书中的结构和观点主要是围绕以下内容展开："以昆明为核心，滇中城市群为整体，国内、国际通道网络为支撑，客货运枢纽站场和物流园区为基础，口岸为重要条件，以大力发展和完善'四网'（即：以昆明铁路枢纽、公路运输枢纽为中心的国内、国际陆路客货运输网络，以昆明国际机场为枢纽的国内、国际航空运输网，以昆明为核心的滇中城市群城际交通网络，以轨道交通为骨干的昆明城市和市郊快速交通网）为主线，建设形成积极适应国家云南桥头堡对外开放和昆明区域性国际城市建设、提升昆明区位地位和经济社会发展能力，网络和设施完善、功能完备的现代化区域性国际交通运输枢纽"，以及"不仅要构建形成适应国内、国际交通流通过需要的便捷枢纽，更要发展成为客货流集聚、促进和带动昆明和云南经济与贸易大发展的运输枢纽"。

本书是在昆明市发展和改革委员会主持的《构建昆明区域性国际交通运输枢纽》课题研究成果的基础上编写而成，得到了云南省和昆明市以及昆明铁路局等相关部门和专家的大力支持，在此表示衷心的感谢！书中不足和争议性的地方，敬请批评指正。

罗仁坚

2011年03月

目录

研究报告篇

基础专题篇

研究报告篇

第一章

云南省区位变化和交通基础设施布局建设

内容提要：在国家对外开放发展战略中，将把云南建设成我国向西南开放的桥头堡，地缘劣势将转化为区位优势，交通网络将围绕这一变化进行重点布局和构筑，形成以昆明为中心枢纽城市和大理、蒙自、景洪、瑞丽为重要枢纽城市及支撑依托的，国家“两横两纵”四大陆路进出境通道和云南省“三横三纵一斜线”的骨干网络构架。

云南省地处我国大西南，东接广西、贵州，北邻四川、西藏，西边、南边分别与邻国缅甸、老挝、越南接壤，边界线总长4060km。2009年，全省人口4571万人，其中少数民族人口占1/3，全省地区生产总值6168亿元，受传统区位制约，经济发展落后，人均GDP为全国平均水平的53.8%，居全国第29位。桥头堡战略使云南从我国的西南末梢转变为面向东南亚、南亚开放和通往印度洋的前沿，交通区位条件和通道布局建设将发生根本性的变化。

第一节 桥头堡战略部署的云南交通新区位

（一）传统发展认识下的交通区位条件

长期以来，云南省在地理区位中一直被视为我国西南边陲、边缘内陆省、国边防重要省，与国内核心城市、经济发达地区相距较远，交通不畅，运输能力不足，进出云南的通道常被称为“入滇”通道，有着明显的“相隔遥远”、“艰难”、“隘口”等隐性意思；虽然地处太平洋和印度洋的接合部，但没有海洋港口及通往其他省市区沿海港口的大能力便捷通道；在沿边对外开放中，虽然进行了很多努力，取得了一定成效，但由于总体经济基础薄弱、交通条件差以及相邻国家经济发展相对落后等因素，辐射影响范围小，总量规模不大，尚未形成对经济发展的较大贡献。在既有的地缘政治和区域经济发展框架下，云南省的区位条件以及不便的交通条件和较高的物流成本，严重制约了云南省经济社会发展潜力的发挥。改革开放以来，虽然保持了较快的发展速度，但与发达地区以及全国平均水平相比存在着较大差距，且呈拉大趋势，基础差、产业规模小、结构层次低、发展不足、发展不够快等问题比较突出。

（二）桥头堡战略部署下的新交通区位条件

改革开放是决定当代中国命运的关键抉择，是发展中国特色社会主义、实现中华民族伟大复兴的必由之路[1]。改革开放战略实施30年来，我国经济社会步上了快速发展轨道，取得了巨大成功和成就，人民生活水平总体达到小康，综合国力显著增强，国际地位和影响力显著提高。在当今世界多极化、经济全球化、区域经济一体化加速发展的大背景下，“十七大”指出，“求和平、谋发展、促合作已经成为不可阻挡的时代潮流”。“全球和区域合作方兴未艾，国与国相互依存日益紧密”。“我们主张，各国人民携手努力，推动建设持久和平、共同繁荣的和谐世界”。“在国际关系中弘扬民主、和睦、协作、共赢精神。政治上相互尊重、平等协商，共同推进国际关系民主化；经济上相互合作、优势互补，共同推动经济全球化朝着均衡、普惠、共赢方向发展”。同时，提出了“统筹国内国际两个大局，树立世界眼光，加强战略思维，善于从国际形势发展变化中把握发展机遇，应对风险挑战，营造良好国际环境”的发展方针。

2009年7月，胡锦涛总书记在云南考察时指出：“云南要统筹对内对外开放，一方面要加强同国内其他地区的横向经济联合和协作，积极引进省外资金、技术、人才，主动承接东部产业转移；另一方面要拓展对外开放广度和深度，推动对外贸易、利用外资、企业‘走出去’上水平，尤其要充分发挥云南

[1] “十七大”报告。

作为我国通往东南亚、南亚重要陆上通道的优势，深化同东南亚、南亚和大湄公河次区域的交流合作，不断提升开放质量和水平，使云南成为我国向西南开放的重要桥头堡。”胡总书记的重要指示，是科学判断时代条件的发展变化，进一步统筹国内发展与对外开放、保障国家经济安全、促进区域协调发展和边疆长治久安的重大战略部署，是一项极其重大和深远的战略谋划。云南省在这一战略谋划的架构中，将从边陲、末端转变为面向东南亚、南亚开放开发的前沿、重要桥头堡，担负着新的重要使命和发展任务，在大的对外开放与经济合作格局中，交通区位条件发生了以下根本性的变化。

1．是我国向西南开放的前沿和重要交通网络枢纽

改革开放30年来，我国主要是面向太平洋的沿海对外开放，沿边地区对外开放的规模和力度较小，大通道等基础设施也主要是朝向沿海主要港口进行布局建设，沿边省区因此成为边缘、末梢。随着国际形势的深刻变动和经济全球化的深刻影响，根据云南省在面向东南亚和南亚的国际地缘优势，党中央决定将云南省建设成为我国向西南开放的桥头堡的战略决策，既是国际区域经济发展的要求，也是我国对外开放格局的新突破，为我国经济发展开辟了更广阔的市场空间。云南省地处三亚（东亚、东南亚、南亚）、两洋（太平洋、印度洋）陆路接合部，因而成为了我国通向印度洋，打通东北亚与南亚、中西亚与东南亚、太平洋与印度洋之间泛亚国际大通道的重要结点和交通运输枢纽，成为了我国向东南亚、南亚以及印度洋开放的前沿，在国际贸易中的地位和作用将同比沿海港口，是重要的陆路离岸港口，而且在地缘政治、区域合作上的地位和影响，甚至超过沿海港口。

2．是我国通向印度洋战略通道的起点和重要基地

打通印度洋通道，既是我国经济发展的需要，也是维护我国经济安全和能源安全的需要。随着我国面向太平洋的开放战略取得巨大成功和综合经济实力的大幅提升，面向印度洋开放、打通印度洋通道是我国扩大对外开放必然的战略选择。印度洋是我国对外贸易和获取能源等战略物资的重要海上运输通道，马六甲海峡是沟通印度洋与太平洋的“海上桥梁”，连接亚洲、欧洲和非洲的

"海上纽带"，是我国进口中东和非洲石油的重要通道。随着经济的快速崛起，我国已经成为世界能源消费大国和进口大国，出口商品市场也逐渐向非洲和中东扩展，马六甲海峡安全的重要性凸现，在每天通过马六甲海峡的近140艘船只中，近60%是我国船只，我国80%左右的进口石油靠这条航道运输，是我国一条名副其实的"海上生命线"。由马来西亚、印度尼西亚和新加坡共管的马六甲海峡利益交错，暗伏危机，为防止突发事件发生，马六甲海峡被封锁或构成对我国运输船队的安全威胁，建设我国直通印度洋的国际大通道是对我国经济安全和能源运输安全的保障措施之一，是和平时期国际运输的一种积极的补充和扩展，同时在保卫国家安全的军事战略上具有非常重要的意义。

目前，印度洋通道的中缅油气管线工程已正式启动，油气管道上岸基地与船埠工程、30万t级石油码头等项目，已在缅甸的皎漂港开始建设或前期推动。届时，除了石油可直接输送到昆明外，包括云南和其他省市区的我国外贸货物可通过与陆路通道便捷连接的皎漂港进出口，在运距上对于西部以及中部地区的货物具有相当的竞争力。云南是我国该战略通道的起点和前沿基地，是通往印度洋必经的交通重要枢纽结点。

3. 是我国西部大开发省区利用"两个市场、两种资源"的重要陆路国际通道

我国西部地区与沿海地区相比，在对外贸易中处于明显的物流成本劣势，在我国西部大开发中，出海通道是交通建设的重要内容。随着桥头堡战略的实施，从云南将建设通往东盟各国以及印度洋的大通道，我国西南等西部省市区将可以依托这些陆路通道，具有相对优势地、较广泛地开展与东盟以及南亚各国的国际贸易和经济合作，创造新的经济增长点。尤其是中国—东盟自由贸易区的正式建立，这个由中国和东盟10国共同组成，拥有19亿消费者、近6万亿美元国内生产总值和4.5万亿美元贸易总额，世界上人口最多、全球第三大、七千多种超过90%的原产地产品实行零关税的自由贸易区，对于西部省市区来说是最具有拓展潜力、发挥西部地区优势、发展一般贸易和出口加工贸易的大市场。云南省处于陆路通往东盟各国的关键地带和进入国际市场的前沿，从云南通往中南半岛东盟诸国的由泛亚铁路和公路组成的陆路通道，以及通往印度洋的由管道、铁路、公路组成的国际大通道，承载着这一重要使命，具有与西部出海大通道一样的功能和作用，是支持西部大开发的重要基础设施。

4. 是太平洋连接南亚、欧洲的第三亚欧大陆桥必经通道

早在两千多年前，“南方丝绸之路”就是从四川经云南出缅甸至印度、伊朗通往西亚等地，形成了我国与南亚、中亚等国经贸往来和宗教文化交流的重要通道。抗日战争时期的史迪威公路、驼峰航线、中印输油管道都是从印度经云南进入我国，是盟国援华物资的重要运输线。目前正在探讨中的第三亚欧大陆桥，以我国太平洋沿岸的珠江三角洲港口为起点，经广西、云南，西出缅甸连接印度，通往西亚和欧洲。云南是必经的通道和重要的物流节点，将是我国参与孟中印缅次区域合作和经贸交流的陆路重要通道，尽管该通道跨域涉及的国家众多，地理条件和社会条件极其复杂，全程打通前景不甚乐观，但区段性打通还是有可能的，其中云南省在推动通道建设与运输连接中将担负着重要的作用。

第二节 云南省交通运输发展现状

经过改革开放以来的持续发展和近十多年的较大规模建设，云南省交通网络总体规模和密度、技术质量等级、通达深度等显著提高，运输能力保障性和服务水平有较大提升。但由于原有基础薄弱，历史欠账较多，虽然纵向比较发展较快，但与发达地区比较仍然落后，仍然不能适应全省经济社会发展和对外合作交流的需要，与桥头堡建设发展的要求还有较大差距。

（一）交通基础设施

截至2009年年底，云南省铁路、公路、内河航道里程共计21.12万km。铁路营业里程为2474.4km，其中复线里程158km，电气化里程1355km，有贵昆、南昆、内昆、成昆、广大、昆河等干线铁路；公路通车总里程20.6万km，其中高速公路2512km，一级公路628km，二级公路4973km，六条国家高速公路及联络线省内段规划里程2886km，已建成通车1835km；内河通航里程2764km，其中，四级航道348km，五级航道158km；民用运输机场12个，其中昆明机场、西双版纳机场属于国家一类口岸（国际）机场，通航国内72城市、境外23城市。云南省初步构建形成了以铁路、高速公路、航空运输线为干线骨架、以昆明为中心枢纽的立体交通网络，通道主体形态基本上都是连向国内，以南宁—昆明和贵阳—昆明—大理组成的“入”字型（入滇）通道为主骨架的格局形态（图1-1）。

图1-1 现状通道主骨架示意图

目前，云南省交通基础设施主要存在以下问题：

（1）尚未形成完整的骨架网络布局。省内干线通道基本都是以昆明为中心向外放射，各州市之间缺少相互联通；对外通道为“末梢型”布局形态，不仅尚未形成对外开放型形态，而且也尚未形成完善的进出省通道布局。

（2）技术等级低，尚未形成大能力、快捷的运输大通道。现有铁路基本为单线，铁路复线里程仅158km，复线率为6.4%；线路技术等级不高，运行速度慢，运输能力严重不足；多条与省外连接的高速公路尚未建成连通；二级及以上公路里程仅占公路总里程的3.94%，国省干线公路中仍有较多四级路、等外路和砂石路路段。

（3）干线密度低，覆盖面不足。目前，全省仍有怒江州和38个县未通高等级公路；乡镇公路通达率为95.81%，通畅率为69.75%；建制村公路通达率为85.45%，通畅率为19.1%。

（4）交通投资大、建设成本高，自身发展能力弱。云南省以山区为主，地形地质条件复杂，交通基础设施建设难度大、工程造价高；云南省经济欠发达，129个县（区）有73个属国家级贫困县，地方财力薄弱，可用于交通建设资金十分有限。随着交通基础设施建设的快速发展，全省交通建设负债呈现过快增长，自我发展能力严重不足。

（二）运输网络和全社会运输量

2009年，云南全省完成的全社会客运量为3.66亿人，旅客周转量448.45亿人·km；全社会货运量为4.74亿t，货物周转量904.27亿t·km（表1-1）。客货运输量随全省经济社会的持续平稳较快发展和交通基础设施条件的不断改善呈较快增长趋势，2000年～2009年，全省GDP平均年增长率为13.62%，旅客周转量、货物周转量年均增长分别为6.87%、7.20%，弹性系数分别为0.51、0.53。

2009年云南省客货运输量

表1-1

运输方式	旅客运输		货物运输	
	运量（亿人）	周转量（亿人·km）	运量（亿t）	周转量（亿t·km）
铁路*	0.24	63.37	0.59	340.95
公路	3.28	302.22	4.08	496.14
航空	0.07	81.31	0.00074	1.16
水运	0.07	1.55	0.03	5.42
管道	—	—	0.04	60.60
总计	3.66	448.45	4.74	904.27

注：* 为昆明铁路局范围内数据。

（1）铁路：主要是以昆明铁路枢纽为主的客货运输组织模式，2009年，昆明枢纽完成旅客发送量1065万人，占全省铁路的43%，货物发送与到达量4950万t，占全省铁路的51%，每日开往省外旅客列车29对、省内旅客列车42对（其中滇中城市群城际列车8对）。

（2）公路：到2009年年底，全省共有客运站786个，其中一级站27个，二级站74个，三级站76个，四级站188个，五级站133个，简易及招呼站288个；基本建立了依托高等级公路的省内班线、跨省班线的快速客运网络，城乡客运、农村客运网络覆盖率不断提高；客运站平均日发送5.2万班次、旅客发送量56.5万人次左右。货运站场设施落后，集中化程度低，全省注册登记的道路货运站场仅29个，其中三级站7个，四级站22个，全年平均日换算货物吞吐量为1.51万t。

（3）民航：形成了“干线+支线”的航线网络结构，省内航线以昆明机场为中枢的轮辐式网络结构，省外以及国际航线基本上是以昆明为主向外放射。2009年，云南共开通了159条国内航线、24条国际航线，通达国内各主要城市和我国港、澳、台，以及东盟等国主要城市，还有南亚、中东、日、韩等国家和地区。

第三节 云南省交通运输通道布局规划

（一）国家层面有关通道规划

在《中长期铁路网规划(2008年调整)》中，昆明—贵阳—长沙—杭州是“四纵四横”全国性客运专线的重要一横，中老通道昆明—景洪—磨憨段、中缅通道大理—瑞丽段以及中越通道昆明—河口段是规划修建的西南进出境国际铁路通道，大理—香格里拉是滇藏铁路通道，重庆—昆明、昭通—攀枝花—丽江、昆明—百色等是完善西部地区铁路网的重要线路。

专栏1-1　《中长期铁路网规划(2008年调整)》中云南省相关线路

1. 建设杭州—南昌—长沙—贵阳—昆明客运专线，连接西南、华中和华东地区。

2. 新建中俄通道同江—哈鱼岛段，中吉乌铁路喀什—吐尔尕特段，改建中越通道昆明—河口段，新建中老通道昆明—景洪—磨憨段、中缅通道大理—瑞丽段等，形成东北、西北、西南进出境国际铁路通道。

3. 新建拉萨—林芝、大理—香格里拉线，研究建设成都—波密—林芝、香格里拉—波密线，形成四川、云南至西藏的便捷通道。

4. 新建太原—侯马—西安—汉中—绵阳线，研究建设郑州—重庆—昆明线，形成华北、中原至西南新通道。

5. 新建乌鲁木齐—富蕴—北屯、哈密—若羌、二连浩特—锡林浩特—乌兰浩特、正蓝旗—虎什哈、昭通—攀枝花—丽江、昆明—百色、柳州—肇庆、南宁—河池等铁路，研究建设安康—恩施—张家界等铁路，完善西部地区铁路网络。

在《国家高速公路网规划》中，云南省有六条国家高速公路和两条国家高速公路联络线，分别是G5北京至昆明高速公路、G85重庆至昆明高速公路、G56杭州至瑞丽高速公路、G60上海至昆明高速公路、G78汕头至昆明高速公路、G80广州至昆明高速公路以及G5611大理至丽江、G8011开元至河口高速公路。

专栏1-2　《国家高速公路网规划》中云南省相关线路

1．北京放射线

北京—昆明：北京—保定—石家庄—太原—临汾—西安—汉中—广元—绵阳—成都—雅安—西昌—攀枝花—昆明。

2．南北纵线

重庆—昆明：重庆—内江—宜宾—昭通—昆明，联络线：昆明—元江—思茅—磨憨（口岸）。

3．东西横线

（1）杭州—瑞丽：杭州—黄山—景德镇—九江—咸宁—岳阳—常德—吉首—遵义—毕节—六盘水—曲靖—昆明—楚雄—大理—瑞丽（口岸），联络线：大理—丽江。

（2）上海—昆明：上海—杭州—金华—衢州—上饶—鹰潭—南昌—宜春—长沙—邵阳—怀化—麻江—贵阳—安顺—曲靖—昆明。

（3）汕头—昆明：汕头—梅州—韶关—贺州—柳州—河池—兴义—石林—昆明。

（4）广州—昆明：广州—肇庆—梧州—玉林—南宁—百色—富宁—开远—石林—昆明，联络线：开远—河口（口岸）。

（二）云南省对交通网络的总体规划

在已有交通运输线路和国家层面相关规划的基础上，云南省根据自身的区位和空间结构，以适应经济社会发展和对内对外开放的需要，提出了相关补充项目，并被列入了国家相关部门的相应规划。规划的未来总体网络形态为：铁路“八入滇、四出境”、公路“七入滇、四出境”、内河航运“两出省、三出境”。到2015年，全省铁路营业里程达到4700km，其中复线里程约1000km，快速客运线网700km；公路里程达23万km，其中高速公路里程达5000km；水运通航里程达5000km。到2020年，全省铁路网规模达8000km以上，快速客运线网规模接近3000km；公路总里程达25万km，高等级干线公路网规模达到3万km左右[1]。

专栏1-3 云南省对交通网络的总体规划

铁路“八入滇、四出境”：“八入滇”为云桂铁路、南昆铁路、贵昆铁路（包括沪昆客运专线）、成贵铁路、渝昆铁路、内昆铁路、成昆铁路、滇藏铁路；“四出境”为中越铁路、中老泰铁路、中缅铁路、经缅甸至南亚铁路通道。

公路“七入滇、四出境”：“七入滇”为G80广州至昆明高速公路、G78汕头至昆明高速公路、G60上海至昆明高速公路、G56杭州至瑞丽高速公路、G85重庆至昆明高速公路、G5北京至昆明高速公路、滇藏公路；“四出境”为昆明经保山至缅甸到南亚公路、昆明至瑞丽到缅甸公路（昆明至孟定清水河高速公路）、昆明至磨憨至老挝到曼谷公路、昆明至河口到越南河内公路。

内河航运“两出省、三出境”：“两出省”为右江水运通道、金沙江水运通道；“三出境”为红河水运通道、澜沧江—湄公河水运通道、中缅陆水联运通道（伊洛瓦底江）。

在大方向上形成“四进四出”的综合运输大通道布局（图1-2）。“四进”为环渤海地区北京、成都方向（环渤海、北京方向，目前实际上主要是从贵阳方向进出——作者注），二连浩特、重庆方向，长三角地区上海、贵阳方向，珠三角地区广州、南宁方向进入；“四出”为经缅甸至南亚通道、中缅通道、中老泰通道、中越通道出境。

[1] 云南省发改委《云南综合交通体系和通信建设情况》。

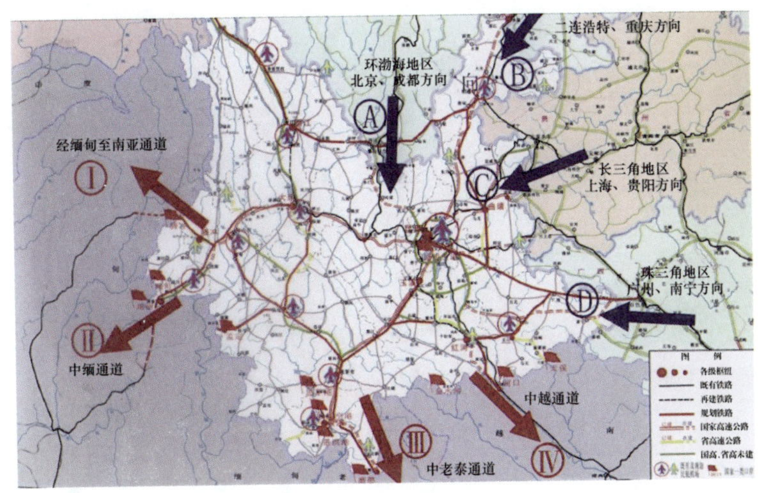

图1-2　云南省“四进四出”大通道示意图

（三）对云南省通道网络结构的总体概述

云南省以“入滇”、“出境”称呼与省外、境外连接的通道，虽然形象、简明，但具有浓厚的以往“末梢”意识，与现在作为向西南开放的国际、国内通道的连接枢纽的区位变化不太相符。尽管在通道建设时，国内通道主要是从省外向云南推进，国际通道是从云南向境外推进，但是，通道的作用和运输是双向的，而且在货流上出省方向、入境方向的货流比重更大，与“入滇”、“出境”正好相反。因此，从严谨角度，应正名为“进出省”通道、“进出境”通道或国际通道。

云南省作为我国向西南开放的重要桥头堡，对外通道不仅为云南省服务，更要为全国服务。因此，要从全国角度来看待形成的国际运输通道，云南省处于这些国际通道我国连接境外的前沿。根据目前已建成、在建、规划建设的通道项目，在云南省将构建形成我国连接东南亚和南亚的“两横两纵”格局的四大陆路进出境通道（图1-3），它们分别为：环渤海、长江三角洲—贵州贵阳—云南昆明—缅甸印度洋港口，珠江三角洲—广西南宁—云南蒙自—猴桥—印度（近期主要是经广西南宁—云南昆明—猴桥），包头、西安—重庆—云南昆明—老挝—泰国—新加坡，西北地区—四川成都—云南昆明—越南河内—柬埔寨。

昆明区域性国际交通运输枢纽

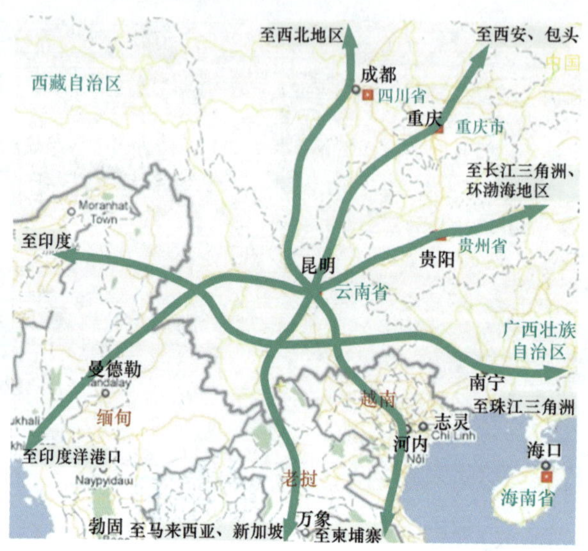

图1-3 “两纵两横”四大陆路进出境通道示意图

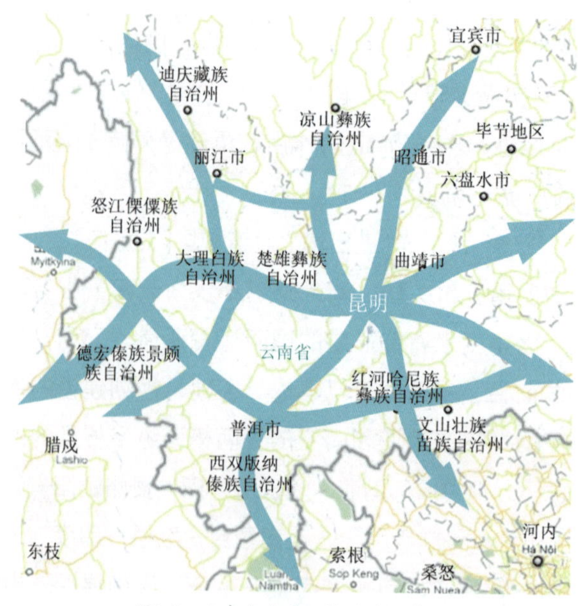

图1-4 云南省陆路运输通道示意图

国家面向西南开放的大通道构成了前沿桥头堡云南省的主骨架通道网络，再加上国家和云南省规划的滇藏通道、丽江—攀枝花—昭通—毕节通道，基本构成了覆盖云南全省、比较完整的通道网络形态，即“三横三纵一斜线”构架，五大陆路进出境国际通道口（图1-4）。

（1）“三横”分别为：贵阳—昆明—大理—瑞丽—缅甸皎漂港，南宁—蒙自—猴桥—印度，丽江—攀枝花—昭通—毕节。

（2）“三纵”分别为：重庆—昆明—磨憨—老挝，成都—昆明—河口—越南，西藏—丽江—大理—祥云—清水河—缅甸。其中，祥云—清水河—缅甸为昆明至印度洋出海大通道而修建的连接缅甸路网的国际通道，以使昆明至印度洋出海大通道为相对独立的运营通道。

（3）“一斜线”为：昆明—南宁。

（四）云南省民航机场、航线网络规划

云南省的机场规划是：建成以昆明国际机场为核心，干线、支线机场合理布局、规模适当、功能完备的机场网络。力争2011年年底建成昆明新机场；2010年和“十二五”期，新建红河机场、泸沽湖机场、怒江机场、沧源机场、德钦机场，改造腾冲机场，迁建普洱机场、昭通机场；研究澜沧、景东、广南、镇雄、会泽、元谋、勐腊、罗平等机场的规划建设。到2015年全省机场数量争取达15个，2020年达18个[1]。

积极开辟新航线，提高航线密度。形成以昆明国际机场为主、其他干线国际机场为补充的直飞东南亚、南亚、中东、欧洲、澳洲、美洲等国家主要城市的国际航线网络；加密国内航线网络，增加干线机场的国内点对点直飞航线；完善省内航线网络结构，在中枢轮辐式航线网络为主的模式下，增加支线机场的点对点航线、航班，紧密支线与干线航线、航班的衔接，适时开通昆明至西双版纳、丽江、大理、香格里拉的“空中巴士”航线。

[1] 云南省发改委《云南综合交通体系和通信建设情况》。

第四节 云南省交通运输枢纽布局规划

（一）云南省交通运输枢纽相关规划

（1）在1992年交通部[1]《全国公路主枢纽布局规划》中，昆明是全国45个公路主枢纽之一。

（2）在2007年交通部《国家公路运输枢纽布局规划》中，云南省昆明、曲靖、大理、景洪、河口、瑞丽6个城市被规划列为公路运输枢纽城市。

（3）在国务院原则通过的2007年国家发展和改革委《综合交通网中长期发展规划》中，昆明为被规划的42个全国性综合交通枢纽（节点城市）之一。

（4）在云南省交通发展的相关规划中，将昆明、曲靖、蒙自、大理规划为四大区域性枢纽。

（二）对云南省交通运输枢纽布局和层次划分建议

1. 成为交通运输枢纽城市的基本条件

尽管交通枢纽与运输枢纽有区别（见第二章），但作为枢纽城市必须具备一定的条件，否则会与一般的节点相混淆。枢纽城市需要具备以下基本条件和功能。

（1）多条通道汇集的城市或干线通道的终端城市。

（2）具有通道交通转换衔接、客货流中转的功能或通道终端运输组织的功能。

（3）具有一定范围内的区域中心性，是区域的客货流主要集散和中转中心、交通运输信息中心，不仅服务于本地区，也服务辐射于周边城市和地区。

（4）具有相应规模的交通流量、客货流生成量和汇集量。

[1] 交通部，已于2008年改为“交通运输部”。

2．枢纽的层级之分

枢纽因在网络中所处的节点位置、担负的功能作用、服务辐射的范围、承担的作业量和客货运输量规模等的不同，在地位上存在着层级差异。有全国路网性枢纽、省级枢纽、地区性枢纽，有重要枢纽、次要枢纽、一般性枢纽之区别。云南省交通网络布局、城市发展、经济和人口分布很不均衡，各城市差异很大，因此，不宜将所规划的枢纽城市作为同一层级看待。

3．枢纽布局和层次划分建议

根据云南省未来交通运输网络布局结构和各城市在全省经济社会发展、交通网络节点中的功能作用，可规划昆明、大理、蒙自、景洪、瑞丽等五个城市为交通运输枢纽城市，其中昆明为国家和省级重要交通运输枢纽城市，大理为省级次重要交通运输枢纽城市，蒙自、景洪、瑞丽为省级沿边口岸交通运输枢纽城市。曲靖、玉溪等都是通道上的一个比较大的节点，并不担负通道汇集和客货运输中转的功能，并不能算是一个枢纽城市，随着滇中城市群的一体化，它们都应属于昆明大枢纽的范围和范畴，在大枢纽内形成各组成区域的便捷连接。

昆明：国家和省级重要交通运输枢纽城市，国家交通运输网络的重要结点、省内交通运输网络的中心、云南国际通道与国内通道的主要链接点，担负省内、进出省、国际客货运输到发集散、中转等任务。

大理：省级次重要交通运输枢纽城市，云南省西部主要城市和交通网络的重要结点枢纽，有印度洋通道、滇缅通道、滇藏通道汇集，主要担负本地省内和部分国内直达运输以及丽江方向、瑞丽方向的客货运输中转和通过运输。

蒙自：省级沿边口岸交通运输枢纽城市，河口口岸进出境交通运输转换依托的主要城市，有昆明至河口通道和规划的环沿边通道汇集，主要担负本地省内运输、河口口岸进出境运输以及进出境运输的换装/换卸、仓储等。

景洪：省级沿边口岸交通运输枢纽城市，磨憨口岸进出境交通运输转换依托的主要城市，有昆明至老挝通道和规划的环沿边通道汇集，主要担负本地省内运输、磨憨口岸进出境运输以及进出境运输的换装/换卸、仓储等。

瑞丽：省级沿边口岸交通运输枢纽城市，中缅重要口岸—瑞丽口岸进出境交通运输转换依托的主要城市，西部开发重点推动的沿边开发开放试验区，我国至印度洋大通道重要前沿节点，主要担负本地省内运输、印度洋大通道通过运输、瑞丽口岸进出境运输以及进出境运输的换装/换卸、仓储等。

云南省交通运输枢纽布局规划示意图如图1-5所示。

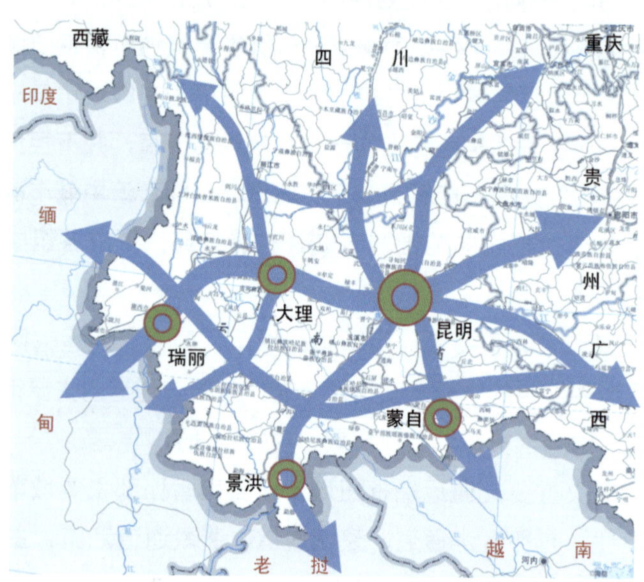

图1-5　云南省交通运输枢纽布局规划示意图

（主要执笔人：罗仁坚　程世东）

第二章

构建昆明国际交通运输枢纽的必要性与总体构想

内容提要：构建昆明区域性国际交通运输枢纽是建立桥头堡中枢和核心体、建设国际化城市的需要；功能定位是国家干线网络的区域重要结点，云南省交通网络中心，桥头堡至东南亚、南亚、印度洋国际通道的主要起点和中枢枢纽，国际区域物流中心。将以昆明为核心，滇中城市群为整体，国内、国际通道网络为支撑，客货运枢纽站场和物流园区为基础，口岸为重要条件，进行总体布局和建设发展。

建设云南向西南开放的桥头堡的国家战略部署，赋予了云南省在我国经济发展、对外开放、国际贸易与经济合作、稳固边疆、国际重要物资运输中的重要作用与发展责任。国家对云南省向西南开放的桥头堡的战略定位是：我国向西南开放的重要门户，我国沿边开放的试验区和西部地区实施“走出去”战略的先行区，西部地区重要的外向型特色优势产业基地，我国重要的生物多样性宝库和西南生态安全屏障，我国民族团结进步、边疆繁荣稳定的示范区。昆明市是云南省政治、经济、文化中心，规模最大、基础最好、最具影响力的中心城市，同时也是云南省连接国内、通往境外的交通网络枢纽，在桥头堡的建设发展中占有非常重要的位置，应通过合理的构架设计与建设，充分发挥核心作用、引领带动作用，促进桥头堡的加快建设和功能、量能的整体提升。

第一节　区域性国际交通运输枢纽的定义和主要特征

（一）交通运输枢纽的含义

根据《辞海》解释，“枢”指事物的重要部分或中心部分；“枢纽”比喻冲要的地点或事物的关键所在。从专业角度，交通枢纽与运输枢纽在实际形态和功用上有较大差别。

交通枢纽。它主要是指一个区域或地区干线交通网络的中枢或干线通道汇集、交汇的重要结点，是交通载运工具流产生、汇集、交汇、通过的核心区。从路网角度所讲的交通枢纽是一个宏观性的概念，指的是枢纽城市，一般汇集多条干线通道和多种运输方式，但并不意味着一定要有很大的客货集散、中转量，也有可能是大量的通过流，集散、中转量并不大。

运输枢纽。它是指运输网络中有较大规模客货运输生成源的主要结点，并由一组或多组客货运输站场构成，为进行客货运输生产和为旅客/货主能够集体性便利地利用公共运输的基础设施。运输枢纽形成的根本前提是所在区域或地区有较大的客货运输需求生成源，是区域客货流的主要汇点和中转地，生成的主要机理是该城市拥有较大的人口和产业规模、对外客货运输需求量大，是区域的主要中心城市、商贸中心、生产和消费的主要集中地，而且，对周边城市和地区具有较强的吸引和辐射功能。

交通枢纽与运输枢纽的异同。交通枢纽主要是从交通网络的通道汇集和相互连通而言，包括对交通载运工具的编解作业；运输枢纽是从客货运输生产组织和为客货集散、中转提供服务的作业角度而言，其包括客货流的组织以及货物装卸、仓储、配送、信息服务、中介代理等服务，它在满足当地客货流需求的同时，也为当地创造产值和就业机会。运输枢纽的形成和发展必须要有相应发达的交通运输网络作为基础和前提，即必须在网络形态上形成“交通枢纽”，以其为前提和依托，否则形不成运输枢纽，它们二者是融合的，运输枢纽规模较大的城市必定是干线通道网络的重要结点和交通枢纽城市；但是，反之并不一定成立，即存在着交通流、客货流以通过为主，当地客货流的集散量并不大的交通枢纽城市。

交通运输枢纽。它也是一个总体的概念，是指在一个区域或地区干线通道汇集、交汇，客货运输生成源集中，并布局配置相应设施设备，进行相应运输组织生产，为整个区域或地区提供客货运输集散和中转服务的交通网络与站场设施的总体。简要地说，即是客货运输作业量较大、配置相应站场设施设备的交通枢纽城市。

（二）区域性国际交通运输枢纽的定义

交通运输枢纽的构建形成，需要有四项基本要素，一是以其为中心的通道网络构架；二是运输需求量；三是以其为中心和主要节点的运输运营网络；四是枢纽的设施设备。枢纽主要服务范围和辐射半径既取决于通道的通达程度，也取决于运输组织模式和运输运营网络的覆盖范围。枢纽的规模和发达程度，既取决于本区域的客货运输需求量和枢纽站场等设施的布局建设，也取决于通道的辐射和干线高频次便捷的交通服务所生产集聚效应，即吸引的大区域或区际的中转客货流。

从通道构架、运输运营网络结构、主要服务范围及辐射的角度分析，交通运输枢纽大体可以分三个层次。第一个层次是全国路网性及大区域的中心枢纽，这类枢纽包括北京、上海、广州、武汉、重庆—成都、西安、沈阳、乌鲁木齐、昆明；第二层次是省级中心枢纽，由省会城市、计划单列市、沿海主要港口及城市组成；第三层次是地区性枢纽，由多条通道汇集和对周边区域具有交通中转、辐射功能的主要地级市组成。其他都应归入站、节点类。

对于具有国际运输功能的枢纽，根据功能作用和承担的运输任务的性质类别基本可以分为国际运输枢纽、区域性国际交通运输枢纽、国际运输枢纽站场三大类。

国际运输枢纽。它是指在所处的国际大区域中，洲际干线汇集、支线发达，具有较强洲际间干线运输服务（包括经停、中转）和发达的区域中转集散功能的国际运输网络的主要结点和功能设施，它们依托的通常都是国际城市，包括世界城市和区域性国际城市，如伦敦、东京、香港、新加坡等，我国上海也在建设发展国际航运中心。可以是指一种主要运输方式的国际运输枢纽（如航空），也可以是指多种运输方式的国际运输枢纽（如香港既是国际航空枢纽，也是国际航运中心）。

区域性国际交通运输枢纽。它主要是由地缘区位条件和国际区域合作所决定的，指区域性国际通道汇集，担负区域性国际客货流运输、集散、衔接转换的主要网络节点和功能设施，一般依托国际区域规模较大的、具有重要国内外交通节点衔接与转换功能的中心城市。对于拥有较大国土面积的国家来说的其区域性国际交通运输枢纽，通常是指依托与周边国际区域紧密联系和通道网络支持的边境省区中心城市，所形成的具有较大规模国际客货流量的区域性网络中心，即由邻近国际区域的国家区域性枢纽或省级中心枢纽构建发展而成，是国家在该区域的重要门户、通往紧邻国际区域的要道、进出境客货流的抵离中心。如，我国东北方向的哈尔滨、西北方向的乌鲁木齐、西南方向的昆明以及南宁、依托地理区位和海运条件形成的大连东北亚国际航运中心等。

区域性国际交通运输枢纽与国际运输枢纽的主要区别在于：前者的国际运输主要是区域性的，后者的国际运输主要是洲际干线运输以及区域性的中转集散；前者之所以称交通运输枢纽，后者称运输枢纽，是因为在有国际陆路通道的区域性枢纽中，要有为国际小汽车交通和通过性的陆路交通运输提供服务的功能，而后者的主要功能是对人或物进行“运输”的组织和服务，包括洲际间运输以及区域的集疏运。

国际运输枢纽站场。它是指国家批准的设有口岸、拥有国际运输线路，具有出入境运输服务功能（包括少量的国际中转）的机场、港口、铁路站场、公路站场，如北京首都国际机场、昆明国际机场、深圳港、北京丰台口岸（铁路进出境运输）、北京朝阳口岸（公路进出境运输）。它们既服务于国际运输，也服务于国内运输，国内、国际运输按功能区分开。同时，也包括依托边境口岸城市，承担进出境客货运输及相关服务的站场，它们通常与边境口岸结合为一体。

（三）区域性国际交通运输枢纽的主要特征

开放性、国际性。所依托的中心城市是开放性的、国际化或朝国际化发展的城市；交通运输网络也是开放性的，不仅与国内通道网络形成有效连接和覆盖，而且拥有较多的国际区域通道和运输航线接入，形成国际区域干线运输的较有效覆盖；并且拥有一定数量的洲际运输航线，具备一定的洲际区域中转功能。

多种运输方式组合性。与枢纽连接的国内、国际区域交通运输网络由多种运输方式组成，国内运输网络具有大能力、快捷的多层次运输系统支撑，要有航空、铁路、公路等多种主要运输方式；国际运输网络，除了航空运输以外，至少还应有铁路、公路、水运中的一种或多种经济便捷的运输方式，承担区域内国际经贸较大规模的货物运输和旅客运输。

国内国际运输链接性。既承担国内客货运输，具有国内运输到发、中转的区域性枢纽功能，又承担一个国家或地区对外国际运输的区域性到发集中和口岸的功能，链接国际、国内运输，包括到发和中转。

规模效应和集聚性。枢纽具有较大规模的运输能力，国内、国际区域客货运输流量规模较大，且集中度较高，在区域上具有主导地位和影响力，对网络、航线航班和客货流中转具有较强的规模效应和集聚能力，而且在经济上具有较强的生存能力和发展空间。

枢纽内部交通发达性。拥有比较发达的城市整体交通支撑，城市交通网络与枢纽站场便捷衔接，集疏运系统相对快捷、高效，信息化服务程度高。

第二节 构建昆明区域性国际交通运输枢纽的必要性

桥头堡，在军事上，是控制、守护通道桥梁的战略据点；在经济上，是向外拓展的基地、前沿中心，经贸合作与各种交流的门户、窗口、平台，连接国内与国外的前沿枢纽。

桥头堡战略是党中央、国务院着眼于对外开放、区域经济协调发展、国家安全和巩固边防的大局，而作出的一项重大决策；是云南省加快发展、推进和加强区域经济国际合作及“走出去”发展战略、提升社会经济整体发展水平和实力的重大机遇。在云南省的相关研究与文件中，桥头堡建设的主要内容是“通道、平台、基地、窗口”，即建设我国向西南开放的战略通道，向西南开放的合作平台，向西南开放的产业基地，向西南开放的交流窗口。

桥头堡包括整个云南省，建设发展惠及全省，是全省人民的共同事业。桥头堡战略的贯彻实施，一是要有着眼于大局、着眼于战略目标、着眼于长远发展的高水平的统筹战略规划和构架设计；二是在建设发展实施上要有重点、抓手，发挥引领作用；三是要有依托的核心城市和比较完善的结构体系，各组成部分合理分工、紧密合作、协调发展，才能保障整体高效协调运行和提升整体实力。

昆明市是云南省省会城市，在云南省经济社会的各个领域和对外开放中具有极强的核心地位和引领作用，是桥头堡建设发展的中心和最主要依托。构建昆明区域性国际交通运输枢纽，是为了促进桥头堡的更快发展和提升桥头堡的整体发展能力和影响力，更加有力地贯彻桥头堡对外开放的发展战略。

（一）是建设发展桥头堡中枢和核心体的需要

桥头堡，在军事上，需要有中枢指挥系统；在经济发展上，需要有较大经济规模的依托城市，形成经济发展核心，起到基础支撑和引领带动作用，以及为各种对外、对内合作与交流创建有效的平台和承接载体。

作为桥头堡中枢和核心体的城市，必须是具有领导地位和网络控制能力的区域中心城市。具体为，有较大经济规模，产业体系相对比较完善，对地区经济具有较强集聚辐射和引领作用；有较高的国际国内知名度，是国际区域经贸往来中心；有较完善的城市基础设施，较发达的通达桥头堡各地以及国内外周边主要城市的交通运输通道系统和通信系统；是有较强区域影响力和推动力的特大城市或国际化城市。其可以是以核心城市为主体的整个城市群。

从云南省城镇体系结构、产业格局、交通运输通道布局、国际交往等现实状况和未来发展分析，作为云南省省会、全省唯一特大城市的昆明市，在各方面都具有极高的首位度和引领作用，是理所当然、别无他选的桥头堡中枢和核心体城市；以昆明市为主体的滇中城市群是桥头堡的核心组成。昆明市是云南省经济社会发展的核心极，有着“一市带全省”的重要作用；昆明市是云南省参与泛珠三角经济合作和对外开放的核心基地；昆明市是云南省城镇体系空间布局的核心、滇中城市群的核心城市。在云南省“两强一堡”区域发展战略中，昆明市委九届六次全会报告提出“昆明作为云南的省会城市，必须加快建成云南绿色经济强省的龙头、民族文化强省的枢纽、中国面向西南开放的国际门户和桥头堡城市”。

交通运输是经济社会发展、对外开放的重要基础支撑，是桥头堡建设的重要内容，它决定着桥头堡内部连接的机动性、背靠依托的运输支持能力、向外拓展的深入能力和安全保障能力，对桥头堡的各项活动和整体发展能力构成重要影响。构建昆明区域性国际交通运输枢纽，就是要通过建立桥头堡核心体较完善的对外、对内通道网络和强大的枢纽功能，来进一步促进核心体加快发展和量能的提升，带动桥头堡的整体发展，并保障桥头堡的交通机动性和整体高效的运行能力、传导能力。

（1）通过构建功能比较完善的区域性国际交通运输枢纽，可以进一步改善和加强昆明与国内、国际的交通连接，提高对国内、国际各类生产要素的吸引、聚集能力，加快桥头堡核心体经济的发展壮大和实力提升，增强核心体的承载功能，为桥头堡提供更强的核心依托。

（2）可以进一步改善和加强昆明与全省各地州市间的交通，增强桥头堡核心体对全省经济社会发展的引领作用和龙头带动作用，加快先进生产力和生产形态在更广范围的形成。

（3）有利于促进桥头堡整体对外开放和经贸发展水平的提高，各地区可以依托昆明区域性国际交通运输枢纽较强大的功能和集聚效应效益，进一步扩大对外贸易与合作和降低国际经贸与运输成本。

（4）可以增强对进出境通道交通运输的控制能力、协调能力、调度能力，以及增强相关通道之间的互补性、机动性；同时，对桥头堡其他中枢系统的建设构成更有力的支持。

（二）是国家路网和云南省路网布局构建的需要

昆明市是我国西南角区域的单极特大城市，在其600～700km的半径范围内（距贵阳约600km，南宁约700km）没有较大影响力的城市。虽然在城市规模、经济总量、辐射影响力上，与全国各大区域中心城相比存在很大差距，与其他主要的省会城市、计划单列城市相比也有着较大差距，但是，地理空间特征和城市分布决定了昆明市在全国路网中的区域性重要中心结点地位，是主要通道必须连接的区域枢纽城市。在全国铁路网中，八条既有和规划在建的连接云南的铁路都接入昆明枢纽，在建和规划建设的四条我国通往东南亚、南亚的进出境铁路也都是以昆明枢纽为起点。在国家高速公路网六条连接云南的高速公路中，五条以昆明为起讫点，一条通过昆明至瑞丽。在国家民航机场布局规划中，昆明机场是定位为我国连接南亚和东南亚的门户机场，国内航线网络构建也是将昆明机场作为重要的区域性枢纽机场。在国家综合交通网中长期发展规划中，昆明市是42个全国性综合交通枢纽（节点城市）之一；是交通运输部规划的全国45个公路主枢纽之一。随着向西南开放的多条通道的建成，昆明将成为我国通向中南半岛和印度洋国际大通道的全国性路网的重要前沿大枢纽，地位作用进一步提高。

在云南省的交通网络中，也基本上都是以昆明为中心向外放射形成干线网络构架连接各地州市，既是各地州市相互连通、转换、交流的枢纽，也是各地州市连接省外、国际的中转枢纽。这一点在航空网络形态上表现得最清楚，省内航空运营网络基本上是以昆明为枢纽的轮辐式结构，并主要是通过昆明枢纽与外部干线网络连接。

在承担的客货运输量中，2009年，昆明铁路枢纽完成的客、货发送量分别为1065万人和4950万t，占到全省铁路的43%和51%；昆明机场完成的旅客吞吐量达1894.47万人，排名全国第七位，占全省12个机场总吞吐量的77%，2010年国际旅客运量突破100万人次；昆明市公路完成的客货运量分别为6106万人和8190万t，占到云南全省的29.1%和24.8%（2008年数据）。随着桥头堡的建设发展和对外交流与合作的不断扩大，昆明市经济规模进一步不断快速提升以及各条规划通道的陆续建成使用，昆明枢纽承担的国内、国际客货运输量将呈现持续的快速增长，总量规模将进一步大幅提升。

枢纽与通道的发展是互为依托，通道的功能在于提供大能力的通行、运送、连接，通道载运工具的运行和客货的运送必须依托枢纽进行组织和提供相应的服务才能实现。枢纽的功能和规模必须与通道网络的运输相适应，才有可能提供所需要的服务和效率。根据昆明市在全国通道网络、云南省干线网络、面向西南开放的国际通道网络和门户机场中所确立的地位和作用，为了适应当前和今后不断快速增长的国内、国际客货运输需求，更好地支持桥头堡战略的实施，扩大对外开放、深化国际区域合作，非常有必要将昆明构建成为区域性的国际交通运输枢纽。

（三）是贯彻落实西部大开发战略建设新高地的发展需要

实施西部大开发战略，是党中央、国务院在世纪之交作出的重大决策。十年来，在国家大力支持和西部地区干部群众共同努力下，西部大开发取得巨大成就。西部地区经济社会加快发展，城乡面貌发生历史性变化，人民生活水平明显提高，也为全国发展开辟了更为广阔的空间。今后十年是西部大开发承前启后的关键时期，党中央、国务院非常重视，分别召开会议研究深入实施西部大开发战略的总体思路、重点任务和政策措施。并指出，将西部大开发放在国家区域协调发展总体战略的优先位置，要以更大的决心、更强的力度、更有效的举措，对西部进一步完善扶持政策，进一步加大资金投入，进一步体现项目倾斜，强化支持；要以增强西部地区自我发展能力为主线，以保障和改善民生为核心。在措施中，**要进一步加大西部重点区域开发力度，着力培育经济基础好、资源环境承载能力强、发展潜力大的重点经济区，形成西部大开发战略新高地，辐射和带动周边地区发展**；要发展特色优势产业，积极有序承接国际国内产业转移，将资源优势转化为产业优势和竞争优势，发展能源工业，改造提升资源加工产业，做大做强装备制造业，加快发展战略性新兴产业和现代服务业；要深化行政管理体制、经济体制及社会事业领域改革，全面推进对内对外开放，提升沿边开发、开放水平。

在西部大开发新十年规划中，加强向周边国家开放是重要内容之一。西部地区开放的重点是推动西部地区与西部周边国家的全面合作，借力这些区域合作，发展次区域合作中心。构建昆明区域性国际交通运输枢纽是贯彻落实西部大开发战略，把经济基础好、资源环境承载能力强、发展潜力大的西南沿边省区中心城市昆明和滇中城市群打造成西部大开发战略新高地和次区域国际合作中心的重要基础支撑条件之一，是改变交通基础设施薄弱、不完善、服务能力低、辐射力不强的系统性工程，是云南省落实西部大开发新十年规划的重要具体建设内容。

（四）是云南省建设对外开放的门户城市与合作平台的需要

随着经济全球化和运输网络的发达、信息技术的迅猛发展，经济领域的发展竞争已越来越表现为规模更大、范围更广的以中心城市为主体的经济区域或城市群之间的竞争，发展的竞争力很大程度上取决于中心城市对资源要素的集聚、整合能力和对区域、城市群经济一体化的影响力。事实上，以中心城市为核心的城市群，已经成为一个省、一个区域经济发展的引擎，尤其是现代服务业的发展更是离不开对中心城市的依赖，区域、城市群形成经济一体化也离不开中心城市要素扩散的推动作用。便捷的交通运输对区域经济和城市群的发展至关重要，它不仅关系到资本、资源、生产力等要素在本区域市场内的配置效率，更关系到获取外部资源等各种要素促进发展的能力以及物流成本和市场拓展等。

云南省的经济发展和扩大对外开放，必须适应这一国际发展趋势，在经济发展上，必须通过昆明为主体的滇中城市群经济增长极的培育，发挥经济增长极的规模效益和对区域经济发展的带动效应，才能真正做到持续快速增长，缩小与发达地区以及全国平均水平的差距，建设成为桥头堡较强经济基础和发展实力的基地。

在对外开放方面，为了适应桥头堡的建设发展和我国对东南亚、南亚的开放与合作的需要，必须在边贸和沿边开发、开放的基础上，进一步增强门户城市在对外开放中的要素集聚能力和国际影响力以及贸易交流与合作平台的作用，形成具有较高国际竞争力、规模不断增大、层次水平不断提高的对外开放格局。门户意思是指大门、进出的枢纽口岸；国家在《长江三角洲地区区域规划》对长三角的战略定位是亚太地区重要的国际门户，在《珠江三角洲地区改革发展规划纲要》中对珠三角的战略定位是扩大开放的重要国际门户；云南“桥头堡”的内涵更加丰富，不仅有“门户”，还有“基地”、“通道”等含义，战略定位之一应该是我国向西南开放的重要国际门户。门户城市是指对外开放与交流依托的主要城市、重要窗口，其应该是具有较大经济规模与发展实力、基础设施比较完善、信息与各种服务功能比较健全、对区域经济和政治发展具有一定影响力的城市；是各种要素流向的主要集中地，利用国内外“两种资源、两种市场”的重要场所；是集聚与扩散国内外人流、物流、资金流、信息流与技术流的主要枢纽；是各种国际交流、合作以及探索推动建立各种合作机制的重要平台。昆明在云南省对外开放和桥头堡战略中，无疑是国际门户城市，在中国—东盟自由贸易区、大湄公河次区域合作、孟中印缅次区域合作中担负着区域性的重要领导与推动作用，以及沟通、交流、协商的平台。

构建昆明区域性国际交通运输枢纽是实现以上发展要求的重要基础支撑条件，是适应国际交流与合作对发达、便捷的交通系统与服务的客观要求。

（五）是提升竞争力确立云南省向西南开放桥头堡地位的需要

“使云南成为我国向西南开放的桥头堡”的战略定位，确立了云南在与东盟、印度洋沿岸国家开放合作中的地位，尤其是在与印度洋沿岸国家的开放合作中占有绝对的区位优势，但是，在与东盟国家间的经贸合作与文化交流中面临着周边省区的强烈竞争。

与云南相邻的广西也是处于中国与东盟两大区域的结合部，大湄公河次区域合作的中方参与者，与云南有着近似的地理位置和基础条件，也是将加强与东盟的经贸合作作为促进经济增长的重要战略，客观和主观上都存在着相互竞争与互补的关系。广西不仅陆域与东盟的越南接壤，有陆路通道，而且有较好的海港条件，有海上通道，广西北部湾港口群是我国20个主枢纽港之一，可以与越南、柬埔寨、泰国、新加坡等国的港口形成海上直通通道，至越南的鸿基港仅132海里（约244km）、海防港151海里（约280km）；在航空方面，有南宁、桂林两个国际机场；从2004年起，中国—东盟博览会与中国—东盟商务和投资峰会永久落户南宁，其作为国家层面的一个国际性展会，已成为我国与东盟经贸合作的重要平台。因此，广西凭借这些有利条件正在全力打造中国—东盟海陆空交通枢纽，以促进战略地位的提升，他们提出了要打造广西“两港一廊一市”的中国—东盟海陆空交通枢纽发展构想，即南宁空港、北部湾港口群、南宁—新加坡走廊、南宁现代化综合交通枢纽城市，在陆路通道建设规划中包括了南宁—河内高速铁路、南宁—万象高速公路和铁路、南宁—金边高速公路和铁路，同时规划加强与贵州、湖南、广东等连接的铁路、高速公路建设。

由于目前我国与东盟之间现有陆路通道能力小、不畅、不便利，与东盟国家之间贸易的大部分货物（约90%）是通过海上运输完成的，因此，沿海港口在中国—东盟自由贸易区中发挥着很大的作用。2009年中国与东盟之间的进出口贸易总额达2130.1亿美元，其中进口1063.0亿美元，出口1067.1亿美元（表2-1）；而云南省与东盟国家之间的贸易总额仅为31.5亿美元，占全国的1.48 %。

2009年中国—东盟贸易进出口额（单位：亿美元）　　表2-1

省份	进出口总额	占全国比例（%）	出口额	进口额
全国	2130.1	—	1063.0	1067.1
云南	31.5	1.48	21.0	10.5
广西	49.9	2.32	36.2	13.3
广东	630.0	29.58	270.0	360.0

资料来源：各省2009年统计年鉴。

在泛珠三角区域中，广东省与东盟之间的贸易额最大，2009年为630亿美元，占全国的29.58%，在泛珠三角发展策略中，也是把加强与东盟的经贸合作关系作为重要战略之一，将至东盟方向的通道作为珠三角两翼发展的西翼重要通道。广东省与云南省相比具有显著的经济发展优势，而且港口发达，吸引范围的腹地广，是我国内地与东盟商品进出的重要转运中心、集散中心，不仅吸引着华南、中南的货物，而且也对西南地区与东盟之间贸易的货物形成较强的吸引，与云南桥头堡构成一定的竞争与分流关系。

此外，海南国际旅游岛的建设发展，也会对东盟至云南的国际游客以及航空中转产生一定分流影响。

目前，云南的对外贸易量相对较小，主要是分散的沿边口岸贸易，没有叫得响的大基地和平台，没有形成以规模较大的城市和交通运输枢纽领衔的竞争主体。因此，要将云南的区位优势转化为竞争优势，需要合理地集中配置资源、整合资源，在加快通道的布局建设的同时，建设以昆明为主体的大基地、大交通运输枢纽、大交易平台，将昆明建设成为一个大的功能体城市，以区域贸易中心、集散中心、转运中心的枢纽形态和高质量的品牌服务参与省际间、区域间竞争，提高竞争量能和影响力，建立和巩固向西南开放的桥头堡地位。

（六）是发展大通关、大经贸、大物流、大旅游的需要

在国际经济贸易与区域合作中，基础设施和相应便捷化的通关模式、运输组织与服务模式是促进发展的重要条件，是增强地区吸引力、扩大经贸规模、深化合作的重要手段。以大通关、大物流模式促进与东南亚、南亚国家的大经贸、大旅游的发展是提升云南省对外开放合作层次、创造更大效益的重要选择，而这一模式的发展必须是以具有影响力的中心城市和大型交通运输枢纽口岸为依托，才能被有效推动，形成和取得更大效果。

云南省地处内陆，没有直接对外的沿海港口，除了沿边贸易和数量不大的国际航空货物以外，国际贸易进出口的大部分货物需要通过其他省市的沿海港口中转和口岸进出，不利的条件制约了云南省对外贸易的开展和出口加工业的

发展。要使云南成为具有较强实力承接东部产业转移的基地和面向东南亚、南亚重要的出口加工基地，就必须在通道、枢纽、口岸等基础设施方面加大建设力度，构建快捷、经济、便利的物流运输环境。在与东盟、南亚各国的经贸合作中，必须大力改善通关条件，消除各种障碍，开展直达运输，才能充分有效地激活各自的动力，促进区域大物流、大旅游圈的形成和规模化增长。

昆明市是云南省的经济中心、路网枢纽中心、物流中心、客流汇集与中转中心，是参与泛珠三角区域合作、大湄公河次区域合作、孟中印缅次区域合作的云南省主体城市，是桥头堡发展的重要产业基地，是云南省对外经贸发展的主体城市，未来的大通关、大物流、大旅游必须以昆明市为主体进行构建，才能被有效推动和取得最大的成效，才能以中心城市较完善的基础设施和便利的条件增强对国内省市经云南与东盟、南亚各国的贸易的吸引，改变边境口岸依托的城市小、吸引力不强的状况。构建昆明区域性国际交通运输枢纽是实现以上事项和目标的重要基础条件。

（七）是昆明建设区域性国际城市的基础支撑需要

随着国际化、经济全球化的深入发展，地缘政治、国际区域合作的重要性越来越突出，加强桥头堡城市的国际影响力是建设发展桥头堡的关键，昆明市领导和“十二五”规划纲要提出了要通过十年、二十年把昆明建成我国面向西南开放的区域性国际城市的发展目标。

国际城市的概念最初由苏格兰城市规划师格迪斯（Patrick Geddes）于1915年提出，当时被称为世界城市（World City）。1966年，英国地理学家、规划师彼德·霍尔(Peter Hall)对这个概念作了比较经典的解释。20世纪80年代末和90年代，国内外学者又对世界城市作进一步研究，认为一个城市如果某一个方面或某几个方面的跨国交流比较频繁，其辐射力和吸引力对全球和区域产生重大影响，这类城市可称为国际性城市(International City)。国际城市的形成和发展的主要推动力来自于经济全球化，经济全球化在推动国际贸易迅速发展的同时，推动了劳动分工、产业分工的国际化和金融、管理、服务业的国际化，使得金融、法律、管理、研究、开发、设计、物流、通信等生产性服务业向世界主要城市迅速聚集，从而使一些大城市成为全球经济网络中的节点，成为资源集聚、辐射、流通和经济增长的中心，在全球经济、政治、文化的活动和交流中发挥着重要中心作用。

学术界对国际城市的划分是：第一个层次是“世界城市”（World City）或“全球城市”，指那些在政治、经济、文化上具有全球性影响的大城市，如纽约、伦敦、东京；第二个层次是“国际性城市”，指那些具有某些国际性功能的地区性国际化城市，如巴黎、芝加哥、香港、悉尼、新加坡、汉城、莫斯科、法兰克福。也有对国际城市按影响的区域范围大小划分，分别为：全球性国际城市，也叫世界城市，如纽约、伦敦、东京；区域性国际城市，它在跨国界的区域资源配置中起关键作用，如巴黎、新加坡、香港等；国家性国际城市，也叫国家中心城市，如北京、上海等，北京市的目标是发展成为世界城市。

无论按哪一种方法划分，无论是叫世界城市还是叫国际性城市，最重要的就是要国际化和成为全球城市体系中的主要节点，或国际地区性的重要网络节点，才能对全球资源或区域性国际的配置具有控制力和影响力，起到关键性作用。对此，国际性的交通运输枢纽（包括港口、机场、物流园区）和战略性通道（包括海路、陆路、航空）在建设发展国际城市或区域性国际城市中起着极其关键的作用，只有成为国际干线网络或国际区域性网络的重要枢纽城市，才能有相应的条件和能力来提高对国际资源要素配置和整合的控制力。因此，构建区域性国际交通运输枢纽是昆明建设区域性国际城市的重要基础条件和支撑。

第三节 功能定位和总体战略思路

（一）昆明区域性国际交通运输枢纽的功能定位

根据桥头堡的建设发展要求和昆明市在云南省社会经济发展、交通运输网络、区域合作中的重要地位与作用，对昆明区域性国际交通运输枢纽的功能定位如下：

（1）国家干线网络的区域重要结点，云南省交通网络中心，滇中城市群城际网络核心。

（2）桥头堡至东南亚、南亚、印度洋国际通道的主要起点和中枢枢纽。

（3）国家区域性门户枢纽机场，国际航空口岸。

（4）云南省省内客货运输中心，进出省客货运输集散、中转、转换中心，陆海联运内陆港。

（5）云南省（及经云南）国际贸易货物运输、国际旅客运输的主要陆路运输枢纽和口岸。

（6）云南省国内、国际物流中心，控制中心，组织中心。

（二）构建昆明区域性国际交通运输枢纽的总体战略思路

随着云南省经济社会的持续平稳快速发展、滇中城市群一体化的加快推进，以及桥头堡建设对外开放与国际区域合作力度的加大加深，未来很长时期云南省的国内、国际客货运输量将会保持较高的增长速度，尤其是通往印度洋的通道建设，以及与东南亚、南亚国家连接的通道建成并形成比较完善的运营关系后，云南省以及全国经过云南省进出的国际客货运输量将会呈现超常规的增长，对通道能力的利用构成有效支撑，同时对枢纽的建设发展提出更高的要求。为此，必须从长远发展的角度对通道和枢纽构架进行科学地总体规划设计，抓住机遇，加快推进。

根据对昆明交通运输枢纽在云南省交通运输中担负的重要作用和以上的功能定位，总体战略思路是：以昆明为核心，滇中城市群为整体，国内、国际通道网络为支撑，客货运枢纽站场和物流园区为基础，口岸为重要条件，以大力发展和完善“四网”为主线，建设形成积极适应国家云南桥头堡对外开放和昆明区域性国际城市建设，提升昆明网络结点区位和功能，满足不断快速增长的国内国际客货运输需求的网络完善、功能完备的现代化区域性国际交通运输枢纽。

根据国家和云南省的铁路网、高速公路网、民航机场布局、输油气管道等相关规划，以及昆明枢纽要有效服务于云南省省内运输、进出省运输、进出境运输和国家桥头堡国际国内大通道运输的要求，昆明区域性国际交通运输枢纽将以着力构建发达完善的“四网”为指针，布局建设“十射”大通道和“十一客十五货两口岸”为主体的枢纽站场及物流园区，形成功能完备、能力充足、运行高效的现代化功能体。滇中城市群其他城市布局建设相应的客货运站场和物流园区。

“四网”：以昆明铁路枢纽、公路运输枢纽为中心的国内、国际陆路客货运输网络；以昆明国际机场为枢纽的国内、国际航空运输网络；以昆明为核心的滇中城市群城际交通网络；以轨道交通为骨干的昆明城市和市郊快速交通网。

“十射”：以铁路、高速公路为主体构成，昆明枢纽向外十个方向放射的十大通道，包括昆明—南宁—珠江三角洲、昆明—贵阳—长江三角洲和环渤海地区、昆明—重庆—西安—包头、昆明—成都—西北地区、昆明—大理—西藏等五大国内通道，昆明—瑞丽—缅甸—印度洋皎漂港、昆明—河口—越南、昆明—磨憨—老挝—泰国、昆明—祥云（大理）—清水河—缅甸、昆明—猴桥—缅甸—印度等五大国际通道。

“十一客”：一个国际机场、两大铁路客运站和一个市郊铁路枢纽站，七个公路客运站（含规划建设一个公路国际客运站）。

“十五货”：一个铁路集装箱中心站，三个铁路主要货运站；一个航空货运站（昆明国际机场货运站）；一个公路国际集装箱中心站和九个物流园区。

“两口岸”：昆明国际机场口岸，昆明国际运输陆路口岸。

第四节 昆明区域性国际交通运输枢纽的建设发展目标

桥头堡战略的实施，将为云南省和昆明市基础设施的加快布局建设和扩大对外开放提供历史性的机遇。昆明市是云南省交通运输网络最重要、最大的节点和出省、出境的主要起点，其交通运输的发展和改善关系到全省和桥头堡整个大局，必须重点加以建设，加快改善、提升，使之适应扩大对外开放和带动全省的发展要求。根据国家和云南省关于桥头堡战略的相关规划和部署，昆明市将结合新区位条件、新发展要求以及未来的客货运输量增长，进一步统筹研究和完善昆明国际区域性交通运输枢纽的总体布局规划，加快建设推进。

到2015年，枢纽建设发展水平和运输能力基本适应云南省和昆明市经济社会发展、对外开放、国际区域合作的要求。

●建成十射通道中通向国内的昆明至南宁、昆明至贵阳、昆明至成都通道的铁路和公路项目以及昆渝通道高速公路项目，开工建设渝昆客专。

●建成中缅油气管道项目和中缅、中老、中越通道的国内段铁路、公路项目，建设实施国外段主要合作项目，争取基本建成1～2个项目。

●完成昆明铁路枢纽扩能改造工程；建成公路国际集装箱中心站和5～7个物流园区；完善昆明新机场配套工程，国内、国际航线网络进一步拓展。

●基本建成昆明陆路口岸，初步构建形成昆明直达东盟邻国主要城市和港口的客货运输系统。

●建成昆明至滇中主要城市的城际旅客运输系统。

●基本建成城市轨道交通骨架线和开工建设部分市郊铁路线。

到2020年，枢纽功能和运输能力以及服务水平总体适应桥头堡对外开放和云南省、昆明市经济社会发展的要求，并发挥积极的引导性促进作用。

●基本全面建成昆明枢纽连接国内、国际的主要通道（除滇藏通道、昆明至印度通道尚未能全线建成外）。

●枢纽站场和口岸配套基本完善，总体建成昆明与东盟各国主要城市和港口之间的大通关、大物流、大旅游的国际直达客货运输系统。

（主要执笔人：罗仁坚）

第三章

构建昆明区域性国际交通运输枢纽需要的发展支撑

内容提要：不能仅建成车辆通过流的交通网络枢纽，更要建成有大量客货流集聚和作业的运输枢纽，成为国内、国际客货流的主要集聚中心，发挥对经济发展的促进作用，创造更大的经济效益。为此，在坚持交通先行、适度超前发展的同时，必须大力发展产业，形成更强更好的产业基础、更大的经济体量、更具吸引力的营商环境和平台，以及便利化的通关、运输等服务。

交通运输的发展与经济社会的发展互为支撑促进，一方面，交通要先行发展、适度超前布局建设，为经济发展创造条件；另一方面，经济社会的发展将为交通运输提供更多的需求支撑和物质基础。云南省和昆明市在大力加强桥头堡的交通网络建设中，应与经济社会发展紧密结合起来，制定整体战略规划，充分利用交通运输条件的改善、区位的改变、物流成本的降低，促进经济社会的跃升发展。昆明市要充分发挥区位优势和基础设施较好的有利条件，进一步创新机制，改善发展环境，增强对要素和产业的吸引、商贸的集聚，大幅提升经济发展能力。一方面要将交通基础设施的改善转化为实实在在的效益产出，为昆明和云南人们带来利益；另一方面要通过经济的发展壮大和区域影响力的提高，进一步提升昆明作为我国向西南开放的通道枢纽地位和功能作用，增强对昆明区域性国际交通运输枢纽构建发展必要性和重要性的支撑。

第一节 经济社会的发展支撑

经济社会发展，既是枢纽构建的基础和需求支撑，同时也表现为能在多大程度上利用枢纽所创造的条件吸纳转化为经济产出，获取多大规模的效益，即经济产出能力。

客货运输流的产生与汇集是通道布局和枢纽构建的最重要的前提条件，城市（或地区）的人口规模、经济规模以及经贸发展水平、对外开放程度，都是影响客货运输流量的极其重要的因素，决定着枢纽的发展规模和对区域的服务辐射范围。作为区域性国际枢纽城市，既要在地理位置和通道网络结点上具有区位优势，以及对外开放和国际化水平较高；更要在经济上具有相当的规模和发展能力，对国内、国际区域经济的发展具有引领地位和影响力，要成为区域经济最主要的集聚区、产业群基地、贸易基地、服务业基地、金融中心、信息中心。经济规模和交易量决定着影响力，流量意味着主导能力和控制力；交通运输的需求规模，一方面是由枢纽直接辐射区域的经济规模、人口规模、资源禀赋、产业结构特点所决定，另一方面是由贸易与服务吸引的国内、国际流量所决定。因此，需要从扩大产业和经济规模与扩大贸易和服务两个方面共同提升，才能较快地做大做强发展成为区域的物流中心、客流汇集中心，才能为构建区域性国际交通运输枢纽奠定坚实的基础支撑。

昆明市是云南省的中心城市、单极龙头，在省内各方面具有很高的首位度，2009年全市地区生产总值为1809亿元，占全省的29 %，人均生产总值28662元，是全省平均水平的2.11倍；社会消费品零售总额864亿元；外贸进出口总额56.3亿美元，占全省的70%；全市接待旅游者3115万人次（其中海外旅游者77.8万人次，居全国第16位）、旅游总收入226亿元，分别占全省24.8%和27.9%。但是，仍然属于西部不够发达的城市，综合经济实力不强，与中东部发达地区甚至西部的成渝地区相比，存在着较大的差距。2008年经济总量在全国省会城市中排名第17位，在全国城市中居第54位❶。经济外向度仍然较低，2009年进出口总额占GDP的比重仅为34%，大大低于全国平均60%多的水平，出口主要是以资源型、低附加值产品为主，结构单一。

❶ 昆明市经济社会发展战略（2010~2015）研究总报告。

加快昆明发展，必须依靠产业支撑，大力推进新型工业化和现代服务业发展。进一步壮大产业集群规模、培育出口加工制造产业基地、积极发展现代服务业和旅游业，促进昆明市经济加快发展，既是实现云南绿色经济强省的龙头、民族文化强省的枢纽、中国面向西南开放的国际门户和桥头堡城市的必然举措，也是对构建昆明国际区域性交通运输枢纽提供经济发展需求方面的支撑和主要推动力；同时，也是增强将昆明区域性国际交通运输枢纽构建形成后的有利条件和环境更大化地转化为经济发展能力的基础。为此，昆明市必须着力产业基地建设，充分发挥向西南开放的有利条件和资源以及劳动力成本优势，主动承接东部产业转移和发展新兴战略性产业，大力发展面向东南亚、南亚的出口加工产业，实现经济总量和发展水平的跃升。要结合昆明的新区位和优势，合理布局和强力打造一批产业基地和工业园区，并通过产业政策导向，吸引投资规模大、产业链长、技术含量较高的省内外、境内外企业积极进入，促进产业结构提升。不单要与沿海发达地区形成出口加工业的错位发展，改变简单的承接产业转移，更要在战略上加强内源性产业的培育和发展，促使产业落地生根；要坚持高新技术产业与传统产业的并进发展，根据昆明和云南省的实际基础优化增长方式转变的节奏和路径，加大传统优势产业关键技术的研究开发和推广应用，提升昆明传统优势行业的市场竞争力；要大力促进制造业发展，培育和发展新能源、新材料、生物医药、节能环保等高端产业，制造业要不断向高加工化、高技术化、精细化、智能化、生态化发展，加大创新力度，突破已结构化的产业约束，培育核心竞争能力和新增长点，推进主导产业高端化、新兴产业规模化、传统产业品牌化。要大力发展为制造业、产品流通以及国际贸易服务的物流、金融等服务产业，形成较完善的服务保障体系。

昆明市现有三个国家级开发（度假）区、六大省级工业园区、六个市级工业园区、十大产业基地，应积极利用已有的基础条件进一步明确产业定位和发展方向以及各园区的分工协作，加强基础设施建设配套和体制机制创新，积极引导产业集群化发展，提升产业规模和发展质量，成为昆明市经济发展的重要增长极和驱动极。力争到2020年全市地区生产总值比2010年翻1.5番，进出口总额翻2番以上，与向西南开放的前沿中心城市的地位作用相适应。

根据《昆明市国民经济和社会发展第十二个五年规划纲要》，“十二五”昆明市经济将保持跨越式发展，实现争先进位、富民强市，全市地区生产总值将以年均15%及以上速度增长（即达4000亿元以上），进出口总额占生产总值的比重达45%以上，社会消费品零售总额年均增长率高于18%，在云南省率先基本实现全面建设小康社会目标。基本建成绿色经济强省的龙头、民族文化强省的枢纽、中国面向西南开放的国际门户和桥头堡中心城市。到2020年，率先在全省基本实现现代化，初步建成我国面向西南开放的区域性国际城市[1]。

第二节 经贸市场和各种交流平台的建设发展支撑

经贸规模和市场的集聚与繁荣对昆明枢纽的客货流量和物流节点地位构成直接的影响，昆明在我国面向东南亚、南亚开放中具有明显的区位优势和前沿中心城市的作用，是连接国内通道与国际通道的重要枢纽城市，应充分依托交通网络和枢纽的有利条件，在大力发展产业基地的同时，积极构筑区域大经贸中心、商贸中心、文化交流平台，健全市场体系，吸引更多的国内、国际商品在昆明交易和交付，增大经贸流量，在创造收益和繁荣经济的同时，强化昆明枢纽的地位和作用。

为此，一方面，昆明要通过多种方式举办高层次的、影响范围大的博览会、交易会、论坛以及国际性会议等，提高在区域合作与贸易中的地位和影响力；积极建立扩大交往、深化合作的高层次交流平台，推进机制建设；要在继续办好昆交会、旅交会，提高知名度和吸引力的基础上，争取大型的国际会展、论坛落户昆明，以及增强与东南亚、南亚主要城市间的友好交往活动。另一方面，要完善市场体系，加强交易平台的设施和场所建设，创造良好的

[1] 昆明市“十二五”规划纲要（征求意见稿）。

营商环境；要合理规划和建设会展中心、贸易中心等现代化大型设施，要建成一批具备现代化交易条件面向东南亚、南亚国家的国际商品交易市场、大型综合性市场和专业市场，开展相关产品的期货交易等；同时，要积极培育市场，完善相关的服务业配套，如金融结算中心、跨境贸易人民币结算、信息服务业、物流业、网络经营平台等，充分发挥昆明面向西南开放的基地和链接点的作用，以出口加工基地、国际会展与商贸基地为载体，广泛吸引国内外企业、商家在昆明落户、参展、贸易经营，积极发展国际大经贸，打造昆明国际区域经贸中心。

要积极加强与东南亚、南亚国家的文化、科技、教育、旅游等各方面的交流与合作，增进了解、扩大交往、增强互信，促进更紧密的人员与物资交流；要进一步开发提升昆明旅游业和将昆明打造成为国内、国际知名旅游目的地以及云南省旅游业的总部基地。

第三节 大通道和运输网络的发展支撑

通道为连接主要城市或客货流中转地而建，枢纽依托通道而产生和加强，通道与枢纽是互为增强的关系，枢纽的地位和功能很大程度由所连接的通道决定，而枢纽所依托的城市规模和承担的客货运输作业量又是影响通道建设等级和能力的重要因素。通道的发展水平直接关系到一个城市或地区的获取发展所需资源、要素的能力，同时也直接关系到是否能成为国际区域性交通运输枢纽必要条件。因此，昆明和云南省首要任务就是要加快推进大通道建设，彻底改善与国内主要区域大城市、大港口的交通状况，促进对资金流、信息流、技术、人才等要素的流动和吸引。充分利用桥头堡对外开放战略的新机遇和区位条件，积极构筑通往印度洋港口、东南亚以及南亚国家主要城市的国际快捷运输通道，拓展经济发展与合作空间，创造利用“两个市场、两种资源”加快经济发展的交通基础环境，并使区域中心城市昆明成为该大区域国际、国内通道的主要链接点，形成国内、国际物流、人流的主要集散和中转的大枢纽。

通道是基础，依托通道构筑的运输网络是进行运输经营与服务提供的生产要素，它决定着枢纽的服务辐射范围和与相关链接点之间的通达度、便捷度。为此，要依托既有和新建成的通道，积极构筑和发展覆盖通达国内主要城市和港口、国际区域主要城市和港口发达的陆路运输网络和航空运输网络，以及通往世界主要大城市的航空运输网络；要加强与陆路相通国家的沟通协商，以大通关为基础，创新运输组织模式，开展以直达运输为主的国际旅客运输、国际集装箱货物运输。

第四节 口岸的建设发展支撑

口岸是对外开放必须具备的重要基础设施，是国门，是对外交往的门户和窗口，否则，物质和人员就无法进出，国际机场、外贸港口之所以可以开展国际运输，就是配置了通关口岸。因此，昆明要构建成为区域性国际交通运输枢纽，必须要有相应的口岸作为支撑，除了昆明国际机场口岸以外，要建设与陆路国际通道相适应的昆明陆路口岸，为陆路进出境的人员、货物提供便利化的通关条件和服务，才能有效提升昆明以及云南全省对外开放层次和水平，扩大经贸发展和人员往来，增强昆明国际区域合作的能力和影响力。

在经济全球化和区域一体化发展的大背景下，东南亚已成为亚太地区经济、经贸和投资的新热点。云南省以及昆明市在对该地区对外开放与经济合作中，面临着包括日本、美国等国际间的竞争，与国内其他省市区也存在着激烈的竞争，而且是呈多框架的合作机制竞争。因此，必须立足全省，建立以昆明和滇中城市群为主体依托、沿边城市积极发展的对外开放格局，提升整体竞争力和开放层次。要充分利用建设向西南开放的桥头堡的战略机遇，先行先试的有利政策，抓紧规划和争取国家批准建设昆明陆路口岸，为扩大对外开放和促进出口加工基地发展、经贸发展以及各种合作与交流创造有利的基本条件。

从国际交通运输发展角度，建设昆明陆路口岸也极其需要和迫切。目前，从昆明向外通往印度洋、东南亚的包括铁路、高速公路的四条国际通道正在积极建设推进，有望较快形成与东亚国家路网相连贯通的国际区域通道。随着通道的贯通和交通状况的大幅改善后，进出境的国际旅客和货物运输量将会持续大幅增长，而且以昆明为出发地/目的地的旅客和货物将会占很大比例，传统的边境口岸通关的方式将不能够适应这部分旅客和货物的要求，亟需在昆明建设口岸，提供高效、便捷化的通关条件与服务，支持区域性国际大经贸、大物流、大旅游的发展。

对于昆明来说，有没有完善的陆路和航空口岸体系，关系到昆明在云南省甚至在国家对外开放体系中的地位和作用，关系到能否成为向西南开放的国际枢纽，关系能否成为桥头堡对外开放的依托城市，关系到能否创造更多新的经济增长点和为区域性国际城市的建设创造更有利的基础条件。因此，应充分认识到昆明作为一个沿边陆域省的中心城市、国际区域通道重要结点城市，陆路口岸的建设对于区位优势的发挥利用和城市性质的改变，具有极其重要的作用。

目前，昆明在对外贸易的基础性建设方面，主要是推进保税区的设立，保税区的设立对于昆明进出口贸易和进出口产品的加工生产具有积极的促进作用和效益。但是，对于昆明对外开放的支撑和优势条件的发掘发挥还远远不够，它只能针对部分有保税业务的进出口企业和部分进出口加工产品，主要体现在税收优惠政策和生产、仓储过程的境内关外监管上。而口岸是面向所有的进出口企业和外贸进出口的产品，不仅为昆明市的企业和产品进出口服务，而且为云南省、全国其他省市区在昆明进出口和中转的产品服务；不仅限于货物贸易项下的商品进出口流通，而且还关系到对服务贸易的各种支撑；不仅为货物服务，更重要的是为人员进出境服务，关系到与东南亚、南亚之间国内外进出境客流的集散。只有在昆明拥有便捷的进出境口岸办理功能，形成与沿海港口、云南省陆路边境口岸便捷的直通关系，才能极大地方便货物的进出口和人员的进出境，才促进进出口产品产生基地的形成和物流、人流量的更大汇集，形成强大的竞争力。尤其是昆明未来开放的战略重点是面向东南亚、南亚、印度洋，必须充分利用在地理位置的通道结点区位优势，形成至这些方向进出境客货流的最主要集散地和进出境办理中心、运输中心。

在中国—东盟自由贸易区90%以上的产品实行零关税的大背景下，对东盟国家进出口的扩展重点在于贸易经营能力与国际运输便捷性上。昆明在与东盟国家经贸上、区域经济合作上面临的竞争日趋激烈，南宁以及重庆、成都等大西南主要城市在对内、对外经济合作方面出台了很多措施，争着抢占制高点、拓展东盟等国际市场。因此，昆明和云南省要充分利用桥头堡战略的重要机遇和有利发展政策，先行先试、积极创新，以建立昆明陆路口岸为突破点和发展点，结合国际通道和区域性国际交通运输枢纽的建设，将昆明建设发展成为我国向西南开放的综合口岸型城市。

第五节 枢纽场站和物流园区的建设发展支撑

枢纽除了连接的通道以外，必须要有站场基础设施和相应的设备等，才能进行运输组织生产和为旅客、货物的集散、中转提供所必需场所，才能发挥交通功能和城市的辐射带动作用。枢纽站场指的是在枢纽系统范围内布局建设的承担客货运输作业任务的主要客运站、货运站场（物流园区）以及编组站等功能设施，它们之间既可以是相对独立的综合性客运站或货运站，也是可以是相互联系、各有分工的一组站场，它们是枢纽的主要物质实体（此外，还有枢纽内连接各站场的线路等），是枢纽的功能体。枢纽的功能、作业能力、效率以及辐射范围取决于枢纽站场的发展水平，包括设施布局和规模、装备技术、信息化、管理以及运输组织模式等。

枢纽站场的整体发展水平是一个城市或地区交通发达程度的重要标志之一。昆明要构建成为区域性国际交通运输枢纽，必须要建成拥有足够数量和服务能力的客货运站场以及物流园区组成的较完善的站场及仓储体系，而且各类站场必须是布局合理、现代化、信息化、高效、便捷、与城市交通良好衔接，才能适应不断大量增长的国内、国际客货运输需求，才能构成对更大区域范围的服务辐射和较强的中转吸引集聚，才能更有效地发挥通道网络以及通道枢纽的功能作用，创造更大的效用和效益。因此，枢纽站场（物流园区）的发展理念和布局建设对于昆明区域性国际枢纽的整体功能和运行状况非常重要，必须从城市和国民经济长远发展的战略高度，结合城市空间发展和运输通道的布局，进行科学地整体架构规划设计，并合理有序实施。

（主要执笔人：罗仁坚）

第四章

昆明区域性国际枢纽的通道网络布局建设

内容提要：应立足于桥头堡对外开放和昆明国际化城市的战略发展需要，以国家和云南省通道布局规划为基础，构筑强化提升昆明枢纽作用的连接国内、国际的大能力快捷通道网络，主要为五条国内大通道、五条国际大通道组成的十条放射状综合运输大通道，以及发达完善的航空运输网络。

通道是构建枢纽的重要前提条件，也是枢纽功能发挥的重要支撑。枢纽的通道数量和通达程度、覆盖范围决定着枢纽的地位、服务辐射范围、客货流规模以及控制力、影响力。通道的布局既要考虑经济地理分布、国土资源开发、各地区间的统筹协调发展和交通骨架网络布局等因素，也要适应客货流的流向流量需要和发挥枢纽城市的带动辐射作用，促进核心城市竞争力的提高和城市群的发展。昆明区域性国际枢纽通道网络的布局构建，应立足于昆明作为桥头堡核心体中心城市和对内对外开放的战略发展需要，以国家和云南省的通道布局规划为基础，对昆明通往国内、国外的通道进行全面系统的总体布局规划，新增项目争取列入国家和云南省相关交通规划。昆明枢纽的对外通道基本上都是云南省最主要的对外通道，在昆明市行政区内的里程较短，在云南省其他地区以及省外、境外的里程一般都较长，通道的加快建设既需要昆明市的积极推动，更需要国家和省里的大力支持。

第一节 昆明枢纽对外通道现状和问题

（一）昆明枢纽对外通道现状

昆明既是云南省省会，也是云南省的交通运输网络中心，全省对外的主要通道基本上都接入昆明枢纽，省内主要通道也基本上是以昆明为核心向各地州市放射，是云南省交通最为发达的地区，代表了云南省交通的最高水平。目前，昆明枢纽对外通道，广西、珠三角方向有南昆铁路、广州至昆明高速公路(尚未全线通车)；贵州、华中方向有贵昆铁路、上海至昆明高速公路；四川方向有内昆铁路、成昆铁路、北京至昆明高速公路（尚未全线通车）；瑞丽、缅甸、印度洋方向有昆明—大理—瑞丽铁路（大瑞铁路在建）、昆明至瑞丽高速公路（尚未全线通车）；老挝、泰国方向有昆明—玉溪—普洱—景洪高等级公路；越南方向有滇越铁路、昆明—石林—蒙自—河口高速公路等。

（二）昆明枢纽对外通道存在的主要问题

昆明枢纽虽然几个方向都有省内、省外连接的线路，但是都未形成大能力、快捷的运输大通道，交通运输“瓶颈”制约仍然相当严重，运输能力、物流成本、运行速度等各方面都不能有效满足进出省运输的需要，制约了昆明和云南省的经济发展能力和资源潜力的发挥，影响了国内外资本对昆明和云南的投资。随着西部大开发的深入和向西南开放的桥头堡战略的实施，既有的通道基础和以国内为主通道的格局更不能适应新的发展需要。这些问题既是昆明枢纽对外通道不足、不完善的问题，也是云南省通道网络的问题。

1. 对内、对外通道数量不足，构架不完善

一是与国内省市之间虽然有4条铁路、3条高速公路，能够通往广西、贵州、四川等方向，但都是单一通道，间隔大、覆盖密度低，而且，规划通道的高速公路有多条尚未全线建成通车，至重庆方向、西藏方向尚未有铁路、高速公路相通；二是与印度洋、东南亚、南亚之间的通道尚未建成，老挝、泰国方向没有铁路，印度洋、缅甸、印度方向铁路、高等级公路国内段末段尚未建成，铁路没有与缅甸、印度路网连接，境外公路技术标准很低，均无法形成大容量、快速通道。

2. 现有通道基础设施技术标准低，运输能力严重不足

在既有通道中，仅有贵昆铁路昆明—曲靖段为双线，成昆线、南昆线、内

昆线均为单线铁路，昆河铁路为单线窄轨铁路，由于这些单线铁路都经过重山区，建造时间早，受线路坡度、曲线半径等影响，线路能力小、运行速度慢，每年有大量的货物无法通过铁路运出，据有关部门反映，仅能满足25%～30%；客运尤其是在速度方面的满足度极低，到目前为止，规划的客运专线和快速铁路都未建成通车。在公路方面，G85重庆至昆明、G65杭州至瑞丽、G78汕头至昆明等均未全线贯通，部分通道路段是低技术等级的国省道公路。

3. 国际大通道全线打通、顺畅连接尚需更大的努力

目前与云南省相邻的越南、老挝和缅甸等国家交通基础设施远远落后于我国。其境内与我国相连接的公路等级低，基本是三级以下，且路面状况差；老挝、缅甸没有铁路与云南省相接，越南与之连通的是单线米轨铁路。我国已经开始加快推进国际通道建设，目前重点是国内段。要与国外路网连接实现全程贯通，还有待与周边邻国在政治、外交、技术、经济等方面进行不断协商，推进境外段铁路、公路建设。

昆明枢纽对外通道网络现状如图4-1所示。

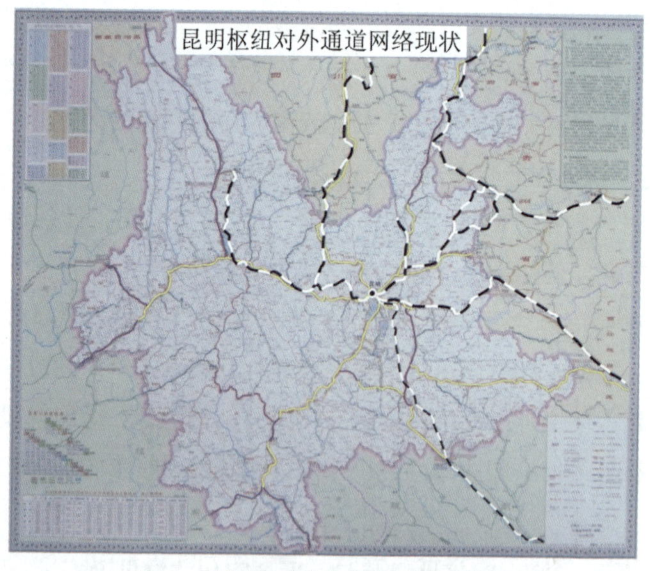

图4-1　昆明枢纽对外通道网络现状示意图

第二节 昆明枢纽对外通道布局建设的主要思想

昆明枢纽对外通道是云南省交通网络架构的核心，是经济发展战略、空间布局战略、国家安全战略贯彻实施的重要保障，是确立昆明区域性国际交通运输枢纽地位和提升竞争力、影响力的关键，必须从全局的战略高度和区域性国际城市建设的发展需要进行系统性整体布局规划和建设推进。

1．全面体现桥头堡战略，有力支撑和加强对内对外开放水平的提升

桥头堡战略的实施，要求以昆明市为核心的云南省既要扩大、加强与东南亚、大湄公河次区域、南亚等周边国际区域主要经济体的经贸合作，也要继续加大承接国内长江三角洲、珠江三角洲等东部沿海发达地区的经济辐射和产业转移。同时，作为我国面向西南开放的桥头堡，还承担着我国广大内陆、沿海地区与东南亚、南亚等国家间人员和物资交流以及通往印度洋出海的运输任务。交通运输是经贸合作和承接产业转移的基础支撑，昆明枢纽对外通道的构建必须立足于能够适应和满足这些要求，对内与长江三角洲、珠江三角洲、环渤海地区及广大中西部地区，对外与中南半岛、南亚地区和印度洋港口，建立快速、便捷、大能力的综合运输通道，形成比较完善的通道格局，增强经济发达地区对昆明和云南的辐射，增强昆明和云南的对外国际区域合作与经贸交流。

2．充分体现云南省未来经济发展空间格局，发挥通道先导作用

根据云南省规划，将打造以滇中地区为核心，重点沿边州市为窗口，经济走廊为纽带的经济生产力发展新格局，规划建设发展昆明到南宁、昆明到贵阳、昆明到重庆、昆明到成都、昆明到拉萨五条连接相邻省区的经济带和昆明到河内、昆明到曼谷、昆明到皎漂、昆明到加尔各答四条连接东南亚、南亚的对外经济走廊。云南省的交通通道基本上也是围绕这样的经济空间结构进行布局，昆明枢纽必须加强与这些通道的连接，以这些通道为重要的基础支撑和载体，增强与沿线各经济带、经济走廊的各种联系，发挥辐射带动和相互促进作用。交通是先进生产力传播的重要保障，具有先导和基础性作用，应先行建设发展，以通道建设和发展通道经济的方式带动沿线经济，缩小各地州以及沿边

地区发展差距，增强民族团结和边境稳定。

3．以打造快速运输通道、构筑综合运输大通道为基本布局思路

随着高速铁路等现代新技术的发展和经济实力的不断提高，干线交通基础设施高技术等级、客运快速化、货运重载化已成为我国新交通的发展趋势，我国规划发展的全国高速公路里程将达14万km以上，铁路“十二五”末快速铁路网里程将达5万km以上，以客运专线、城际铁路的高速铁路骨架里程达1.6万km以上。要较大程度地改变昆明和云南省的物流成本劣势和客流在途时间长的落后状况，增强发展能力和吸引力，必须通过交通条件的大幅改善和运行速度的提高。因此，昆明枢纽的对外通道，一是要建立以铁路、高速公路、航空为主体的综合运输通道，满足运输能力和多样化的交通运输需求；二是着力发展客运专线、快速铁路，构筑通往省内外的快速铁路客运网络，进一步发展和完善航空运输网络，积极发展高速公路客运。对于通往境外的铁路要充分考虑未来客流发展对速度的要求，要以相应较高的技术起点和预留未来提速空间进行规划建设。

4．支持全省多层次的枢纽体系布局和提升昆明枢纽的国内国际竞争力

云南省的经济地理空间结构使得人口分布、城镇体系、经济发展、交通网络等成为单中心格局和集聚，交通条件的改善和通道、枢纽的布局建设将会促进各地州市的加快发展，对单中心格局状况的改善和统筹区域协调发展起到积极的作用，很多学者和专家提出了很多建设性建议，交通运输布局也朝着这方面发展。但是，总体上，包括昆明在内的整个云南省通道和枢纽的发展都比较落后，即使是昆明与省外发达地区城市相比也还有很大差距，加强其他地州市的通道和枢纽布局建设，并不是要削弱昆明的枢纽地位，而是共同发展，形成网络和紧密联系，相互促进提升。通道和枢纽除了能够促进地区经济社会发展外，对客货流的吸引作用大小受影响的因素很多，既有城市规模、经济规模等硬环境，也有服务水平、通道便捷互通等软环境，是一个逐步发展形成的过程，与城市兴衰和产业发展密切相关。

客货流产生的规模和流向有其自身的规律，在各地区总量增长的同时，干线通道运输将向交通便捷的大枢纽集聚和中转，如大港口、大型航空枢纽机场的航线、航班密集，干线客货运输流越来越多地向它们集聚。因此，从昆明的角度，支持全省通道网络的合理布局，促进地区经济社会发展，并根据不同城市的网络结点区位和影响力以及运输组织模式等，建立全省多层次的枢纽体系，合理定位各地区枢纽的功能作用，形成协同发展。从进一步改善昆明交通、提升昆明枢纽国内国际竞争力的角度，一方面要加强与主要干线通道的连接和接入，提高通道网络密度，形成重要的始发终到地和中转地；另一方面要进一步延伸通道，尤其是国际通道要形成贯通连接，形成大通路。

第三节 昆明枢纽对外通道布局规划

根据实施桥头堡战略和昆明市、云南省经济社会长远发展对枢纽通道的要求，结合国家和云南省的交通网络通道布局，经综合分析，规划昆明国际区域性枢纽的对外通道由十条放射状运输大通道组成，其中包括五条国内大通道、五条国际大通道（图4-2）。

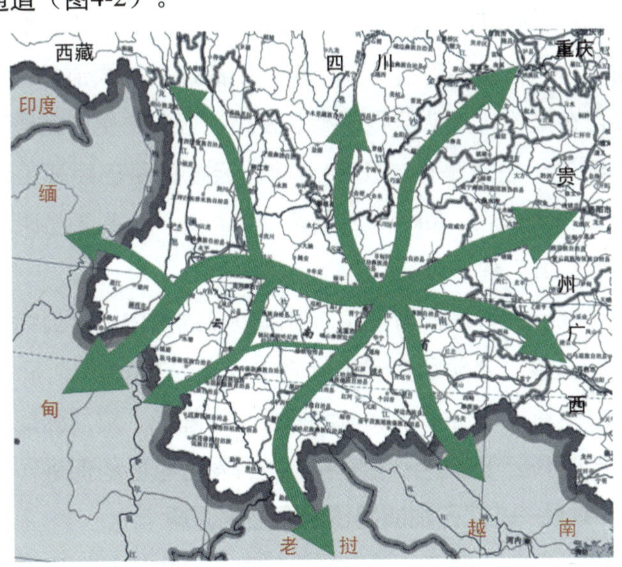

图4-2　昆明枢纽对外通道布局示意图

五条国内大通道分别是：昆明—南宁—珠江三角洲，昆明—贵阳—长江三角洲和环渤海地区，昆明—重庆—西安—包头，昆明—成都—西北地区，昆明—大理—西藏。

五条国际大通道分别是：昆明—瑞丽—缅甸—印度洋皎漂港，昆明—河口—越南，昆明—磨憨—老挝—泰国，昆明—祥云（大理）—清水河—缅甸，昆明—猴桥—缅甸—印度。

（一）国内通道

1. 昆明—南宁—珠江三角洲通道

该通道是昆明和滇中城市群连接我国经济发达的珠江三角洲地区和港口，以及北部湾地区和港口最重要的对内通道，担负着承接珠江三角洲经济辐射和产业转移、泛珠合作的交通支撑重任，是昆明—南宁走廊经济带建设发展的重要交通载体，是省内昆明至文山、富宁的主干通道。

该通道交通基础设施主要由云桂铁路、南昆铁路、G80广州至昆明高速公路、G78汕头至昆明高速公路组合构成。其中南昆铁路为既有铁路，单线电气化，年输送能力1000万t，设计运行速度80km/h，是目前的主要运输线路，“十二五”期间将进行扩能改造；广州至昆明高速公路大部分路段已经建成，石林—开远段正在建设；汕头至昆明高速公路广西段、贵州省段和云南省的大部分路段尚未建设，主要是通过G324连接。云桂铁路已经开工，预计2015年建成，云南段设计速度为200km/h，预留250km/h；汕头至昆明高速公路省内段为云南省“十二五”建设项目。

通道项目建成后，将是云南省通向沿海港口的国内大能力综合运输大通道和快速客运网络通道，昆明至广州出行将由现在的26h缩减到8h，至沿海港口的货运将会更加便捷、综合物流成本也将会有所降低。对加强泛珠合作和经济一体化、提升昆明和云南省的经济发展能力将发挥重要的促进作用。

2. 昆明—贵阳—长江三角洲和环渤海地区通道

该通道以昆明为中心的滇中城市群为起点，经中部长株潭城市群、武汉城市圈等重要经济体，连接长江三角洲地区、环渤海地区等东部沿海地区，是承接中东部经济辐射和产业转移的又一重要通道，是昆明—贵阳经济带建设发展的重要交通载体。

该通道交通基础设施主要由沪昆客运专线、贵昆铁路、G60上海至昆明高速公路、G56杭州至瑞丽高速公路等组合构成。其中贵昆铁路为既有铁路，昆明—沾益段为双线电气化，设计速度160km/h，沾益—六盘水段按同等标准正在进行复线扩能改造。沪昆客运专线正在建设，设计速度为250km/h，预留300km/h；上海至昆明高速公路已经全部建成，杭州至瑞丽高速公路省内曲靖—宣威—普立段为“十二五”重点建设项目，并将建成通车。

通道项目建成后，将是云南省通向华中和东部沿海地区的国内大能力综合运输大通道和快速客运网络通道，将大大缩短昆明至贵阳、长沙、武汉、上海等城市的出行时间，大幅提升货运能力，综合物流成本将会有所降低，为人员和物资交流提供能力充分、快速便捷的运输服务，对提升昆明和云南省的经济发展能力将发挥重要的促进作用。

此外，昆明还可以通过建设和改善至水富港陆路和水运通路，构建通过长江至长江三角洲和上海的陆水联运通道。水富港是云南省唯一经长江通往长三角和太平洋的主要水运港口，经扩建后已取代四川宜宾港成为“万里长江第一港”，是云南唯一集高速公路、铁路、航空、千吨级以上航道于一身的“四通港口”。2015年金沙江向家坝工程2×500t兼顾1000t升船机投入使用后，1000t级船舶可长年从上海直达水富港上游152km的永善县溪洛渡。昆明可以通过改善陆路以及东川市辖区水域的相关航道形成至水富港的运输通道，形成陆水联运连通上海。

3. 昆明—重庆—西安—包头通道

该通道是昆明和滇中城市群连接西部重要经济区重庆，以及陕西西安、内蒙包头等地区的对内通道，是重庆出海以及沟通东南亚通道的重要组成部分，是昆明—重庆经济带建设发展的重要交通载体，是昆明至昭通的主干通道。

该通道交通基础设施主要由渝昆铁路、内昆铁路、G85重庆至昆明高速公路等组合构成。其中内昆铁路为既有铁路，单线电气化，设计速度80km/h，年货运能力为1400万t / 年。重庆至昆明高速公路会泽—昭通—麻柳湾段列为“十二五”重点建设项目，并将建成通车，届时将全线贯通。渝昆铁路预计“十二五”期间开工建设，设计速度250km/h以上。

通道项目建成后，将是云南省通向重庆、中原、华北地区的国内大能力综合运输大通道和快速客运网络通道，昆明至重庆之间无需再绕行贵阳或成都，距离大大缩短，速度大幅提高，旅客出行将由现在的20h缩减到3h，货运将会更加便捷、综合物流成本也将大幅降低。对实施西部大开发战略，促进西南地区经济发展，尤其是加强重庆与昆明、东盟的经济合作，提升昆明和云南省的经济发展能力具有重要意义。

4．昆明—攀枝花—成都—西北地区通道

该通道是昆明和滇中城市群连接四川成都，以及甘肃兰州等西北地区的对内通道，是成都和西北地区出海、沟通东南亚通道的重要组成部分，是昆明—成都经济带建设发展的重要交通载体。

该通道交通基础设施主要由成昆铁路、G5北京至昆明高速公路等组合构成。目前，北京至昆明高速公路仅差少部分路段就已全线建成；成昆铁路为单线电气化铁路，设计速度不足80km/h，已规划确定全线新增复线（包括既有线为三线），其中昆明至广通段接广大铁路，能力紧张，已开始新增双线扩能改造工程，设计速度200km/h。

该通道从昆明至攀枝花有两个选择方案，一个是昆明—广通—元谋—攀枝花，另一个是昆明—武定(禄劝)—元谋—攀枝花。通道无论是否走昆明—广通，昆明至广通段建设三线都是需要的，一是老成昆线还走广通，二是广大铁路将规划建设复线，三是印度洋大通道建设后，运输量将会逐渐大幅增加，此外，今后还有滇藏通道、中印通道，这些通道的运输都要接入昆明枢纽；如果新成昆线也走广通，未来将有可能存在能力不足问题，还需扩建新线。如果新成昆线经武定(禄劝)至元谋和攀枝花，一方面可以解决线路过分集中从西边一个方向接入昆明枢纽问题，增加通道的接入方向，并可减轻昆广未来的压力；另一方面，可以提高铁路覆盖，为云南更多的地区提供铁路服务，促进昆明北部的武定(禄劝)经济增长极的发展，为昆明—武定(禄劝)城际客运系统的开通创造条件，以及形成昆明—攀枝花接攀枝花—丽江—西藏通道，为丽江、迪庆地区以及西藏开通至昆明的第二条通道，提高交通保障性。

通道项目建成后，将是云南省通向四川成都和西北地区的国内大能力综合运输大通道和快速客运网络通道，昆明至成都客运出行将由现在19h缩减到3～4h，对实施西部大开发战略，促进西南地区经济发展，尤其是加强成都与昆明、东盟的经济合作，提升昆明和云南省的经济发展能力具有重要意义。

5．昆明—大理—西藏通道（滇藏通道）

该通道是昆明和滇中城市群连接西藏拉萨的对内通道，是我国重要的进藏通道之一，是昆明—拉萨经济带建设发展的重要交通载体，是昆明至大理、丽江、迪庆的主干通道。

该通道交通基础设施主要由成昆铁路昆明—广通段、广（通）大（理）铁路、大（理）丽（江）铁路、丽江—香格里拉—德钦—拉萨铁路（滇藏铁路）、沪瑞高速昆明至大理段、G5611大理至丽江高速公路、丽江—香格里拉—德钦—拉萨高速公路等组合构成。目前广大铁路在复线扩能改造，旅客列车设计行车速度均为200km/h；大理至丽江铁路、丽江至香格里拉铁路在建，单线电气化，设计行车速度为120km/h，预计“十二五”末建成通车。昆明—大理高速公路已建成，其余路段依靠G214连接，大理至丽江高速公路在建。未来应加快推进铁路、高速公路向德钦、西藏进一步延伸。

通道项目建成后，将是云南省通向西藏的国内大能力综合运输大通道、西藏东南出海通道的重要组成部分，是昆明至大理、丽江的快速客运网络通道，昆明至大理客运出行将由现在7h缩减到2h，对开发西藏、滇西北资源特别是旅游资源，加快云南和西藏经济社会发展、扩大对外交流、增进民族团结、推动沿线贫困地区脱贫致富等都具有重大意义。

（二）国际通道

1. 昆明—瑞丽—缅甸—印度洋皎漂港通道（印度洋通道）

该通道为我国通向印度洋的主干大通道，具体走向为昆明—大理—保山—瑞丽—曼德勒—皎漂港，全长约1600km，由铁路、高速公路、输油气管道组成。该通道是我国桥头堡建设打通印度洋的战略通道，在经济、能源运输安全、国防巩固等方面具有重要的战略意义和作用。该通道经大理、保山、瑞丽连接缅甸和印度洋，是昆明—大理—瑞丽—皎漂经济走廊发展的重要通道、我国实施面向西南开放战略的重要支撑性基础设施，对于进一步加强和深化中缅关系与战略合作、拓展“两洋”战略、增强国家安全保障、增强区域影响力、增强能源等重要国际物资运输通道保障以及促进西部大开发等都具有十分重要的战略意义。

该通道由昆明—大理—瑞丽—曼德勒—皎漂港铁路、G60沪瑞高速昆明至瑞丽段、中缅油气管道以及国道G320组成。昆明—大理段与滇藏国内通道共线，大（理）瑞（丽）铁路在建，单线（预留复线条件）电气化，设计速度140km/h。通道内国内段铁路的扩能改造和新建线路将在“十二五”末全部建成运营。国内段公路已经基本建成高速公路，仅剩龙陵—瑞丽段在“十二五”期间建设。中缅油气管道在建，设计年输油能力2200万t、天然气120亿m^3，与之相匹配的皎漂港30万t级原油码头同时在建，均于2013年建成。

缅甸段的铁路（木姐经曼德勒至皎漂单线内燃准轨铁路）和公路（木姐至曼德勒以及曼德勒经贾古至皎漂）以及皎漂港矿石码头建设等正在着手前期论证工作，积极与缅甸政府谈判协商过程中。

该通道项目建成后，将是我国通往印度洋的大能力综合运输战略大通道，对于实现我国能源进口路径多元化，充实能源和经济安全保障具有极其重要的战略意义；对于开辟昆明和云南以及西南地区具有优势的新出海通路，促进滇西地区的经济社会发展和旅游等资源的开发，以及推进与环印度洋国家的国际合作等具有非常重要的作用和意义。

2. 昆明—河口—越南通道（中越通道）

该通道是我国通往越南的两大通道之一，具体走向为昆明—玉溪—蒙自—河口—河内（越南），该通道可以继续向南延伸到柬埔寨、马来西亚和新加坡。它是我国中西部地区与越南等国家之间客货运输的主要通道，是蒙自及红河州沿线地区连接昆明、通往国际的主干通道，是昆明—河内经济走廊建设发展的重要支撑。

该通道由滇越铁路、昆河铁路新线、昆明—石林—弥勒—蒙自—河口—河内（越南）高速公路、昆明—玉溪—通海—建水—蒙自高速公路、中越红河水运航道等组成。既有昆河铁路（滇越铁路国内段）为单线米轨铁路，线路条件差，运输能力低、速度慢，目前仅保留货运。昆河铁路新线为泛亚铁路东线云南段，昆明至玉溪段正在扩能改造，改造后速度可达200km/h；玉溪至河口段在建，设计速度为120km/h。目前昆明—玉溪—通海—建水—蒙自—河口高速公路基本建成，是主要运输线路，石林—弥勒—蒙自高速公路在建，越南境内的河内—海防段也将改建为高等级公路。中越红河水运航道目前国内段仅可通行20t级船舶，境外越南段可通行100～700t级船舶。

在建项目建成后，该通道国内段基本形成，未来在对红河水运航道改造的基础上，主要任务是与越南政府积极沟通协商，争取修建蒙自至河口准轨铁路，并推动河口—河内公路的升级改造。

该通道建成后，将是我国通往东南亚的重要综合运输大通道和快速客运网络，从昆明至河口时间缩短到3个多小时，对促进我国中西部地区与东盟国家的经贸往来，促进滇南旅游、矿产等资源开发，促进少数民族地区经济社会全面发展，增强民族团结，维护边疆稳定等具有重大意义。

3. 昆明—磨憨—老挝—泰国通道（中老泰通道）

该通道是中南半岛上纵向最便捷、辐射范围最大的运输通道，具体走向为昆明—玉溪—元江—普洱—磨憨—万象（老挝）—曼谷（泰国），全长超过1800km，向南可以便捷地延伸到马来西亚、新加坡等国家。它对云南省与东南亚区域经贸、旅游合作具有重要意义和作用，是普洱、西双版纳州沿线地区连接昆明、通往国际的主干通道，是昆明—曼谷经济走廊发展的重要支撑。

该通道由中老泰铁路（泛亚铁路中线）、昆曼公路（国内段为G8511昆明—磨憨高速公路）及澜沧江—湄公河水运航道组成。昆曼公路已经贯通，是目前该通道主要运输线路。我国境内昆明—景洪高速公路基本建成，磨黑—思茅段在建，景洪—磨憨段是以二级路为主的高等级公路；泰国境内已全部建成二级以上高等级公路，老挝境内段已全部改造成油路，连接泰、老两国的会晒—清孔大桥即将建设。

未来该通道以尽快推动中老泰铁路建设为主，我国境内建设玉溪—元江—普洱—景洪—磨憨铁路，磨憨出境后在老挝境内新建么丁—琅勃拉邦—万象一廊开铁路，进而与泰国铁路网对接。目前我国与泰国准备合作建设三条高速铁路，即曼谷—廊开线、曼谷—泰马边境线和曼谷—罗勇线，其中前两条分别是中老泰铁路的组成部分和向南延伸直至马来西亚的铁路线。公路方面适时改扩建景洪至磨憨为高速公路，推动提高老挝境内公路技术等级。水运方面，将进一步加大澜沧江—湄公河的航道整治，提高船舶通行能力。

该通道建成后将是我国通往东南亚地区的最重要通道，是大湄公河次区域经济合作的重要支撑，对促进中国—东盟自由贸易区的进一步发展，促进我国西南地区尤其是云南省与东盟之间的合作，发展云南与东盟旅游一体化，开发滇南沿线资源，缩小地区差距，促进民族团结等都有重要作用和意义。

4. 昆明—祥云（大理）**—清水河—缅甸**（中缅通道）

该通道连接缅甸路网，是我国与缅甸中南部客货运输的主要通道，具体走向为昆明—祥云（大理）—临沧—清水河—腊戌（缅甸），对加强我国与缅甸联系，促进沿边地区发展具有重要意义，是临沧连接昆明、国内方向和通往缅甸方向的主干通道。

该通道的布局建设，应纳入与缅甸政府谈判的昆明至印度洋通道总框架中，作为我国与缅甸路网相连以及泛亚西通道的主要通路，而昆明至印度洋通道应以我方主要经营和管理，以战略通道的相对独立性提高机动性和保障性。

该通道国内段铁路昆明—祥云与印度洋通道共用既有铁路，祥云—临沧—清水河为需新建铁路；公路有昆明—祥云—云县—临沧—清水河以及昆明—玉溪—新平—镇沅—临沧两条主要线路，目前祥云—云县—临沧为二级路为主的高等级公路，临沧—清水河段为省道S319。缅甸境内，腊戌是缅甸米轨铁路网末端；清水河—腊戌段公路等级很低，腊戌—曼德勒—仰光段为二、三级公路等级。

该通道首先应推进国内段的建设，先期建设祥云至临沧铁路以及祥云—临沧—清水河高等级公路，研究推进昆明—玉溪—新平—镇沅—临沧高速公路的规划建设。积极与缅甸政府沟通、谈判协商，视谈判结果和与印度洋通道的分工定位，再行推进临沧—清水河准轨铁路和清水河—腊戌缅甸境内米轨铁路的建设以及缅甸境内公路的升级改造合作。

该通道建成后，将形成我国与缅甸之间的一条主要综合运输通道，对加强中缅之间的国际合作和经贸交流，对落实兴边富民政策、促进临沧市经济社会发展、民族团结和边疆稳定等具有重要作用和意义。

5．昆明—猴桥—缅甸—印度（中缅印通道）

该通道是我国与缅甸北部、印度客货运输的主要通道，具体走向为昆明—大理—芒市—猴桥—密支那（缅甸）—雷多（印度），是昆明—加尔各答经济走廊发展的重要支撑。

该通道国内段大部分与印度洋通道共线，需新建部分为芒市—猴桥—密支那—雷多的铁路和对既有公路的改造升级。目前保山—腾冲高速公路在建，腾冲—猴桥为二级公路，缅甸境内猴桥—密支那段为我国援建的二级公路，密支那—雷多段公路技术等级低、路况差。

未来该通道需要新建芒市—腾冲—猴桥铁路，改建腾冲—猴桥公路为高速公路，推动建设猴桥—密支那—雷多铁路，改建密支那—雷多公路，提高技术等级。

该通道建成后，将形成我国与印度之间以及第三亚欧大陆桥的主要综合运输通道，对拓展我国与缅北、印度及南亚国家之间的国际合作与经贸交流具有重要意义，对国防交通的发展具有重要作用。

（三）通道建设推进策略

昆明枢纽对外通道项目基本上都是云南省的大项目，从完善通道架构和全省路网的需要，云南省规划建设的通道项目较多，所需的投资巨大，在争取国家大力支持的情况下，云南省也需要相当多的资金进行配套，而云南省本身经济不发达、财力不足。因此，需要在总体规划和把握机遇、加快发展的大原则下，根据轻重缓急和经济发展战略部署以及邻国间的合作意愿，积极有序地推进相关通道的建设。

总的策略是：以加强国内合作和承接产业转移、大力促进经济规模和发展水平的提升为基础，积极战略性推进国际区域合作、创造未来经济新的增长点，以及重点改善境内交通、适时连通国际大通道为主导思想，分步有序地推进国内、国际通道的加快建设。

1．重点推进和完善国内快速运输通道建设

云南省和昆明市经济发展水平落后于东部沿海地区和城市，但远好于周边邻国及其城市。云南是我国经济欠发达的省份，2009年全省人均GDP仅为1980美元，约为全国的51%。昆明市虽然是全省的龙头城市，地区GDP占全省的30%，人均GDP 4232美元，略高于全国平均水平，但与东部沿海发达地区城市相比较，差距还相当大，综合实力在全国城市中排名第38位。东南亚各国的人均GDP除新加坡、文莱、马来西亚、泰国外，都低于3000美元，尤其缅甸、柬埔寨、老挝的人均GDP甚至低于1000美元。越南、老挝、缅甸的经济发展水平与云南相比较，还存在较大差距。

根据经济发展阶段和水平，云南省和昆明市对内开放主要是接受东部沿海地区的经济辐射和产业转移，提高自身经济发展规模和质量；对外开放主要是把机电产品、农副产品等销售到周边国家和从周边国家购买铁矿砂、氧化铝、

金属原材料等资源性初级产品及农副产品，而且贸易额也不是很大，目前对昆明和云南产业发展的贡献还相对有限。因此，在带动昆明市和云南省经济发展方面，对内开放对促进产业发展更为直接有效，要把推进和完善国内运输通道建设，尤其是与经济发达地区珠三角、长三角之间的快速通道建设作为推进的重点。

2．大力推进战略性国际通道建设，积极推进具备条件的国际通道连通

桥头堡战略的实施以及云南省、昆明市对外开放均要求加快推进国际通道建设，国际通道的推进应从重要性和可行性两方面考虑。五条国际通道中，印度洋通道对于改善我国出海通道和地缘政治、经济安全，提高区域影响力和控制力都有很大影响，是一条战略性国际通道，应首先尽最大努力重点推动。中越之间经贸往来相对较大，中越通道客货运输需求大，现有交通基础设施和双边运输环境均较好，可以优先推进。中老泰通道辐射范围最广，对推动区域经济合作最为重要，可以适时重点推进。中缅通道主要为我国与缅甸的经济合作服务，相互间客货运输需求在较长时间内不会太大，应视谈判合作情况和与印度洋通道的分工定位进行具体安排适时建设。中印通道基于印度方面的态度，短期内难以真正与印度路网相连接，大大降低通道功能作用的发挥，该通道目前路网状况已能基本满足我国与缅甸北部之间的需要，应与印度积极沟通争取，等条件成熟后再进一步建设。

3．按照国家重点工程项目的建设部署，优先项目安排与配合

国家重点工程项目是国家干线网络的组成部分，国家干线网络技术等级高、运输能力大、设计速度高、与外部的连通性强，是通道构成的骨干，对其完善建设是通道形成的关键。

昆明对外通道网络建设项目多，需要投入大量资金，云南省经济不发达，地方财力薄弱，必须依靠国家在资金投入方面的大力支持，地方配套相应资金才能开工建成更多项目，尽快形成大通道。国家重点工程项目最容易获得国家的资金支持，又是通道形成的关键所在，应率先推进建设。

4．推进和加快国际通道省内段的建设，促进沿边地区经济社会的较快发展

云南省沿边地区经济落后，需要改善交通为其快速发展提供前提条件，尤其是需要加强与龙头城市昆明之间的交通联系，承接其经济辐射和产业转移、促进相互合作。云南省25个边境县2009年人均GDP 3647元，是全省人均GDP的64%，财政收入仅为全省平均水平的32%，农民人均纯收入仅为全省平均水平的74%，有17个县是国家和省级贫困县，农民人均收入在全省129个县中排100位以后，且倒数第1到倒数第3位都在边境地区。沿边地区经济落后的重要原因就是一直受交通不便的制约。

国际通道境外段建设取决于相关国家的合作意愿和经济实力，协调难度大，整体推进较慢。国际通道省内段除了承担国际客货运输外，还是沿边地区与昆明、滇中城市群之间最重要的主干通道。其建设可以大大改善沿边地区的对外通达性，对加强与滇中城市群的合作交流，促进沿边地区经济快速发展具有重要作用，因此应首先重点加快推进国际通道省内段的建设。

5. 加强区域国家间沟通协商以及技术、资金等援助，积极推进国际通道的跨国连接与延伸

国际通道主要功能是促进国际合作、实现区域经济一体化，建立我国对外出海通道等，这不仅需要把国内段建设好，更需要推动境外段的建设，形成完整的通道，才能真正发挥应有的作用。

该区域内地形、地质、自然环境复杂，国际通道相关线路技术等级高、线路长、投资大、设计和施工难度大。周边国家经济发展相对落后，设计、施工力量薄弱，境外段相关线路的建设对这些国家在资金和技术方面都具有较大挑战。我国经济规模大，发展水平相对较高，并已经建设了大量的高速铁路和公路，具有丰富经验和高水平的设计施工队伍、技术。为了贯通整个通道，发挥应有作用，我国应在必要的时候予以技术、资金等方面的援助，以承担起我国在国际社会事务中相应的责任。

国际通道的建设涉及地缘、政治、外交、经济、人文、环境等方面，必须通过国政方式积极推动。我国应加大政府间沟通，并采取多种形式的民间交流，加大项目对加强国际经贸关系和民间联系正面效应的宣传力度，强调共建运输通道是双边合作、共同繁荣发展的基础，对相关国家的实际利益予以充分理解和有效保障，尊重其主权、文化和传统，消除误解，建立相互信任，推进国际通道的跨国连接与延伸。

第四节 昆明对外航空运输网络的构建发展与完善

发达的对外航空运输是构建国际枢纽或区域性国际枢纽的必要条件之一，现今的国际化城市离不开发达完善的航空枢纽和运输网络的支撑。昆明区域性国际交通运输枢纽的建设形成必须要有现代化的航口枢纽港和较完善的国内、国际航线网络及较大规模的航空运输量的支持。为此，必须在昆明新机场投入使用后加快配套完善，大力拓展国内、国际航线网络，形成具有较大规模流量和较强吸引力的区域性国际航空运输中心。

一要将昆明枢纽机场真正打造成为我国面向东南亚、南亚的门户枢纽机场、航空运输基地，成为桥头堡对外开放、构建昆明区域性国际城市的重要基础支撑。高密度的航线网络和航班是成为枢纽机场的基本条件，目前，昆明机场已开通了至东南亚国家的河内、金边、万象、曼谷、仰光、吉隆坡、新加坡等国际航线。今后，一方面应进一步增加开通与东南亚国家主要城市间的航线，加大航线密度，增加航班，构筑适应国际区域经济合作、云南—东南亚大旅游发展的航空运输网络；另一方面应积极拓展进一步开通至南亚、环印度洋国家主要城市的航线、航班，加强与南亚等地区国家的国际交流，促进国际区域合作和经贸发展。

二要大力打造昆明机场成为我国至南亚、东南亚最主要的中转集散大型枢纽机场。要在大力完善国内航线网络和国际区域航线网络的基础上，构建国内与国际航线、航班的便捷链接，创造航线覆盖优势、航班密度优势、经济价格优势，较大规模地吸引、集聚国内外中转客流，成为面向南亚、东南亚最主要的中转枢纽机场。

三要将昆明机场发展成为我国西南省区至欧洲的主要门户机场和东南亚

地区国际中转的主要机场。进一步开通至中东、欧洲等主要城市的国际干线航线，吸引国内西南地区以及东南亚国家在昆明中转至这些城市的国际航线，逐步发展成为拥有一定数量国际干线航线的区域性国际中转机场。

四要进一步开通完善至港澳台、日韩等亚洲地区的国家航线，与其他国际枢纽机场的便捷衔接的国际航空支线网络，形成干支有效衔接的国际航空网络体系，为国际进出旅客提供高效、便捷的服务。

五要进一步完善省内航线网络结构，增强昆明机场的干支连接和中枢轮辐式航线网络的枢纽作用。

（主要执笔人：程世东　罗仁坚）

第五章

昆明市和滇中城市群交通网络骨架布局建设

内容提要：布局和功能完善、便捷高效的城市交通与城际交通是枢纽作用和能力发挥的重要支撑。昆明城市交通将构筑以轨道交通为骨干的公共交通出行保障体系，市域交通将积极发展市郊铁路网络和加强干线公路的建设，城际交通将在充分利用即将建成的快速铁路干线的基础上，适时建设城际铁路，完善昆明至周边城市以及环滇中城市圈的高速公路布局与建设。

昆明区域性国际交通运输枢纽是一个宏观性的枢纽城市概念，依托以昆明为核心的整个滇中城市群，以壮大区域经济、提升区域整体发展能力和竞争力为指向进行构建发展。除了对外通道网络以外，枢纽内部交通的建设发展和发达程度直接关系到枢纽的规模、功能、运行效率以及直接服务的范围和广度，不仅对枢纽站场布局本身，而且对城市空间布局和人口、产业分布以及区域一体化构成重大影响和引导作用。昆明区域性国际交通运输枢纽内部交通有三个网络层次，分别为昆明城市交通、昆明市域交通、滇中城市群城际交通，这三个层次交通网络骨架的布局完善和建设发展对枢纽量能的发挥和提升具有重要影响。

第一节 昆明市和滇中城市群社会经济与交通运输现状

（一）社会经济发展现状

滇中城市群是指云南中部以昆明为核心，半径为150～200km包括曲靖市、玉溪市和楚雄彝族自治州四个州市组成的经济区域。以昆明为中心的滇中城市群是云南省社会经济发展的核心区域，2009年，滇中城市群人口占全省的37.4%，国民生产总值占全省的58.2%。《云南省滇中城市经济圈区域协调发展规划（2010～2020）》提出，要使滇中城市经济圈在实现国家“深化沿海开放、加快内地开放、提升沿边开放”战略中成为能更有力带动中国西部沿边经济社会发展的重要增长极。昆明市是云南省的龙头城市，曲靖市、玉溪市和楚雄是云南省除昆明市以外，人口和城市规模较大的城市，随着城市化和区域一体化的加快推进，滇中城市群各城市之间的联系将更加紧密，逐步进入一体化发展阶段，整体性将不断加强。

滇中城市群位于云南省中部，处于全国“两横三纵”城市化战略格局包头至昆明一纵的南端，以及“9＋2”泛珠三角经济区和“10＋1”中国—东盟自由贸易区的交汇处，是我国向西南开放重要桥头堡的主要依托区域，西部人口集聚区、产业基地，承接东部产业转移的重要城市群地区。

滇中城市群中心城市昆明市，面积占云南全省的5.3%，人口占全省的13.7%，2009年地区生产总值为1808.65亿元，占全省的29.3%，人均GDP为28894元，是全省人均GDP的2.13倍；零售商品总额864.61亿元，占全省的42.2%，进出口贸易总额56.30亿美元，占全省的70.2%，城镇化率达到61%。

2008年，以昆明为核心的滇中城市群四州市地区生产总值为3295.1亿元，占全省的57.8%，人均GDP约为19400元，是全省人均GDP的1.55倍；财政收入占全省财政收入的49.5%；规模以上工业增加值占全省的68%；投资和商品零售额分别占全省的42.4%和60.6%；人口724万人，占全省的48.3%，城镇化率超过42.6%，高于全省33%的平均水平。具体数据指标见表5-1。

滇中城市群2008年基础数据指标表 表5-1

地区	常住人口(万人)	城镇人口(万人)	城镇化水平(%)	GDP(亿元)	人均GDP(万元)	面积(km^2)	至昆明公路里程（km）
全国	132802.0	60667.0	45.7	300670.0	2.264	1045	—
全省	4543.0	1499.2	33.0	5700.1	1.255	394000	—
昆明市	623.9	375.1	60.1	1605.4	2.573	21111	—
曲靖市	578.2	188.5	32.6	787.6	1.362	20004	130
玉溪市	227.6	80.8	35.5	596.1	2.619	15205	86
楚雄州	269.0	79.6	29.6	306.0	1.138	29258	160
合计/平均	1098.7	724.0	42.6	3295.1	1.940	94558	125
占全省(%)	37.4	48.3	—	57.8	—	24	—

数据来源：《云南省滇中城市经济圈区域协调发展规划（2010～2020）》。

滇中四城市是云南省基础条件最好、发展最快、综合实力最强的区域，滇中各城市在发展空间、资源、产业等方面具有互补性。空间方面，中心城市昆明在集聚要素的同时向群中其他区域的溢出效应不断增强，城市化地区不断扩展和延伸，经济产业走廊逐步形成，正朝着空间布局一体化方向加快发展；资源方面，昆明有磷，曲靖有煤、铁，楚雄有盐，玉溪有有色金属；产业方面，昆明有高新技术、装备制造、医药等产业，曲靖的优势为煤炭、化工、电力，玉溪的烟草配套，楚雄在天然医药、畜牧产业的实力等；在基础设施方面，该区域的交通、通信、供电等基础设施不断加强和完善，为滇中城市经济圈发展创造了较有利的基础条件。

（二）交通运输基本现状

滇中城市群各城市中，除了昆明正在建设城市轨道交通网以外，其他城市规模较小，都还没有城市轨道交通网建设规划；包括昆明在内，目前各城市交通都是道路交通，而且，公共交通发展也相对落后和不足，随着私人小汽车的快速发展，交通拥挤问题渐趋严重。在城际交通方面，有公路运输和铁路运输，公路运输除私人交通外，主要是城市间客运快线班车；铁路主要是依托现有铁路开行的部分城际旅客列车和过路列车的站间运输；总体上不能适应城际交通的快速、便捷要求。

1. 昆明市交通运输基本现状

昆明主城区原位于滇池东北方向，城市交通主要在此范围内发展，基本上都是路面交通，城市道路网基本上是“环＋方格”的格局形态。随着城市的扩张，昆明城区逐渐形成了“一湖四片”的空间格局，道路也基本上是按此空间格局进行布局建设，一环和二环、三环基本位于昆明主城；绕城内环为“8”字形绕城公路，由昆玉高速、东连接线、西北绕及支线、安晋高速、南连接线和昆安高速构成；此外高海公路为地区性高速公路，与三环高速公路配合，形成直接服务滇池沿岸“一湖四片”的环湖高速路。目前，昆明处在城市空间发展的结构化调整过程中，主城区容量趋向饱和，其他三个片区处在建设发展过程中，是道路等基础设施布局建设的主要区域。预计到2010年末，道路总长达1996.37km，路网密度约5.36km/km^2。

至2009年年末，昆明全市机动车保有量为112.71万辆，增长16.4%，其中汽车保有量67.82万辆，增长23.9%。机动车出行呈现早晚双高峰态势，拥堵路段越来越多，拥堵时段延长。2009年城区开行的公交线路216条，快速公交道路7条，公交专用道仅46km，城区公共汽车保有量年内增长337辆，日均客运量为222.11万人次，承担的出行比例约34%，出租车达到6901辆。目前，昆明的公交线网在二环内布线过多，而外围区域线网密度较低，公交站场主要布局在火车站地区、城市中心广场地区、体育中心地区，这些地区是客流主要集中和换乘的地区，也是交通较为拥挤的区域。机场紧邻二环，也吸引了较大的交通流。此外，滇池水运除了作为观光旅游外，还承担了一小部分横穿滇池的公共交通功能。

2. 昆明至滇中城市群的交通基本现状

公路是滇中城市群的主要交通方式，主要以昆明为中心，呈现放射状，与楚雄、曲靖、玉溪及武定禄劝连接。公路主要是依托高速公路和一般国道、省道构成城际交通网络，目前昆明有7条放射状高速公路（包括1条机场高速）、5条国道、60多条省道。

昆明—曲靖方向的公路由沪昆高速公路、渝昆高速公路、320国道、326国道组成，326国道还将石林与曲靖联系起来。

昆明—楚雄方向的公路由杭瑞高速公路、320国道组成。

昆明—玉溪方向的公路由昆磨高速公路、213国道组成。

昆明—石林方向的公路由昆石高速公路（广昆高速）、324国道组成。

昆明—武定禄劝方向的公路由108国道组成，高速公路正在建设。

铁路目前尚未建成城际铁路网，主要是依托既有铁路干线的旅客列车和部分线路开行少量的城际列车承担部分城际客运功能，开行的城际列车对数受线路总能力和长途旅客列车对数的影响较大。

昆明—曲靖方向，目前有贵昆铁路、沪昆铁路及东川线，除了过路的旅客列车外，专门组织开行了昆明—曲靖之间的城际旅客列车，每天8对（其中2对开行至宣威）。

昆明—楚雄方向，目前有广大铁路、成昆铁路。除了过路的旅客列车外，开行的昆明—丽江之间的旅客列车经过楚雄，每天2对。

昆明—玉溪方向，目前有昆玉铁路。

昆明—石林方向，目前有南昆铁路、昆河铁路。

在滇中城市群中，昆明与其他城市的交通联系较为紧密，主要以放射状铁路、高速公路为主，其他城市之间的相互交通联系较为薄弱，不仅缺少铁路，而且高速公路环线也尚未建成，相当部分交通联系需要绕经昆明，整体性的有机连接差，交通模式以公路客运和私人交通为主，随着汽车保有量的增加，小汽车出行的比率不断增高。

第二节 昆明市和滇中城市群未来空间布局与经济发展

（一）一体化发展的必然性

国家主体功能区规划和城镇化发展规划提出中国将构建“两横三纵”的城市化战略格局。“两横”是指欧亚大陆桥通道和沿长江通道两条横轴；“三纵”则是指沿海、京哈京广和包昆通道。滇中城市群位于包昆一纵的南端，是全国重点推动和培育发展的20个城市群地区之一。滇中经济区为国家主体功能区中的重点开发区域之一。

我国的人口数量和资源、环境的国情，决定了我国城市发展必须保持较高的系统效率和资源利用率，尤其要走集约利用土地的发展方式，因此大城市、城市群是我国新时期推进城市化进程的主体形态。滇中城市群是云南省人口和产业的主要集聚区，是提升云南省城市化水平的主要承载区。

区域一体化是我国经济社会发展的必然趋势。随着城市化水平的提高、城市群的发展壮大和城市化地区的扩大，不仅大量的本地农村居民城市化，还将吸引本地区以外大量的人口，在产业空间布局和城镇体系建设的发展过程中和在政府规划的引导下，将在交通基础设施条件较好、具有较大发展空间的地带逐渐形成经济走廊、产业走廊和城镇连绵带，各城市行政区界限将会日渐淡化，基础设施共建共享、城市间产业分工与合作以及形成更大规模的产业群以提高整体竞争能力的要求将会不断增强，共同利益和共赢的发展追求将促使城市群各城市朝着合作、融合、优势互补、消除要素自由流动的各种障碍的区域一体化方向迈进和深化发展。我国的人口基数、资源条件也决定了必须走人口密集、资源集中利用的发展道路，区域一体化既是空间布局的发展要求，也是对基础条件较好、发展潜力较大的地区承担更多工业化、城镇化重任的发展要求。

建设我国向西南开放的桥头堡方针带来的机遇和政策，将促进滇中城市群加快一体化发展。滇中城市群作为桥头堡建设发展的中心和最主要依托，需要形成大规模的产业基地，同时大幅提高城镇化水平。这在主观和客观上都要求滇中城市群在产业布局、城市功能、基础设施布局等方面调整优化空间结构和提高空间利用效率，形成空间布局一体化和逐步发展成为一个优势互补、紧密合作的城市群整体。同时，桥头堡战略也将会在政策以及投资上对城镇发展、城际基础设施建设提供更大的支持，形成有利的建设发展机遇。

（二）未来的总体空间格局和产业分布

1. 昆明市

《昆明城市总体规划修编（2008～2020）》规划市域内城镇空间结构为“一核五轴，三层多心”的布局形态。

一核指中心城区。

五轴指两主轴、三次轴，分别为：

（1）主轴一，安宁—昆明—宜良方向。

（2）主轴二，昆明新机场空港经济区—呈贡—晋宁—海口—现在主城（一湖四片）。

（3）次轴一，禄劝—富民—安宁—晋宁方向。

（4）次轴二，东川—寻甸—嵩明—宜良方向。

（5）次轴三，寻甸—禄劝方向。

三层指中心城区、都市区和市域其他地区。

（1）中心城区，未来由昆明主城、呈贡新区和空港经济区组成，总面积为1722km^2（含滇池草海水域10.7km^2）。重点发展现代综合服务业、高新技术产业和都市型工业。

（2）都市区，安宁、宜良、嵩明、海口、昆阳、晋城等二级城市。安宁主要发展冶金、化工工业、康体休闲游，宜良以工业和旅游服务业为主导，嵩明主要发展临空型经济、旅游和生物产业，海口以磷矿深加工、精密机械和仪器工业为重点，晋宁以新型工业为主导。

（3）市域其他地区，石林、寻甸、东川、富民、禄劝。石林主要发展旅游、农业，寻甸重点发展农副产品、煤磷化工等，东川以矿产资源和生物资源加工为导向，富民作为市域次级工业及农副产品加工基地，禄劝以发展化工、建材等为主，康体休闲游和乡村旅游作为市域发展的绿色产业之一。

2．滇中城市群

根据《云南省滇中城市经济圈区域协调发展规划（2010～2020）》，规划的滇中城市群在空间结构上将形成“一核、两轴、三圈、四极”格局形态。

一核即以现代新昆明都市核心区为核心，包括昆明中心城区、晋城—新街新城及昆阳—海口新城。主要发展高新技术产业、现代服务业、生物产业和休闲经济。

两轴即滇中东西、南北两条重点发展轴。

（1）东西轴：曲靖—昆明—楚雄，重点发展中央商务、先进制造业、空港物流、生物制药、重化工、文化旅游等产业。

（2）南北轴：武定（禄劝）—昆明—玉溪，具有绿色生态、科技文化创新和休闲经济走廊三大功能。

三圈层即“极核圈”、“带动圈”和“辐射圈”。极核圈主要包括现代新昆明和距核心城市中心30～50km范围内的部分市、县（区）、镇和相关区域，主要发展高新技术产业、现代农业、先进制造业、化工和金融、商贸、物流、休闲旅游等现代服务业。带动圈规划范围为极核圈层外围、距核心城市中心100～150km范围内的城市和区域，属于一小时经济圈，以发展烟草及配套、加工业、化工、冶金、生物、现代农业、乡村旅游等产业为主。辐射圈规划范围为带动圈层外围、距核心城市中心150～200km范围内的市县（镇）和区域，属于两小时经济圈，是培育地方性中心城市，统筹城乡发展的主要地带。

四极为曲靖、玉溪、楚雄、武定（禄劝）四大城市增长极。使曲靖成为全国重要的集生产、加工、贸易、科研为一体的重化工和有色冶金基地；承接黔桂川与东盟自由贸易区的物资集结和运输枢纽。将楚雄建设成为全省重要的绿色产业基地，冶金化工基地，突出特色文化、民族文化旅游产业基地以及承接产业转移和出口加工基地，形成并发挥联动滇中、滇西的重要功能作用。在玉溪构建世界级的烟草产业基地、花卉基地、科技创新基地、康体休闲旅游基地以及最适宜居住地。将武定、禄劝两县合并规划建设成为一个生态化新兴产业示范（组团）城市，设立生态产业园区，发展现代农业、科技文化创新、环保等新兴产业，充分发挥承接昆明、联动攀枝花，带动相对落后的滇中北部经济发展的功能作用。

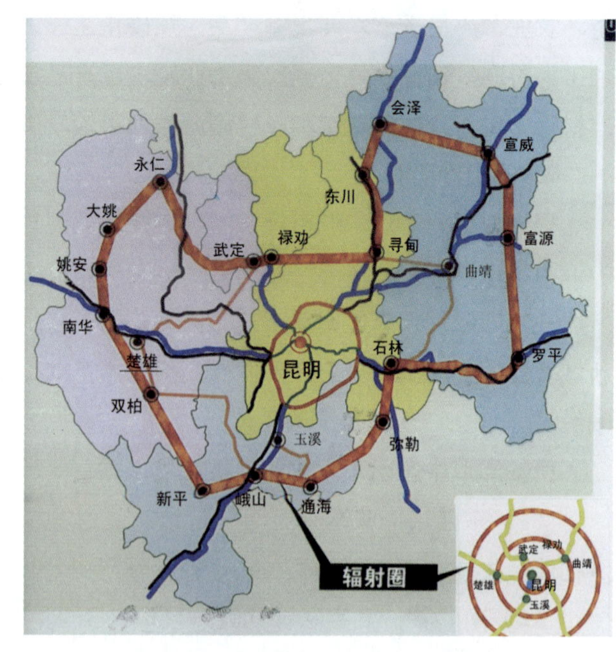

图5-1　滇中城市群空间格局示意图

滇中城市群空间格局如图5-1所示。

（三）未来的经济社会发展总体指标

1. 昆明市

根据《昆明城市总体规划修编（2008～2020）》（简称《总规》），到2020年规划期末，昆明市的国内生产总值达到4600亿元，人均国民生产总值达到64000元以上。中心城人口不超过450万人，城镇人口达到430万人，建设用地430km^2；市域总人口控制在850万以内，城镇化率达到73%左右。单位生产总值能耗比“十五”期末下降20%以上。根据目前的发展趋势和桥头堡战略的大力实施以及昆明市“十二五”规划纲要，GDP发展指标将大大超过《总规》预测值，2015年将达4000亿元，2020年将达6000亿元以上；总人口数量将超过900万人。

2. 滇中城市群

根据《云南省滇中城市经济圈区域协调发展规划（2010～2020）》，2015年年末经济圈内人口达到2090万人，GDP超过8680亿元，人均GDP接近4.2万元；2020年年末，经济圈内人口达到2620万人，GDP超过16720亿元，人均GDP接近6.4万元。按照目前的经济发展趋势和桥头堡战略带来的重大发展机遇，2020年GDP将超过2万亿元，人口将进一步集聚。

以昆明为中心的滇中城市群是云南省经济社会发展的核心区域，“十二五”期间，国家积极培育和发展若干功能突出、发展潜力巨大的特色经济区，明确把滇中经济区培育成为对周边地区具有辐射和带动作用的战略新高地，成为省域经济增长点。在国家和云南省的大力支持发展下，滇中城市群地区的经济实力和发展能力将快速发展壮大成为我国西南部地区重要的核心体和经济社会增长极，更大量能地发挥着桥头堡的功能作用和影响力。

第三节 昆明城市交通网络骨架构建发展

（一）昆明城市交通网络骨架构建发展的主要思想

（1）支撑昆明建设发展国际化城市。将立足长远和建设发展昆明国际化城市的要求，高起点地对城市骨架交通基础设施网络、线路技术标准和通行能力、设施设备现代化水平进行总体布局规划，建设与城市空间布局相适应、与区域性国际城市相匹配的现代化、信息化的立体交通网络体系和运输系统。

（2）优先发展公共交通，大力加强轨道交通网布局建设。引导、调整优化城市交通模式，大力加强公共交通发展，建立以公共交通为基本出行保障的城市交通体系；加快轨道交通网络建设和扩大覆盖范围，使其成为中心城区的交通骨干、主要通道走廊的主体运输方式，同时加大常规公交、快速公交的发展和服务水平提高，形成以轨道交通和快速公交为骨干，常规公共交通为主体的城市客运出行保障系统。力争2020年中心城区的公共交通出行分担率达到50%以上，其中轨道交通分担率达到25%以上。

（3）加强与各大枢纽站场的大容量交通衔接。大枢纽站场客货运输量集中，而且主要以道路交通作为集疏运方式，一般地面交通都比较拥挤，将以规划建设大容量交通作为主要的集疏运方式。大容量的轨道交通、快速公交的布局要与枢纽站场的选址布局相互协调，主要铁路客运站、公路大型客运站、航空机场都要与城市轨道交通相衔接和一体化布局建设，形成各系统间无缝化衔接和联动式发展，加快客流集疏运，减少乘客在车站滞留时间。主要铁路、公路、航空货运站要与铁路、干线公路相衔接，优化布局，减少对城市交通的影响，形成快速集疏运货流的物流系统。

（二）昆明城市交通网络骨架构建规划

1．已编制的昆明城市交通网总体规划

根据《昆明市综合交通运输总体规划（2011～2020）》，未来昆明市交通

网络的总体规划布局是：形成“四环十七射”的公路主骨架路网；构建以轨道交通和BRT为骨干，常规公共汽车为主体的公交系统；构筑“一环七射”的铁路枢纽格局。

（1）公路路网：形成“四环十七射”的格局。以二环路、三环路、绕城高速内环和绕城高速外环4条快速道路为基础，加上从城市中心区向外放射的17条出口道路，形成完善快捷的昆明城市区域道路交通网络体系，充分发挥对昆明城市中心城区的人流、物流集散中转功能。二环和三环是城市道路；绕城高速内环与高海公路组成“8”字形绕城公路，绕城高速外环由东南大外环（昆曲—昆玉段）、西北绕外线和安晋高速构成。“十七射”由八主、五辅、四补充组成。

八条主要出口道路分别为：昆曲高速、昆石高速、昆玉高速、昆安高速、高海高速、昆武高速、机场高速、昆嵩高速。其中昆曲、昆石、昆玉、昆安、高海高速公路已建成使用，昆武高速公路、机场高速公路正在建设，昆嵩高速公路正开展前期工作。

五条辅助出口路分别为：昆禄公路、老昆安公路、老贵昆公路、老昆石公路、老昆洛公路。实施情况：昆禄公路、老昆安公路、老昆石公路均为高等级公路，现在仍在发挥其出入昆明的部分作用；老贵昆公路（城区段）已开工；老昆洛公路（马金铺至晋宁昌家营段长40km）拟改建为二级公路或城市干道。

四条补充出口路分别为：龙泉路、王筇路、昆肖线、浑阿线。龙泉线暂不改建；王筇公路将从普吉—柏枝园—浑团路起点新建一条路来替代该路；昆肖线并入轿子山旅游专线公路建设；浑阿线拟新改建为二级公路。

（2）城市轨道：昆明城市快速轨道交通线网由6条线形组成，呈放射状结构，将城市各功能区、新区和老城有效地连接成一个整体，总长约174km（图5-2）。1、2、3号线构成“大”字形骨架线网，其中1号线联通主城区与呈贡新区，2号与3号线呈十字架状为主城区服务，3号线向机场方向延伸；4号线利用米轨走廊，是主城和呈贡的运量补充线；5号线是主城线网的东北—西南向运量补充线；6号线是连接主城和航空城的辅助线。

图5-2　昆明城市轨道交通网示意图

（3）BRT系统和公交专用道：BRT系统将作为城市公共交通骨干网络的组成部分，作为轨道线路建成运营前的过渡方式和轨道交通线网的补充与延伸，主要布局于中等客运量走廊，并根据轨道交通线路建成投入运营后的实际情况，对同通道方向的BRT线路进行相应运营调整。根据公交网络布局和保障BRT系统的建设以及其他公交骨干线路快捷通行的发展要求，将继续进一步落实公交优先发展政策，增加公交专用道设置。将在目前仅有北京路、人民路、西昌路、金碧路四条公交专用道，全长25.8km，呈“井”字形格局形态的基础上，规划建设主城区的老海埂路、人民路东延长线、西坝路、昆洛路等公交专用道，呈贡新区的古滇路呈贡区段、联大路、呈黄路等公交专用道，到2015年，主城区形成总长约107.5km的公交专用道网络。

（4）铁路交通：构建铁路“一环七射”的格局。铁路枢纽规划包括中轴线、南环线和昆明东站客车联络线形成的铁路环，以及成昆线、贵昆线、沪昆客运专线、南昆线、云桂线、渝昆线和昆玉线等7条向外放射的“一环七射”铁路网络。

2. 对昆明城市交通既有发展规划的评价和建议

《昆明市“十二五”综合交通发展规划》对昆明市交通网络进行了系统布局规划，与昆明市的空间结构发展形成了较好结合，体现了以轨道交通为骨干、优先发展公共交通的思想。

在主要客运枢纽站场方面都规划了轨道交通衔接以及多种运输方式集疏。6号线与机场相连接，昆明火车站有城市轨道1号线和2号线衔接，呈贡昆明南站有城市轨道1号线和4号线衔接，西部汽车客运站、西北部汽车客运站、东部汽车客运站、北部汽车客运站、南部汽车客运站分别有城市轨道3号线、4号线、3号线、2号线、1号线衔接。

为了改善市区交通和加强枢纽站场的大容量交通衔接，应继续加快城市轨道交通网建设，在加快1号线、2号线、6号线建设的同时，加快推进3号线、4号线、5号线的开工建设，尽快形成轨道交通骨架网络；要加大对常规公交的发展和大容量快速公交建设的投入，完善公交网络和公交站场布局，构筑立体公共交通体系，形成以轨道交通和快速公交为骨干、常规公交有效覆盖和衔接的城市公共交通出行保障系统，公共交通出行分担率2015年达40%以上，2020年达50%以上。

结合昆明城市未来发展和对交通的要求，补充如下建议：

建议一：构建环湖铁路城市客运系统（图5-3）。在昆明铁路枢纽规划中，昆明铁路局提出了利用昆明铁路枢纽扩能改造后形成的环滇池铁路环线和线路能力，开行环滇池的昆明—昆明西—读书铺—中谊村—昆明南—王家营西—昆明的城市铁路旅客列车，为“一湖四片”的旅客出行服务。该环线铁路全长124km，规划建设16个站，在昆明南站预留了一个站台。昆明市政府应根据这个意向，积极主动与铁路部门协商，达成相应的运营协议，利用既有铁路资源为城市交通提供服务，并通过先行先试，为全国树立示范和探索经验。

图5-3　环湖铁路城市客运系统示意图

建议二：加强新机场与铁路枢纽站的轨道交通衔接。昆明新机场有6号线连接，并通过6号线与东部汽车客运站相衔接，但与铁路枢纽两大客运站衔接必须通过城市轨道线的换乘。建议规划建设的渝昆高速铁路在昆明新机场设站以及列车掉转线（图5-4），未来利用渝昆高速铁路开行昆明南至昆明新机场的城市列车，形成铁路车站与机场的便捷连接。

图5-4　渝昆铁路开行机场快线示意图

建议三：建设城市轨道“昆阳线”（图5-5）。晋城南城未来人口将达到75万人，昆阳海口新城未来人口将达到60万人。目前该走廊方向有铁路东南环线、昆玉高速，环湖铁路城市客运系统开通后，可以提供与主城区的呈贡、北城等之间的部分客运服务，但远不能满足需要。为进一步促进晋城南城和昆阳海口新城的快速发展和环滇池连片城市化、一体化，城市轨道应在1号线南延线终点公园南路站的基础上，继续向晋城南城和昆阳海口新城延伸。建议将1号线南延线与该延伸线作为一条整线进行规划与建设运营，在1号线原终点广电大学站建设衔接换乘站，新线名称可以称为“昆阳线”或“晋宁线”，线路制式为城市轻轨，全长约34km，其中广电大学至晋城约20km，晋城至昆阳约14km。

图5-5　城市轨道昆阳线示意图

建议四：在二环外的城市轨道主要车站规划建设P&R（停车换乘设施），以减少小汽车进入主城区。

建议五：货运枢纽站场（物流园区）衔接方面，应注重与干线公路连接的联络线的规划建设，避免形成进出瓶颈以及与城市交通的重叠、干扰。在本研究的枢纽站场规划中，提出了在铁路集装箱中心站附近地区规划建设陆路口岸和公路国际集装箱中心站，为此，应统筹相应的道路规划与配套建设。

建议六：及时开展昆明城市轨道交通线网规划的修编工作。城市轨道交通具有显著的网络化规模效应，如北京、上海、广州的城市轨道网初步形成一定的规模后，对客流的吸引效应倍增，城市出行的骨干作用越来越突出。昆明目前仅规划了6条轨道线、总长174km，从昆明城市空间结构的发展布局、轨道交通的网络化要求、未来的出行需求等分析，对比其他主要城市轨道交通线网规划和已取得的发展效果，昆明城市轨道线网规模和网络化覆盖密度还应进一步提高。主城区与呈贡之间应进一步增加轨道交通走廊连接，增强覆盖与通达性，促进城市功能和人口分布的优化调整；应研究规划环线轨道加强主城区各条轨道线在中外围的有效衔接和换乘；应研究规划穿越滇池的湖底隧道轨道线，加强滇池西岸安宁等地区与主城区的便捷交通。

建议七：合理选址布局建设昆明国际公路客运站。在本研究的枢纽站场规划中，提出了在呈贡地区规划建设国际公路客运站，在规划项目得到可行性论证认可后，应结合轨道交通网的布局进行合理的站点选址规划，或规划建设相应的大容量快捷交通连接。

第四节 昆明市域交通网络骨架构建发展

（一）昆明市域交通网络骨架构建发展的主要思想

（1）促进城镇化发展，疏解部分城市功能。通过加强市域交通基础设施布局和改善交通条件，建立与中心城紧密的交通联系，来促进市域城镇化和产业发展，增强人口集聚和承载能力，并相应分担中心城的部分特定功能，减轻中心城的交通、居住、资源、环境等各种压力。

（2）依托干线交通、城际交通为沿线主要城镇提供交通服务。积极与铁路部门协商合作，采取购买服务或运营补贴等方式，利用铁路干线、城际交通线的部分能力为市域沿线城镇提供市郊运输性质的旅客运输服务。一是沿线增加建设车站，安排一部分铁路列车、城际列车过路停靠；二是在这些线路开行一定对数的市郊旅客列车。

（3）规划建设市域通道走廊市郊铁路，构筑市域快速轨道交通系统。在积极建设和完善中心城区轨道交通网的同时，延伸部分城市轨道线至中心城周边的主要建成区或人口规模较大的城镇化地区。对于距离中心城较远的、人口较为集中的区县，规划建设与中心城连接的通道走廊的市郊铁路，为这些地区提供快捷至中心城的日常出行和通勤出行的市域以及城市轨道交通服务。同时，这些线路在保证检修时间的情况下，夜间还可以考虑用来承担部分货运业务，如香港的东铁。

（4）延伸城市道路系统，规划建设连接主要市域城镇的快速干道，构筑市域快速公交服务系统。对于市域主要通道应布局建设高等级公路通道，由于高速公路一般都收取过路费，而且全封闭、出入口间距相对较远，不是非常有利于市域沿线服务，因此，应考虑规划建设一级公路等形式；对于中心城周围的较发达城镇可以考虑以城市快速路的方式进行连通，与城市道路系统形成一个体系，并积极组织开行市域快速公交等服务。

（二）昆明市域交通网络骨架构建规划

1．已编制的昆明市域交通网规划

根据《昆明城市总体规划修编（2008～2020）》，未来为“一核五轴，三层多心”的市域空间布局结构，以交通为先导和基础支撑，昆明主城区部分功能向外疏解，引导人口和产业向市域的其他区域布局。《昆明市综合交通运输总体规划（2011～2020）》规划的市域骨干公路网的格局为“十三射五环五纵六横”（13556），总体可以满足昆明市构建比较完善的对外公路通道和市域公路网的要求。

“十三射”由昆明市主要对外公路通道构成，分别为：昆明—嵩明—曲靖—胜境关—上海高速（昆明界内为昆曲高速）、昆明—嵩明—曲靖—宣威—杭州高速（昆明界内目前为昆曲高速共线）、昆明—嵩明—功山—昭通—重庆高速（昆明出口段为规划昆嵩高速）、昆明—东川—西昌—成都高速、昆明—

富民—禄劝—会理—西昌一级公路、昆明—武定—元谋—攀枝花—丽江高速（昆明出口段为昆武高速）、昆明—楚雄—大理—瑞丽高速（昆明出口段为昆安高速）、昆明—海口—易门—临沧高速（昆明出口段为高海高速）、昆明—呈贡—玉溪—磨憨高速（昆明出口段为昆玉高速）、昆明—澄江—江川—建水高速、昆明—宜良—石林—蒙自—河口（昆明段为昆石高速）、昆明—石林—砚山—富宁—广州（昆明段目前为昆石高速共线）、昆明—宜良—石林—罗平—汕头（昆明段目前为昆石高速共线）。

“五环”分别为：城市二环快速、三环快速、绕城高速内环、绕城高速外环、滇中城市群环线（在昆明市域为禄劝—寻甸公路）。

“五纵”分别为：格勒—东川—宜良、轿子山—倘甸—昆明、茂麓—富民—昆明、乌东德—禄劝—富民—安宁—夕阳、九乡—石林—泸西。规划建设标准为一级公路。

“六横”分别为：格勒—三江口—皎平渡（规划一级公路）、东川—乌龙—倘甸—撒营盘（规划一级公路）、羊街—先锋—赤鹫—富民（规划一级公路）、嵩明—散旦—富民（规划一级公路）、九乡—宜良—大石坝（规划一级公路）、呈贡—西华—县街—安丰营（规划高速公路）。

2. 建议规划建设市郊铁路通勤系统，形成与城市交通便捷连接的市域公共交通骨架网络

1）发展市域轨道交通的必要性

加快市域城镇体系的建设发展，充分发挥中心城对市域发展的溢出覆盖和辐射带动作用，统筹城乡一体化发展，促进郊区城市化和集约化发展，必须要有便捷、畅通的交通运输系统支撑，为通勤客流提供有效的服务。根据都市圈的发展规律，除了要有发达、完善的公路网络以外，市域轨道交通是进一步紧密卫星城以及市域城镇与中心城的关系、统一都市圈空间布局、统筹城乡一体化发展的重要支撑和纽带。

既有和规划建设的干线铁路和城际铁路，由于其功能性质和服务对象主要是长途交通和城际交通，对市域以及沿线地区的服务有限。一是通道数量少，难以覆盖市域的各个走廊方向；二是通道能力问题，利用干线铁路、客运专线以及城际铁路为沿线市域服务，必须要有相应较充分的能力，长途列车"夕发朝至"、短途列车"朝发夕归"、城际列车"公交化"，市域通勤列车开行的高峰时段正是"朝"与"夕"的黄金时段，该时段的线路能力将是关键；三是大铁路为市域交通服务需要投资增建站场等配套设施以及涉及运营成本与市域交通服务价格等问题，它们都影响着铁路部门能否提供较充足有效的服务。因此，在尽可能利用既有和规划建设的干线铁路和城际铁路为市域交通服务的基础上，有必要在城镇和人口相对密集的走廊规划建设市郊铁路通勤系统，为市域城镇与中心城之间提供便捷的公共交通服务。

2）采用市郊铁路系统的理由

（1）名称使用。市郊铁路（包括短程城际铁路）是连接城市与郊区市镇或者中心城市与卫星城市之间的铁路，是一种介于城市轨道交通和一般干线铁路之间的客运交通模式，基本功能主要是提供中心城至郊区市镇以及沿线间的交通服务，其有着明确的向心（中心城）指向和客流需求，即具有比较明确的城市与其影响和带动区域之间的联系和影响关系。国外一般也都称为市郊铁路或郊区铁路以及都市圈铁路，许多线路是直通到市中心与城市轨道交通形成换乘衔接。市域轨道，一是与城市的主体关系不是很明确，可以是城市与其郊区市镇之间的线路，也可以是市域城镇间的线路；二是带有明显的行政区划特征，大城市的郊区可以包括跨越行政区划的其他市镇、组团、卫星城。因此，用市郊铁路的名称更为确切，未来的布局发展范围更广，而且，可以与现有的铁路系统形成良好的共融衔接。

（2）客流量方面的考虑。昆明市域城镇体系和经济社会并不是很发达，人口规模和密度相对不是很高，与中心城之间的通道客运量规模并不是非常大和集中，即使是在未来很长一段时期，也基本都是在轨道交通的中等规模以下的客运量水平，除了中心城附近的部分新城外，大部分不适宜于城市地铁、轻轨模式的延伸。城市地铁、轻轨是中心城区公共交通的骨干，基本上是服务于单方向5万人/h或2万～3万人/h以上大运量和中等规模运量。市郊铁路适应的客运量规模相对起点较低，弹性较大，对于运量较小的情况，比城市地铁、轻轨具有更好的经济性。

（3）线路长度方面的考虑。城市轨道交通系统主要布局于中心城及部分周边新城或组团的走廊，一般线路长度为10～30km。如东京、巴黎、莫斯科这3座世界上地铁非常发达，郊区化发展非常迅速的城市，地铁线路平均长度也分别只有19.2km、13.3km和23.7km。如果仅考虑贯通性，而将城市轨道分成不同的区段延伸到较远的郊区，从经济性的角度也不能继续沿用市区的线路模式，必须按照市郊轨道交通的技术特点，不同容量的匹配，采用相应的系统特征。而市郊铁路的服务距离，短则可以十几、几十公里，长则可以达一百多公里，也更适合于市域较大的站间距运行。

（4）运行速度方面的考虑。城市轻轨的设计速度大多数在80～100km/h，少部分达110km/h、120km/h，运行速度大多数在40～60km/h；市郊铁路的设计速度可达120～160km/h，运行速度较快，更适合市郊较长距离的出行，车型可选用普通车型，也可以选用动车组车型。

（5）建造与运营成本方面的考虑。地铁、轻轨的造价和运营成本都较高，即使是在郊区的轻轨线路，每公里建造成本也达2亿元/km以上。而采用市郊铁路方式，每公里建造成本预计在0.5亿～0.8亿元。市郊铁路的运营成本也比城市轻轨要低。

（6）资源共享共用方面的考虑。采用市郊铁路方式，一是可以利用昆明市内、市域既有的一些铁路线、站场、线路通道等资源，对既有设施进行改造利用，节省投资和对新资源的占用；二是可以与铁路形成有机相连的运营系统，共用大量既有的铁路资源（包括站场设施、检修设备、车辆基地等），节省新设施设备的投入以及运营等费用。

（7）客货兼顾，为市域提供货运功能方面的考虑。采用市郊铁路方式，可以与铁路系统形成有机连接，利用市域对旅客列车密度需求不是很高、线路能力相对富余的特点提供铁路货运服务，为市域产业的发展和企业物流成本的降低创造有利条件，增强市域经济发展能力。即使是今后市域旅客列车密度提高，也可以利用夜间铁路能力提供货运服务。

3）昆明市郊铁路网总体布局规划

本研究根据昆明市域城镇格局和铁路、公路通道的布局规划，在对未来发展需要和既有铁路资源分析的基础上，提出以改造利用原米轨昆明北站为系统中心，建设发展覆盖昆明全市域的市郊铁路网络，提供有效的轨道交通服务。主要规划内容为：与铁路部门合作，改造昆明北站为市郊铁路枢纽站，以枢纽站为核心新建（包括利用既有通道改造）5条连接市域的市郊铁路线，形成覆盖市域各主要市镇的市郊铁路运输系统（图5-6）。

图5-6　昆明市郊铁路网示意图

4）市郊铁路线规划方案

（1）昆明—嵩明—寻甸—东川市郊铁路

该市郊铁路连接嵩明、寻甸、东川三个区县。2009年，嵩明县生产总值38亿元，人口28.6万人；寻甸全县生产总值32.4亿元，人口51.3万人，城镇化率16.6%；东川区生产总值达31.5亿元，人口30.2万人。

根据《昆明城市总体规划修编（2008～2020）》，未来嵩明主要依托空港经济区发展临空型经济、商务旅游和生物产业等，属于昆明都市区，《嵩明县国民经济和社会发展第十二个五年规划纲要》规划2015年嵩明人口在50万以内，生产总值达到75.7亿元，城镇化率达到50%左右；《寻甸回族彝族自治县国民经济和社会发展第十二个五年规划纲要》规划寻甸以化工矿产为发展方向，2015年人口将达到54.5万人，全县生产总值达到66.53亿元；《昆明市东川区国民经济和社会发展第十二个五年规划纲要》规划东川以矿产资源和生物资源加工为导向，2015年人口达到31万人，地区生产总值达到76亿元，城镇化率达到45%。这三个区县是昆明市工业产业的重要承接地，未来规划的生产总值达到218亿元，规划的总人口达到136万人。

该线路全长约160km，其中昆明—嵩明—寻甸为新建，寻甸—东川段可以利用现有东川铁路支线进行改造（图5-7）。昆明—嵩明段约40km，嵩明—东川段约120km。其中昆明至寻甸段，今后还可以作为昆明至曲靖的城际铁路通道路段。

图5-7　昆明—嵩明—寻甸—东川市郊铁路示意图

（2） 昆明—禄劝—武定市郊铁路

昆明—禄劝—武定通道沿线经富民连接禄劝、武定，再向西北可接元谋。2009年，富民人口3.4万人，全县生产总值达到23.82亿元；禄劝人口44.65万人，地区生产总值28.23亿元；武定常住人口27.93万人，生产总值20亿元。

根据《富民县国民经济和社会发展第十二个五年规划纲要》，富民未来主要发展旅游、物流等产业，2015年人口达到15.4万人，县城的规划人口为5.2万人，生产总值达到54亿元。根据《云南省滇中城市经济圈区域协调发展规划（2009～2020）》，未来武定、禄劝两县是滇中城市群四级之一，将合并规划建设成为一个生态化新兴产业示范（组团）城市。《禄劝彝族苗族自治县国民经济和社会发展第十二个五年规划纲要》规划禄劝以发展化工、建材等为主，2015年人口达到47.74万人，生产总值达到74亿元。武定以发展化工、建材等为主。该通道市域轨道交通线路全长约90km，其中昆明—富民约30km，富民—武定约50km，武定—禄劝约10km。

该通道市域轨道交通服务有以下几种可能的选择：

第一种方案：如果新成昆铁路走向为昆明—武定（禄劝）—元谋，则可以利用新成昆铁路开行昆明至武定（禄劝）的市郊列车或城际列车。

图5-8　昆明—禄劝—武定市郊铁路示意图

第二种方案：新成昆铁路不走该方向，按照滇中城市群交通规划建设城际铁路。

第三种方案：在以上两者都不成立或难以推动的情况下，按照市郊铁路进行规划建设和运营。

昆明—禄劝—武定市郊铁路示意图如图5-8所示。

（3）昆明—呈贡—宜良—石林市郊铁路

该通道连接呈贡新城、宜良、石林国家级景区。2009年，呈贡人口22.75万人，生产总值61.23亿元；宜良常住人口42.9万人，生产总值完成82亿元；石林人口24.4万人，地区生产总值31亿元。

根据《昆明城市总体规划修编（2008～2020）》，呈贡是昆明中心城区的重要组成部分，未来2020年人口达到85万，2015年生产总值达到358亿元。根据《宜良县国民经济和社会发展“十二五”规划纲要》，宜良作为昆明都市区的重要二级城市，未来主要发展工业和旅游服务业，2015年人口达到47万人，生产总值达到203.84亿元。石林主要发展旅游、农业，规划2015年人口达到25万人，其中城镇人口达到15万人，生产总值达到65亿元。该交通线路覆盖的三个区县未来规划的生产总值达到627亿元，规划的总人口达到157万人。

该通道同方向有南昆铁路和已开工建设的云桂铁路，南昆铁路线路能力紧张，而且受线路技术等级和线形制约运行速度较低，云桂铁路建成后虽然可以提供部分城际交通服务，但是不能覆盖宜良等地区的短途客运需求及通勤要求。昆明至河口准轨铁路建成运营，原米轨铁路的运输量将急剧萎缩，运输作用极大降低，应与铁路部门协商，共同投资开发，利用原米轨通道改造为市郊铁路，为城市和都市圈交通服务。

该通道全长约为90km（昆明—呈贡15km，呈贡—宜良40km，宜良—石林35km），其中昆明至宜良及阳宗湖东北角段可利用现有的米轨通道进行改造，从阳宗湖东北角至石林段需规划通道新建。

该条市郊铁路昆明北站至王家营段是市郊铁路网与干线铁路网相连通的重要路段，关系影响到市郊铁路运营系统与干线铁路系统的对接和更大程度地利用既有干线铁路资源为市区、市域交通服务的问题，关系到市郊铁路货运功能的实现问题，必须从大系统整体的角度进行统筹规划和协调。课题组建议应在王家营与铁路干线系统相接，一是接入王家营货站（包括整合原米轨王家营货站），形成货运对接；二是与东南环线相接，为东南方向提供市郊旅客列车运输服务。

昆明—宜良—石林市郊铁路示意图如图5-9所示。

图5-9　昆明—宜良—石林市郊铁路示意图

（4）昆明—安宁市郊铁路

安宁是昆明城市规划的“一主四辅”打造的四个辅城之一，担负着接纳主城区功能和人口疏散的功能，是石化工业的重要发展区。2009年安宁全市地区生产总值（GDP）达到120.60亿元，人口32万人，《安宁市国民经济和社会发展第十二个五年规划纲要》规划2015年地区生产总值达到315亿元，常住人口达到57万人。与主城区的关系非常密切，交通流量也较大。

昆明至安宁方向，目前有成昆、广昆铁路以及昆明—瑞丽高速公路，枢纽改扩建工程完成后，铁路将形成二线（读书铺至昆阳铁路增建二线并电气化）通道。该通道全长约35km。

该通道轨道交通服务可以有以下三种选择：

第一种方案：建设和改造安宁铁路支线，利用枢纽环线昆明—读书铺—安宁以及安宁支线铁路开行昆明至安宁的市郊列车。

第二种方案：采用《昆明都市区轨道交通概念性规划方案》提出的规划建设城市轨道“安宁线”，作为城市轨道3号线的延伸。即起点为3号线车家壁站，沿安石公路，经长坡工业园区、读书铺、安宁至草铺工业园区。线路全长32.7km，预设车站9座。一期工程全长16.7km，设车站5座；二期工程全长16.0km，设车站4座。

第三种方案：改造利用昆明北—麻园—石咀段铁路，新建石咀—读书铺—安宁段铁路，开行昆明北至安宁的市郊铁路列车。

昆明—安宁城市轨道或市郊铁路示意图如图5-10所示。

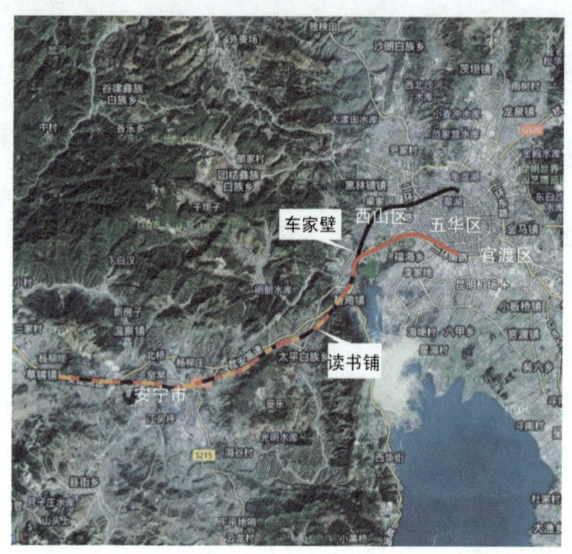

图5-10　昆明—安宁城市轨道或市郊铁路示意图

（5）昆明—澄江的市郊铁路

澄江未来将成为昆明都市区内的一个重要卫星旅游城市。

《昆明都市区轨道交通概念性规划方案》提出，采用城市轨道模式，规划澄江线接轨于1号线南延线马金铺站，线路长约19.6km，采用速度为120km/h的车，独立运营。

本课题组认为，该方向客运量较小，采用城市轻轨方式，经济性太差。建议以市郊铁路线方式在化城接轨东南环线，形成昆明北—王家营—东南环线化城—澄江的市郊铁路运输系统。

昆明—澄江市郊铁路示意图如图5-11所示。

图5-11　昆明—澄江市郊铁路示意图

5）市郊铁路建设与经营模式

以往，我国市郊铁路旅客运输服务基本上都是铁路部门利用既有铁路线按照短途客运的方式提供，由于铁路运输能力越来越紧张以及铁路发展的重点在干线上，市郊铁路旅客运输服务越来越少。而目前所要发展的市郊铁路是为了适应城市空间发展和郊区城市化所产生的大量日常出行和通勤交通的要求，服务的模式与以往的市郊铁路旅客运输有着巨大的差别。市郊铁路主要是为城市地方经济社会发展服务，具有很强的公共交通的公益性质，责任主体主要是城市政府，规划建设的主要推动力也主要是来自城市政府；当然，铁路行业部门也有责任完善地区性铁路网络的合理布局和为地方经济社会发展提供所需要的铁路运输服务。因此，城市政府与铁路部门应加强沟通、协调、合作，形成互利互惠的发展关系，推进市郊铁路的建设发展。目前，真正意义的为市域服务的铁路有北京北站至延庆的市郊铁路（利用既有铁路改造开行市郊列车）和成都至都江堰（新建，设计速度200km/h，灾后重建工程）铁路。

由于市郊铁路较强的公益性质和较低的客运票价，既需要地方政府较大比例的投入，也需要铁路行业部门的大力支持，尤其是既有铁路资源的利用、共享以及运营管理，更离不开铁路部门。因此，应主动进行战略框架谈判协商，积极探索创新合作模式，克服各种障碍，破解难题，从整体上推进昆明市郊铁路网络的规划和建设实施。

项目的建设投资与运营，应在战略框架和资源利用达成认同和协议的基础上，由城市政府授权的基础设施投资机构与铁路部门组建合资公司，共同投资，采取公司化运作的方式进行项目建设和运营，或采取托管方式委托铁路部门代运营管理。

在建设投资方面，铁路部门可以把既有的可利用资源（包括通道土地、可改造利用的既有铁路线、车站等）作为资产投入，地方政府可把线路和站场所需建设用地等作价投入，同时还可以把沿线土地的开发作为融资的工具，通过沿线土地综合开发、物业经营与市郊铁路的建设运营结合起来，形成合理的公司投资回报，以提高建设的积极性。地方还要积极协商以相应的方式（如付费租用，一定比例的投资改造等）共用铁路部门既有运营设施、检修设施等资源，同时加强实现市郊铁路与城市交通尤其是城市轨道交通的有效衔接和便捷换乘。

成立的市郊铁路合资公司，以企业化方式进行运营管理，政府对公司所应提供的服务数量和质量提出考核要求，根据企业的经营成本和公共交通的服务模式，考虑经营成本与居民承担能力，进行合理定价；在对成本严格考核的基础上，城市政府对政策性运营亏损进行必要的补贴，或采取以一定的价格购买服务的方式，以保障市郊铁路的正常运营和服务的提供。要建立相应的制度和考核政策，激励运营公司/企业努力提高经营管理水平、降低成本、提高服务质量和效益。根据都市圈、城乡交通一体化的交通发展特性和要求，积极引导和促进城市外围功能区、卫星城、市镇的加快发展以及公共交通模式的有效形成，应将市郊铁路客运交通纳入城市公共交通体系，将其主要功能定位为通勤与日常出行。如北京市正在研究将北京北站至延庆的市郊铁路S2线（全长82km）并入到城市公共交通体系，可以使用公交“一卡通”，北京北站至延庆的全程票价拟由原来的19元优惠至6元。

由于市郊铁路资产与运营边界比较明确，在提供沿线主要站点周围一定数量的土地开发和物业经营以及政府购买服务的框架下，通过相应的协议和制度安排对投资建设运营企业的收入和投资回报予以一定的保障；同时，还应促使市郊铁路与国铁联网，为市域提供铁路货运服务，并通过获取货运收入，提高铁路项目经济效益。因此，可以探索采取市郊铁路股份制公司的市场化运作方式，先建成1～2条市郊铁路线路，成立市郊铁路股份有限公司进行运营和管理，然后争取在资本市场上进行融资，通过政府投资和市场融资的多种方式筹集资金，完成规划的其他市郊铁路的建设，形成市郊铁路网，并与国铁相互合作、有效衔接，作为铁路客货运输服务的重要组成以及国铁服务的延伸。

第五节 滇中城市群城际交通网络骨架构建发展

目前，滇中城市群的昆明，首位度很高，基本是一大带三小的格局，随着城市群区域一体化战略的推进和昆明市产业、城市功能等外溢，产业空间布局的变化将逐步增大，周边城市及地区的发展将进一步加快，滇中城市群的发展将从各自独立发展的初级形态逐步进入各种联系将更加紧密的一体化布局发展的中级和高级形态，对加强城际通道建设和区域交通一体化发展的要求越来越强烈，构建昆明区域性国际交通运输枢纽既是提升滇中城市群对外竞争力的需要，也是改善滇中城市群交通、加强整体性发展的需要。

（一）滇中城市群城际交通网络骨架构建发展的主要思想

（1）支撑滇中城市群快速建设发展的需要。滇中城市群将步入快速区域一体化阶段，各种人、物、信息等交流量将大幅快速增长，城际交通基础设施将从有力支撑滇中城市群的崛起和一体化的发展需要出发，进行具有战略性的前瞻性规划。以滇中城市群的“一核、两轴、三圈、四极”空间结构为框架，形成布局合理、结构优化、衔接紧密的发达的现代化城际交通运输系统。重点加强城市群主要通道走廊的轨道交通和高速公路通行能力，强化昆明核心城市的辐射带动功能和城市群整体协调发展，促进空间融合。把组成城市群的诸城市用各路交通干线联系起来，使聚集力不是指向一点，而是可匀化地指向城市群中的各城市，有利于各城市齐头并进发展。

（2）构筑多种交通方式组合的交通运输体系。随着滇中城市群的崛起和不断发展壮大，城际客货交通运输量将会大幅上升，交通运输需求多样化发展趋势愈加显著，对时效性、便捷性、舒适性等服务方面的要求也将更强烈，单一化的交通运输方式将难以满足需要，为此，将要以快速轨道交通和高速公路交通为主体、一般公路交通为辅构筑大能力、多层次、多样化的交通运输体系，并与两端的城市交通形成良好衔接，以适应未来城际公共运输和小汽车出行的发展要求。

（3）坚持快速化、便捷性公共运输引导型发展思想，同时满足私人交通需求。未来城际交通流将逐渐具有明显的高密度、周期性、高频率特点，而受土地等资源所限，要求在城际通道上配置集约型、快速便捷的公共运输工具，如城际铁路、城际公交等，引导客流选择公共运输方式。而同时私人机动化交通的快速发展也是一个趋势，也应适当兼顾此类出行需求，未来应采取差异化的通行费调节政策。

（4）高起点总体统筹规划，分期推进。根据滇中城市群作为国家重点推动和培育发展的20个城市群地区之一和桥头堡战略带来的更大跨越式发展，在对滇中城市群未来人口、经济发展规模科学预测的基础上，高起点地对城际交通运输系统进行前瞻性总体规划，统筹利用既有和规划建设的干线线路资源与城际新项目的规划建设，做好建设发展空间的预留，根据需求发展，分期推进，适度超前建设发展，以发挥交通的先导作用。

（二）滇中城市群城际交通网络骨架构建规划

1．已编制的城际交通发展规划

根据《云南省滇中城市经济圈区域协调发展规划（2010～2020）》，将规划建设以城际轨道交通、高速公路为骨干组成的城际交通网络系统，构建昆明连接曲靖、玉溪、楚雄、武定禄劝的放射状城际轨道交通、高速公路网以及环滇中城际轨道、环滇中高速公路。

各主要通道方向的交通基础设施组成如下：

（1）昆明—曲靖通道走廊。贵昆铁路、沪昆客专、昆明至曲靖城际铁路；G60上海至昆明高速公路、杭瑞高速的昆明—曲靖—富源段。

（2）昆明—楚雄通道走廊。广大铁路昆明—楚雄—南华段、广大复线、昆楚城际铁路；杭瑞高速之昆明经楚雄南华段。

（3）昆明—玉溪通道走廊。昆玉铁路、昆玉城际铁路；昆磨高速的昆明—玉溪—峨山段。

（4）昆明—武定（禄劝）通道走廊。成昆铁路的滇中段，成昆复线；京昆高速的昆明—禄劝—武定段。

（5）昆明—石林通道走廊。南昆铁路的昆明—宜良—石林—罗平段，云桂铁路，南昆二线；昆石高速。

环滇中城市群高速公路为连接曲靖市、玉溪市、楚雄州、武定（禄劝）的环状高速公路，即滇中外环高速公路。

环滇中城市群城际铁路为连接曲靖市、玉溪市、楚雄州、武定（禄劝）各主要城市的环状铁路。

2．城际轨道交通服务推进策略

《云南省滇中城市经济圈区域协调发展规划（2010～2020）》规划的滇中城际铁路网络由昆明至曲靖、昆明至玉溪、昆明至楚雄、环滇中城市群城际铁路组成。课题组认为，根据滇中地区的人口规模和分布、区域一体化的发展进程、城际之间客流需求的发展，对滇中城市群的城际铁路应采取“先行研究和规划、适度超前建设、分步推进逐步成网”的推进策略。

（1）近期应充分利用干线铁路通道建成后的能力加强城际交通服务。一方面是昆明和云南在建和需要新开工的干线铁路项目多，投资需求巨大，应集中主要力量加快这些项目的建成使用；另一方面是相对发达地区滇中城市群正处于发育过程中，近期的人口规模和密度不是很高，城际间的交通需求虽增长很快，但总量并不是非常大；昆明铁路枢纽的扩能改造后，以及沪昆客专、新成昆线、昆玉线、云桂线的相继建成通车，能力紧张局面将大为缓解，近期将有较大的区段富余能力，有相应的条件为昆明至滇中城市开行高密度、高速度、大容量、安全舒适、公交化的城际列车。地方政府与铁路部门应充分利用这些资源和条件，利用沪昆、成昆、昆玉、云桂铁路及枢纽其他铁路线路建立有效服务于滇中城市群的城际旅客运输系统，实现滇中城市群一小时经济圈。为了更有效地服务于沿线城镇，地方政府可协商铁路部门适当增加沿线车站建设，开行直通快车和多停靠站点列车，形成多功能、多层次的交通服务。

同时，基于可利用即将建成的多条干线铁路解决城际交通的基础上，昆明应加快推进缺少铁路覆盖的市域走廊的市郊铁路布局建设，部分市郊铁路走廊可与未来城际铁路的布局建设统筹考虑。

（2）积极开展滇中城市群城际建设的前期研究准备工作，分期推进主要通道的城际铁路建设。随着西部大开发和桥头堡战略的深入实施，滇中城市群各城市的经济规模、人口规模将不断快速发展壮大，城际间尤其是各城市与昆明间的城际客流量将大幅增长，既有干线铁路的能力将逐步紧张，尤其是高峰时段。因此，需要根据城际客流的规模和城际客流对便捷性、速度的需求特征，建立更有效的服务模式，其解决的根本方式就是要建设城际服务功能强的城际铁路线，与干线铁路形成分工互补的关系。根据滇中城市群的城市分布和各大通道的交通状况，曲靖方向有沪昆客专、渝昆客专，玉溪方向没有客运专线，昆河、中老泰进出境铁路都共用同一铁路，随着沿线和进出境运输量的快速增长，昆明至玉溪的能力利用率将越来越高，难以满足城际交通的发展需要，应着手推进昆明至玉溪城际铁路的规划立项前期工作和开工建设准备。规划的滇中城市群其他城际铁路应根据干线铁路通道的能力和对城际服务的适应情况以及经济社会、客流发展的需要，经科学论证，适时分期修建，逐步建立滇中城市群功能完善、服务较充分的城际铁路客运系统。

（3）滇中城市群城际铁路环线主要是远景规划。随着环滇中城市的发展壮大和城市化、一体化水平的提高，城市间的联系和融合更加紧密，修建环线城际铁路将会进一步促进滇中城市群的整体发展和空间布局优化。

（主要执笔人：宿凤鸣　罗仁坚）

第六章

昆明区域性国际枢纽的站场和口岸布局建设

内容提要：运输站场和物流园区是运输枢纽的主要功能体，布局合理、能力充足、使用便捷、运行高效是基本要求。未来昆明市枢纽站场的总体布局将由铁路、公路、航空组成的“十一客十五货两口岸”为主体的格局形态，滇中城市群其他城市布局建设相应的客货运站和物流园区。昆明无水港和陆路口岸是提升枢纽功能和构建“大通关”的重要基础设施，应着力推进。

运输站场和物流园区是客货运输组织依托的功能性设施，口岸是国际贸易及进出境运输服务的必需设施，是实现昆明具有区域国际网络重要节点和枢纽特征发展定位和功能的重要基础条件，它们是将区位优势和国际区域通道功能转化为经济和效益产出的重要功能体和扩增器。为此，必须根据桥头堡的枢纽中心城市、昆明和云南省的经济社会发展要求、通道枢纽地位和功能、各种运输方式网络结构等，对昆明枢纽的站场体系和口岸进行科学合理的布局建设。

第一节 昆明枢纽站场和物流园区现状

（一）昆明铁路枢纽站场现状

1. 铁路客运枢纽站场现状

昆明站是目前昆明市区的唯一铁路客运站，位于官渡区官渡镇，北京路的南端，地处贵昆线、成昆线、南昆线、昆玉线、内昆线的交汇处，建于1997年。2009年旅客发送量1065万人，是云南省、昆明市重要交通门户的特等火车客运站。

2. 铁路货运枢纽站场现状

昆明铁路现有14个货运站场，主要站场7个，其中昆明东站为特等级货运站，昆明站为一等站，读书铺站、王家营站为二等站，昆明西站、金马村站、昆明南站为三等站，2009年昆明货运场站的货运到发量为4950万t。

（二）昆明航空枢纽站场现状

昆明现在运营的机场是昆明巫家坝国际机场，位于昆明东南部，距市中心3km，属国家一类机场，飞行区等级为4E，跑道长3600m，占地约287万m^2（4300亩），航站楼总面积约9.3万m^2，年旅客吞吐能力约2000万人次，目前机场已开通国内航线约200条，国际和地区航线20余条。共有约30家国内外客货运航空公司进驻昆明，其中，国内有包括国航、东航、南航等在内10余家航空公司，国外包括新加坡航空公司、全日空航空公司、泰国航空、日本加速航空、阿拉伯联合酋长国联合航空公司等20余家航空公司（2008年数据）。2009年昆明机场完成旅客吞吐量1894.47万人次，同比增长19.3%，完成货邮吞吐量25.88万t，同比增长了9.5%。

（三）昆明公路枢纽站场现状

1. 公路客运枢纽站场现状

昆明公路汽车客运站通过统一规划建设，原有分散于市区的11个汽车客运站逐步关闭，其运营线路集中进入五个新建客运站，分别是西部汽车客运站、西北部汽车客运站、东部汽车客运站、北部汽车客运站、南部汽车客运站。目前昆明在火车站北部保留一个昆明市汽车客运站，发送部分省际客运班车，按照规划，今后随着上述五个客运站的设施和功能完善，其客运功能也将逐步并入五大汽车客运站，形成东、南、西、北、西北五个方向格局。

西部汽车客运站位于西山区马街镇，春雨路与益宁路交叉口东北侧，为一级客运站，发送能力12000人/天。主要运营的方向为经昆瑞公路进出昆明主城的滇西方向客运班车，具体包括大理州、丽江市、保山市、临沧市、怒江州、德宏州、迪庆州、景东县、上允镇等方向。

东部汽车客运站位于昆明市盘龙区，为一级客运站，发送能力16000人/天。主要运营的方向为经昆石公路进出昆明主城的滇东、滇东南方向客运班车，具体包括石林县、宜良县、红河州（除建水、石屏等县以外）、文山州、陆良县、师宗县、罗平县等方向。

西北部汽车客运站位于昆明市五华区普吉片区，普吉村西南方，为一级客运站，发送能力10000人/天。主要运营的方向为经108国道进出昆明主城的滇西北方向和经320国道进入昆明主城客运班车，具体包括武定县、元谋县、永仁县、华坪县、富民县、禄劝县、安宁市、易门县、楚雄州等方向。

北部汽车客运站位于昆明市盘龙区羊肠片区，为一级客运站，发送能力21000人/天。主要运营的方向为经昆曲公路和213国道进出昆明主城的滇东北方向客运班车，具体包括曲靖市、昭通市、寻甸县、嵩明县、禄劝县、东川区等方向。

南部汽车客运站位于昆明市官渡区矣六乡，为一级客运站，发送能力20000人/天。主要运营方向为经昆玉公路进出昆明主城的滇南方向客运班车，具体包括普洱市、西双版纳州、玉溪市、红河州等方向。

2. 公路货运枢纽站场现状

昆明公路货运站场多，规模小，基本处于散而弱的状态，目前仅有黄土坡、土桥公路货运站具有一定规模。其中黄土坡占地约50000m^2（78亩），仓库占地约7000m^2，堆场占地约2200m^2，并有一幢15层大楼，可容纳600人住宿和300多辆汽车停放；土桥占地约20000m^2（35亩），仓库占地约5000m^2，堆场占地约8000m^2，并有一幢5层大楼，可容纳400人住宿和100辆汽车停放。

（四）昆明枢纽站场发展存在的问题

根据对昆明枢纽站场现状分析，昆明已经初步形成了一定数量和规模的运输服务站场，完成了部分站场如公路客运站场的布局建设，铁路站场也将在铁路枢纽改扩建工程中得到较大完善。但结合昆明发展现状和发展要求，昆明站场总体上存在能力不足、布局不完善、集约化程度较低、功能设置不尽合理等问题。

1. 昆明枢纽站场总体能力不足

随着昆明经济社会的发展，以及区域内公路、铁路路网建设的加快，昆明枢纽站场呈现能力不足的态势，集中体现在航空和铁路客货站场能力上。昆明巫家坝机场虽经三次改扩建，但客货运服务能力仍趋于饱和；铁路现有的客货站场随着云桂铁路、沪昆专线、新成昆线，以及对外铁路的建设也将趋于饱和，目前正在进行枢纽改扩建工程。

2. 昆明枢纽站场布局不尽合理，集约化程度低

目前，昆明市众多的公路货运场站零散布局在市中心区域范围内，没有大型公路货运站场；铁路货运站场达到14个，但主要站场规模较小，且部分站场布局与城市功能区不协调，导致城市内交通拥堵，缺乏集约化的高效组织，整体服务效率较低。昆明市的场站需要进一步进行整合和布局调整，以与城市对外、城市内部等不同功能要求的运输服务相协调，完善站场布局体系和服务功能配置，提高运输服务集约化、专业化运作与管理水平。

3. 昆明枢纽站场功能设置不能适应对外开放的需要

目前，昆明缺乏口岸功能的陆路运输站场，大量国际贸易陆路运输不能在昆明办理通关手续，需至沿海港口或边境口岸办理完成相关手续，未能提供快速、便捷的有效服务，极大地制约了昆明和云南省国际物流服务体系的建立和发展。此外，昆明各类站场功能相对独立，没有形成站场间相互配合、功能互补的系统化运行模式，导致站场功能重叠，专业化、规模化程度低，相互间低水平竞争，缺少功能强、品牌好、具有引导和影响市场作用的主导型枢纽站场。

第二节 昆明枢纽站场布局建设的主要思想

（一）主要思想

枢纽站场是交通运输体系中重要的客货集散和运输组织的载体，为一种或多种运输方式提供客货流集散、中转、信息、货物装卸和存储、运输工具停靠等服务，也是运输企业进驻办公、受理业务、进行运输组织的场所，是运输系统的重要组成，对交通运输系统的整体功能和效率以及交通网络能力的利用具有重要影响；同时，客货运输站场还是城市的社会窗口，反映着交通运输的发展水平和服务水平以及城市的建设水平。

昆明区域性国际枢纽的构建，需要以完善的通道和枢纽站场布局为基础，以高效率的交通运输系统为支撑，以口岸功能提升吸引力和区域性国际运输的枢纽地位。昆明市枢纽站场布局和建设的总体思想是：有力支撑昆明区域性国际网络重要节点、客货流运输集散与中转重要中心的确立，适应国内、国际客货流服务要求的布局合理、功能完善的现代化站场体系。

（1）前瞻性和客观性。桥头堡战略对昆明和云南的经济和交通发展产生了巨大影响，未来的经济规模和运输量规模的增长将可能超常规性，尤其是对东盟和印度洋方向的运输量随着通道的建立和顺畅、贸易与合作的深入将可能呈持续、大规模的快速增长。因此，需要前瞻性地看到这种快速增长的趋势和国际性特征，高起点推动站场的规模建设以适应需求，同时，也要客观地评价区域经济量级规模和贸易规模发展的时间段及对客货运输量规模和增长的影响，结合长远发展需求和近中期实际，合理规划远期规模和近期建设规模，以免造成站场资源的浪费和后续运营的负担。

（2）布局合理性与协调性。站场的客货组织功能发挥，既需要交通网络的支撑，也需要城市功能布局条件下的货运组织需求环境支持；同时，交通网络功能的发挥、城市各项功能的发展，也需要站场的布局与之相匹配；此外，站场布局还需要城市土地的供应保障。因此，从发挥站场组织功能，支持交通网络服务功能与城市功能的更好发挥，以及土地供应的可行性等角度，站场的布局必须系统地与交通网、城市空间布局规划及土地利用总体规划进行对接，保障其合理性和协调性。

昆明的客货运站场布局应结合土地利用总体规划，与未来昆明对外九大通道的布局、走向和功能相适应，从有效衔接不同通道的客货运输组织、形成昆明高效的客货集散中心的角度，进行昆明枢纽站场的布局；同时，应适应城市功能的带状空间发展格局，更有效地服务于经济社会发展和客货运输便捷化、快速化、组织化，对昆明枢纽站场进行布局建设。

（3）口岸功能性。昆明作为面向西南开放的桥头堡枢纽中心城市，随着国际通道的建成完善和对外开放国际合作的深入发展，未来昆明的国际客货运输服务需求将快速增长，占昆明客货运输服务总量的比重将会逐步上升，为适应这一发展趋势，提供有效的便捷服务，需要积极推进为陆路进出境客货流服务的昆明陆路口岸的设立，并加强与陆路口岸相配合的国际枢纽站场的布局建设。

（4）整体有机协调性。昆明枢纽的站场建设是依托城市路网和功能分区，分散布局于城市不同区域、具有不同功能的系统性工程。从有利于系统整体功能发挥的角度，必须加强各种站场的专业化合理分工，以避免重复建设，提高专业化水平；在路网和运行组织系统上加强站场间的联系，形成分工专业化和运行组织系统有效衔接的枢纽站场体系，提升昆明枢纽站场整体运行效率，发挥整体性功能。

（5）规模化、集约化。规模化、集约化是提升站场组织化程度和效率，发挥规模效益的基础之一，应当通过积极推进综合性客运枢纽和大型物流园区的建设，以核心站场的规模化、集约化运作模式，带动昆明站场体系整体运行和服务水平的提高，提升整体竞争力和吸引力。

（6）便捷化、信息化。信息化是站场效率和服务质量的体现，是站场向规模化、集约化发展的基础，是各站场之间进行功能分工与协作联合、整体发展的技术支撑，各类站场的建设发展必须高度重视信息系统的建设和信息化服务的提高。便捷化是交通服务体现以人为本的目标之一，既要在布局和设计理念上重视枢纽站场本身对用户使用的方便性，也重视不同运输方式衔接换乘、中转、联合运输的便捷性，货运站场要有利于多式联运组织方式的开展和城市物流配送体系的完善。

（二）推进原则

1. 统筹枢纽总体布局规划，适度超前分期分步合理推进

枢纽站场布局涉及城市空间结构和对外通道网络格局以及客货需求分布，涉及对城市发展用地的需求。为此，必须结合各方面的因素，研究城市发展和各种运输方式的需求，战略性、前瞻性、系统性地科学编制昆明市枢纽站场布局总体规划，以总体规划形式指导和约束各类枢纽站场的布局和建设。各类枢纽站场的具体建设规划和功能分工应符合总体规划的要求，根据经济社会的发展和客货运输需求，适度超前分期分步合理推进。

2. 政府分类投资引导，企业为投资经营主体，市场化运作

枢纽站场既是运输经营设施，又具有公共设施的特征，尤其是客运站场。一方面政府要通过促进资源整合和土地使用规划的引导，大力发展公用型枢纽站场，以节约资源和提高站场经营和服务的规模化、集约化；另一方面要研究和明确政府在不同类型枢纽站场建设发展中的职责和投资范围。对于枢纽站场应以企业为投资经营主体，市场化运作，政府对重要枢纽站场的建设采取分类投资引导的方式，在资金和土地以及税费政策上予以支持，推进加快建设。

第三节 昆明枢纽站场和物流园区总体布局规划

（一）昆明市既有的各类枢纽站场和物流园区规划

目前，昆明既有的关于枢纽站场（物流园区）方面的最新相关规划主要有：2009年12月由昆明市发展和改革委编制的《昆明市“十二五”现代物流业发展规划》（以下简称《物流规划》），2010年3月由昆明市规划局编制的《昆明市“十二五”综合交通发展规划》（以下简称《综合交通规划》），2010年6月由云南省交通运输厅、昆明市交通运输局编制的《昆明公路运输枢纽总体规划》（以下简称《公路枢纽规划》）。

《物流规划》提出了在昆明市建设国际陆港的思想，规划建设5大物流基地、9个物流园区、若干个重点物流中心和配送中心。

《综合交通规划》主要提出，客运方面，建设3个核心枢纽站、8个综合级枢纽站和若干衔接换乘站；货运方面，建设“三园区、五中心、若干配送中心”的货运节点体系，并针对公路货运提出了建设4个一级货运站和7个二级货运站的布局规划。

《公路枢纽规划》主要提出，2008年至2020年在昆明建设7个客运站、7个货运站场，共同构成昆明的公路客货运枢纽体系。

（二）相关既有规划中存在的主要问题及解决建议

1. 国际陆港的内涵和实体问题

相关物流规划中提出的昆明国际陆港是一个虚的概念，不是一个像港口一样的实体，是由昆明出口加工区、空港经济区、保税区、国际物流园区等设施建设汇总的一个具有口岸功能性质的总称概念。它的范围不甚明确、涉及多种具有口岸服务的功能区，是多种不同功能、不同性质的项目含在一起，很难以某一具体要求和形式向对口的国家主管部门申报。

2010年9月，昆明市政府168次市长常务会已审议通过《昆明国际陆港（无水港）建设实施方案》，同意在昆明王家营片区重点发展建设国际陆港（无水港）。

专栏6-1 无水港的功能作用

无水港是在内陆地区实现直接订舱、报关、报验、签发提单等港口服务和与沿海港口实现区域大通关的物流组织中心，是港口国际外贸运输组织功能的内陆延伸。主要承担将货物预先集中，进行拆装箱、订舱、保管、中转以及办理海关和“三检”的相关业务，无水港内一般设置有海关、动植物检疫、商检、卫检等监督机构为客户通关提供服务，同时，货代、船代和船公司也在无水港内设立分支机构，以便收货、还箱，签发以当地为起运港或终点港的多式联运提单。

目前无水港的发展主要有两种模式，一是沿海港口为争取货源主动与内陆地区合建无水港，这种模式的核心是以港口为主导进行建设和开发。较为典型的代表是天津港，通过建立北方地区大通关建设协作机制，在北方地区主要物流中心城市和过境运输边境口岸建设内陆无水港，有效地延伸了天津港的腹地范围。二是内陆地区为发展本地经济建立无水港，这种模式的核心是以内陆地区地方政府为主导进行建设和开发。较为典型的代表是西安无水港的建设，通过与沿海多个港口口岸的直通运输，促进区域对外经贸的发展。昆明国际陆港（无水港）应采取第二种模式进行建设。

昆明国际陆港（无水港）的功能，除了传统意义上要实现昆明与北部湾、珠三角等沿海港口口岸的直通运输外，未来更要发展和实现昆明与陆路边境口岸的直通运输，形成昆明国际贸易陆路运输区域大通关服务模式。

2. 口岸功能与设施布局问题

相关物流规划中虽提出了国际陆港概念，但仅在五大物流基地中提出国际性概念，在具体的物流园区等设施布局中，并未将口岸的具体设施布局说清楚，相关的交通规划中也均未提及口岸的布局设置问题，将其建设落到实处。

2010年10月，昆明市商务局在《昆明国际陆港（无水港）建设项目》中提出了比较具体的项目建设内容和规模，计划“十二五”期间，在经开区托管的洛羊国际物流片区的基础上，整合原有物流和土地资源，建设国际陆港，培育具有较强竞争力的国际陆港市场主体。提出了推进国际陆港口岸基础设施项目、口岸区域“大通关”合作项目及“无水港”港港合作项目、国际国内物流信息平台建设项目、港区基础配套设施等项目的建设，总投资估算30亿元人民币。

3. 物流园区的布局和功能定位问题

在现有已建和在建的专业性、综合性物流园区中存在重复投资建设的现象。在建、拟建的物流园区定位不够清晰、选址不尽合理、建设分散等问题比较突出，需要进一步对总体发展与布局思路进行研究，从指导思想上明确和解决相关问题。

（三）昆明市枢纽站场总体布局规划建议

按照上述枢纽站场的布局和建设思路，在对昆明市未来城市空间和产业格局、人口分布、交通网络结构特征分析的基础上，结合未来发展需要和既有客货运站场布局实际，本研究提出的昆明市未来客货运枢纽站场发展的总体布局是：形成铁路2大客运站和1个市郊铁路客运枢纽站、4大货运站场（包括铁路集装箱中心站）及若干小型货运站场，航空客运站、货站场，公路7大客运站场、10大货运站与物流园区及若干配送中心为主体的总体格局形态。

1. 昆明枢纽铁路站场布局规划

1）铁路客运站场布局规划

2大铁路客运站分别为昆明站和昆明南站：昆明站为国内旅客运输客运站，昆明南站为国内旅客运输和国际旅客运输双重功能的客运站。1个市郊铁路客运枢纽站为规划改造的昆明北站，即将昆明北站改造成为市域轨道交通服务的客运中心站。

（1）昆明铁路枢纽改扩建工程项目包括昆明站改扩建和新建昆明铁路南站，提升客运服务能力。昆明站和昆明南站是昆明铁路的两大客运站，担负着铁路对外干线旅客运输、省内旅客运输以及未来的国际旅客运输的各项服务功能，是昆明铁路旅客运输的组织中心、服务中心。

（2）随着云南国际大通道的建成使用和跨国连通，未来昆明国际铁路客运的需求将迅速提升，必须建设与铁路进出境旅客运输相配套的口岸功能设施和其他相关的设施，提供便捷的服务。根据对昆明陆路口岸布局建设的建议，本研究提出在昆明南站设置具有口岸功能的旅客进出境大厅和相关通道、站台等，为进出境旅客提供办理在昆明直接通关的相关服务，开行跨国间直通列车，促进人员往来与交流。

2）铁路货运站场布局规划

昆明未来铁路货运站场为1个铁路集装箱中心站、3个主要货运站场、若干小型货运站场的布局形态。

（1）昆明铁路集装箱中心站。该集装箱中心站位于洛羊镇王家营地区，位于王家营西铁路货运站西边，已于2006年建成投入使用，是铁路18个集装箱中心站之一，主要功能是提供昆明铁路集装箱运输组织服务。昆明铁路集装箱中心站是拟规划建设的昆明国际陆港（无水港）的重要组成部分，结合本研究和昆明相关部门提出了在王家营规划建设昆明陆路口岸，应在昆明铁路集装箱中心站内设置外贸集装箱监管货场，以减少铁路外贸集装箱的倒转和提高通关效率与便捷性，节约时间和成本。

（2）王家营西铁路货运站场。该货运站为昆明既有的铁路二等货运站，与铁路集装箱中心站相邻。未来的发展需要进一步整合利用既有与预留的资源，扩大货场规模，提高货运服务能力，成为昆明铁路枢纽最主要的货运站场之一。

（3）桃花村铁路货运站场。该货运站位于安宁市桃花村，是昆明铁路枢纽发展的主要货运站场，主要为石化工业区的大宗物资和产品服务。在该货运站今后将有大量的石化类原材料和产品进出口，需要在货运站内设置海关监管点，为大宗物资和石化产品的进出口提供便捷的服务。

（4）建设化城货运站场。建议利用铁道部与昆明市合资建设的东南环线，增强昆明东南部地区的铁路货运服务，即将昆阳支线的货运从宝兴延伸到化城，在化城规划建设一个较大型的铁路货运站场，为晋宁新城以及呈贡地区企业提供较为便捷的铁路货运服务，并相应配套建设公路货运等设施，形成具有一定规模公铁组合的物流园区。

（5）继续保留中谊村、金马村、宝兴等铁路小型货运站场，作为枢纽主要站场的补充，承担枢纽的部分特定功能和货运作业。

2. 昆明枢纽机场设施建设发展规划

昆明新机场2011年建成使用后，昆明的航空运输将全部从现在的巫家坝国际机场转移到新机场。

新建的昆明国际机场，位于昆明市官渡区大板桥镇附近，计划2011年年底建成使用，建成后将是继北京首都国际机场、上海浦东国际机场、广州白云机场后的国内第四大机场。机场航站楼按照满足2020年旅客吞吐量3800万人次建设，中期规模2035年达到6000万人次，飞行区按4F标准规划建设，拥有可独立运行的东、西两条跑道；它是国家的门户枢纽机场，云南省的航空运输网络中心，也是担负昆明至国内、国际以及省内的航空运输的唯一机场。

航空货运站方面，昆明新机场在东次跑道东侧建有航空货运站，货邮吞吐设计能力为130万t，是进行航空货运组织和提供服务的主要场所，并具有航空货运口岸功能，办理国际航空货物运输等通关的相关服务。此外，昆明市正在申请建设空港综合保税区，规划建设较大规模的空港物流园区。

3．昆明枢纽公路站场布局规划

1）公路客运站场

公路客运站场体系主要由现已建成使用的5个客运站和本研究建议的公路国际客运站，以及规划中远期建设的呈贡洛龙村汽车客运站组成。

（1）5个“十一五”末建成的客运站分别为：西部汽车客运站、西北部汽车客运站、东部汽车客运站、北部汽车客运站、南部汽车客运站，按几大方向布局，站场能力总体可以较好满足未来一段时期的公路客运发展要求。

（2）公路国际客运站。随着昆明至东盟国家公路通道的改善和旅游、商贸等各种交流的快速增长，以昆明为抵离中心的公路出入境旅客运输需求将会成较大幅度增长趋势，在已建成的既有五个公路客运站都是定位为国内运输服务，没有国际运输的功能定位，本研究提出应规划建设专门服务于进出境的公路国际客运站，并在“十二五”期间建成投入使用。从建议的陆路口岸的布局规划、干线公路通道格局、与城市轨道交通衔接、与铁路客运中转换乘等方面综合考虑，建议公路国际客运站选址位于呈贡新区铁路昆明南站附近，并设置进出境口岸功能和相应设施，作为昆明公路国际旅客运输的组织中心。

（3）呈贡洛龙村汽车客运站。根据城市空间格局的变化和未来呈贡新城的建设发展、人口和客流聚集规模以及流向，规划中远期建设呈贡洛龙村汽车客运站，以满足客流需求。

2）公路货运站场和物流园区

公路货运站场体系主要由1个公路国际集装箱中心站和9个物流园区组成。

（1）公路国际集装箱中心站：云南与东盟国家间的口岸，除河口为铁路口岸、景洪和思茅为水运口岸以外，其他都是公路口岸，公路在目前的贸易中担负着主要作用。随着昆明至各边境口岸高速公路及二级以上公路的建成、东盟国家连接口岸的公路通道的改善，在区域合作加强、经贸往来大发展的趋势下，公路和铁路的国际货物运输需求都会呈较快增长，尤其是价值高、批量相对较小、时效紧的货物更趋向于选择公路运输，昆明的货物对在昆明便捷办理通关手续和运输的需求强烈，其对促进昆明以及云南省商贸发展的作用也非常大，为此，需要在昆明规划布局建设一个服务于陆路进出境运输的公路国际货运站场。由于昆明至边境进出境存在着较长距离的国内段运输，从进出口货物的监管需要，应以海关能够铅封和便于监管的国际集装箱（包括大型厢式货车）进行运输，因此，建议站场形式以公路国际集装箱中心站的方式进行建设。此外，公路国际集装箱中心站也可以承接和办理至沿海港口的国际集装箱运输。

从便于口岸统一管理和推进公铁联运的角度，建议在王家营铁路集装箱中心站的附近，建设公路国际集装箱中心站，该中心站依托陆路口岸设置海关监管货场等口岸功能，适应公路国际货物运输大通关的发展要求。

（2）王家营国际物流园区暨昆明国际陆港（无水港）：依托铁路集装箱中心站、公路国际集装箱中心站、陆路口岸（包括海关和检验检疫联合办公大楼，查验货场及查验站台、海关监管仓库、电子闸门、检疫隔离设施及处理场所、堆场、保税仓库等）建设形成王家营国际物流园区暨昆明国际陆港，形成与沿海港口、边境陆路口岸的区域大通关关系和运作模式。将国际物流园区和国际陆港二者结合为一体建设更符合完善功能和实体支撑的要求，争取在园区内建设保税物流中心（B 型），提供保税仓储物流业务。

（3）嵩明物流园区。“十二五”时期，在嵩明县杨林工业园区和四营片区，该物流园区依托公路网络，为周边产业提供支撑。

（4）嵩明石化储备物流园区。在嵩明县牛栏江镇，该物流园区依托公路和铁路，为周边的石化产业提供运输组织服务。

（5）寻甸化工矿产物流园区。在寻甸县羊街，该物流园区依托公路和铁路，为周边化工产业及矿产交易提供运输组织服务。

（6）桃花村铁路物流园区。“十二五”时期，在安宁市桃花村，该物流园区依托铁路货运站和周边公路网络，为大宗货物提供运输组织服务。

（7）草铺工业能源物流园区。在安宁市草铺，该物流园区依托公路网络，为安宁工业区钢铁、石化等产业提供运输组织服务。

（8）化城（晋宁新城）物流园区。在晋宁新城的北部，依托和昆玉高速公路，结合铁路东南环线化城货运站场（本研究规划建议），建设公铁组合的化城物流园区，开展多式联运、城市配送等服务，为晋宁新区和呈贡新城提供物流服务。

（9）空港物流园区。在空港小哨片区，依托航空货运站和公路网络，为航空货运提供物流组织服务。昆明市正在申报在空港经济区内设置保税区，保税物流是其重要功能之一，要合理划分和协调围网内与围网外的关系和发展重点。

（10）宜良果蔬物流园区。在宜良县建设宜良果蔬物流园区，依托公路网络，为花卉、水果、蔬菜等特色农产品运输提供物流相关服务。

昆明市区及周边主要枢纽站场布局分布如图6-1所示。

图6-1 昆明市区及周边主要枢纽站场布局分布示意图

此外，在主城区三环路以外附近和东城、南城、空港城的主要物流集聚点或节点，布局建设一定数量的物流配送中心和仓储基地，如建材、汽配、日用品、副食品、文化用品、蔬菜、肉类等配送中心，以满足城市日常生活和商业的物流服务需求。

（四）滇中城市群枢纽站场布局建设

滇中城市群的一体化发展将随着桥头堡战略而加速，昆明区域性国际交通运输枢纽是以整个滇中城市群的发展为整体支撑，除了要加强枢纽核心区昆明市的枢纽站场布局建设以外，滇中城市群的其他主要城市也要根据各自的经济社会发展要求、客货流规模和分布、未来一体化发展的大趋势，加强相应的枢纽站场布局建设，形成便捷服务于本地区、与滇中城市群交通运输体系相适应、与昆明枢纽站场功能对接和互补的站场格局形态，共同构建滇中城市群完善的枢纽站场体系。

第四节 昆明口岸布局建设规划

（一）昆明口岸布局现状

昆明目前具有完整口岸功能的只有昆明国际机场口岸，昆明国际机场口岸是我国对外开放较早的5大航空口岸之一，为一类口岸，云南省口岸办公室对该口岸实施口岸管理和口岸协调。昆明海关、昆明边防检查站、云南省出入境检验检疫局担负着口岸查验任务，在现场为出入境人员行李、物品、交通工具办理查验手续，监管服务。

具有海关监管功能的昆明出口加工区，位于昆明经济开发区内，总规划6.8km^2，首期开发2.5km^2，于2008年封关运行。目前加工区内注册企业7家，其中加工贸易企业4家，物流企业3家，截至2010年9月，加工区完成进出口总值达1378万美元，较2009年增长36.7倍，处于快速增长期。

（二）昆明口岸布局和建设的主要思想

口岸建设是构建昆明区域性国际枢纽的核心基础条件之一，昆明要发展成为桥头堡坚实的依托城市和对外开放的基地，成为与东南亚、南亚国家合作的平台，必须构建相对完善的口岸体系，成为桥头堡的重要口岸城市。

1．完善航空口岸，建设发展陆路国际运输口岸

昆明机场是我国对外开放较早的西南地区重要的航空口岸，在昆明对外贸易与交流中发挥了重要的作用，应结合昆明新机场的建设，进一步完善航空口岸的能力和功能。同时，随着以昆明为中心的云南省五条对外包括铁路、公路的国际大通道的建成，昆明面向东南亚、南亚的国际贸易将不断增长。为进一步提升昆明及云南省的对外开放水平，必须在进一步完善航空口岸的基础上，加快推进昆明陆路口岸的建设，从能力和结构上构建相应的陆路、航空相组合的口岸体系。

2．陆路口岸实施“一站式”服务，多区监管

一是建设海关和检验检疫综合办公大楼和电子口岸信息平台，实施“一站式”口岸联合办公模式；二是在国际业务量较大的站场设置海关监管货场（点），为国际贸易和运输业务的开展提供便捷的服务。

3．协调与沿海港口、边境口岸的通关关系，构建区域大通关模式

构建昆明区域性国际交通运输枢纽，需要以昆明为组织中心提供国际运输服务，传统的边境通关模式已不能适应这一发展要求，亟待实现昆明陆路口岸的通关功能，构建与沿海港口、边境口岸的区域大通关的模式，支持大经贸、大物流、大旅游运作的开展。为此应加强昆明口岸与云南省沿边口岸以及国内沿海港口口岸的系统一体化对接，建立互认互信制度，实现通关便利化、运输便利化。

4．科学布局口岸功能区，发挥口岸对外贸产业发展的带动作用

口岸的功能是通过在昆明国际客货集中区域进行设施布局和运行实现的，根据外贸产业发展的需要，合理设置出口加工区、保税园区等功能区，促进外

贸产业和保税物流的发展，依托产业和产业链的发展，增强昆明区域性国际枢纽对国际物流的吸引力和控制力。

（三）昆明陆路口岸布局规划

1. 昆明陆路口岸基础设施布局建设

海关和检验检疫办公大楼是口岸的核心区和主要进出口手续的办理地点，应布局建设在国际客货流集中进出的主要区域。昆明国际物流园区暨昆明国际陆港（无水港）拟规划建于王家营片区，其集中了铁路货运站、铁路集装箱中心站、公路集装箱中心站以及铁路南站、公路国际客运站等，是国际客货流进出的主要集中区域，因此，昆明陆路口岸的主体功能区和海关联检综合办公大楼应布局于该区域，作为国际物流园区暨昆明国际陆港的口岸功能支撑，并在铁路、公路具有国际客运功能的站场设派驻机构。此外，在口岸功能区还需布局建设相关的配套设施，包括查验货场及查验站台、海关监管仓库、海关大型放射性检测设备H986用房，电子闸门、检疫隔离设施及处理场所、电子监管设施、堆场、保税仓库，生活配套设施，电子口岸信息平台等。

2. 陆路口岸进出境旅客通关设施布局建设

（1）铁路国际客运通关设施。在新建的昆明铁路南站设置进出境大厅、封闭式通道和进出境站台，规划预留未来多条国际铁路通道建成后国际旅客量增长和列车对数增加对空间扩展的需要。

（2）公路国际客运通关设施。在昆明铁路南站附近，规划布局建设昆明国际公路客运站，设置相应的海关、联检等口岸功能的相关设施。

3. 海关监管的陆路运输货场布局建设

需要设置海关监管的陆路运输货场主要有：铁路集装箱中心站，公路国际集装箱中心站，安宁桃花村铁路货运站。

（四）口岸设施场地问题及建议

目前王家营铁路集装箱中心站附近片区的土地资源比较紧缺，紧邻铁路集装箱中心站西边的一大块土地规划作为物流园区，已分别被不同的业主所有，并已开始地块平整和配套基础设施建设。需要调整原规划的土地用途及功能设施建设布局，而且，既有规划用于建设物流园区的土地面积不足以支撑提议建设的国际物流园区暨昆明国际陆港（无水港），需要增加用地范围。

建议一：整合王家营铁路集装箱中心站以西至昆玉高速的整个大片区土地，明确土地用途，为口岸、国际货物运输、仓储、代理、保税等物流发展提供足够用地，并预留发展空间。同时，根据土地资源整合情况和可供土地规模，研究探讨发展口岸经济区。

建议二：调整原规划建设王家营铁路集装箱物流园区变更为具有口岸设施和功能的国际物流园区，并对土地面积和用途进行相应的调整和整合或置换。

王家营—昆玉高速地块整合，如图6-2所示。

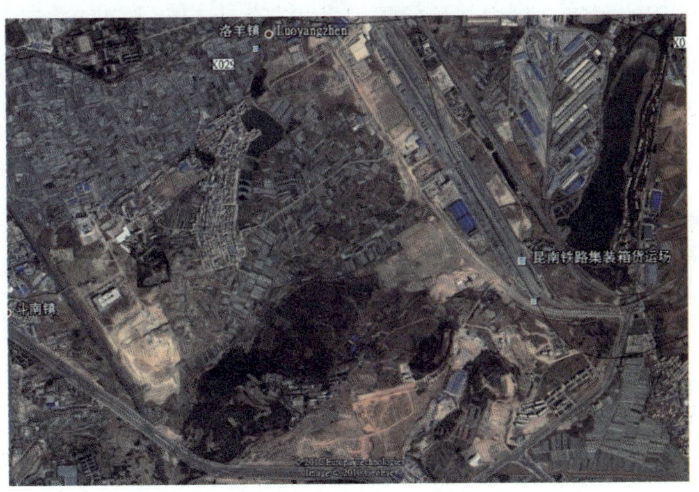

图6-2　王家营—昆玉高速地块整合（注：本图摘自Google网站图片）

（主要执笔人：陆成云　罗仁坚）

第七章

国际运输组织模式与通关及运输便利化

内容提要：昆明枢纽功能作用的发挥和效率效益的提升，不仅要建立与沿海港口区域大通关关系，实行“属地报关、口岸验放”的通关模式，而且也要与边境陆路口岸建立便利化的通关关系以及采取相应的运输组织模式进行保障，与周边国家要积极推动和大力发展直通、直达运输，构建“大通关、大物流、大旅游”体系。

口岸条件、通关便利化和直达运输的组织模式是强化国际枢纽集聚作用、吸引客货运输量的重要影响因素，是决定枢纽和通道运输效率、服务辐射范围、地位作用的关键。其中，运输组织模式在很大程度上又取决于口岸条件、通关模式以及国家间的相关运输协定等，提高运输便捷性和效率需要在这些方面有较大的改善和突破。

第一节 昆明国际客货运输组织与通关现状及问题

（一）国际运输通关和运输组织模式现状

1．货物从沿海港口进出境的通关与运输模式

昆明地处内陆，在此之前由于还没有建立具有报关、报验、签发提单功能的内陆无水港，尽管从2006年10月起，昆明海关开始推行跨关区“属地申报、口岸验放”通关模式，根据省内进出口企业的需求，相继与南宁海关、湛江海关、上海海关、深圳海关、黄埔海关、厦门海关开通了该项业务，但由于各种原因，企业对其了解不够，对具体操作流程不熟悉，以及在昆明申报、查验、监管等方面的服务和货场等问题，并未形成云南进出口货物较广泛采用的模

式。根据昆明海关介绍，从2006年至2011年2月，昆明关区共办理跨关区“属地申报、口岸验放”通关模式下的进出口货值仅14.945亿美元，主要货物为百合花种球、红酒、铜精矿、氧化铝、机器设备、电器设备以及精密仪器。截至目前，在昆明关区申请开通“属地申报、口岸验放”的云南A类企业总共只有23家。云南从沿海港口进出口的货物大部分采用的仍然是传统的运输与通关模式，即将货物从昆明按国内货物运输至港口，在港口所在地的集装箱货场或物流中心进行场装/拆箱，在港口口岸办理报关、报检等各种通关手续。

珠江三角洲港口以及北部湾港口是昆明海运进出口货物的主要进出境港口。出口货物，一般是进出口商（货主）或委托国际货代，在向船公司订舱取得配舱回单后，由进出口商或货代提前将出口货物通过铁路或公路委托国内承运人运抵沿海出境港所在地的国际集装箱货运站/物流中心货场，携带各种相关文件和材料赴出境港口岸所在地，提取空箱进行国际集装箱货物装箱，办理报关等各种手续（有时与做箱同时，有时先于做箱）；由于提空箱/返空箱以及集装箱堆场等系统不配套等问题，直接在昆明做箱通过铁路或公路运抵出境港的这种形式很少。做好箱和办完通关手续后，根据船期持相关单证和海关放行文件将集装箱运至港口码头堆场，等待装船。进口货物，一般都是由收货人或委托代理公司在沿海进口港口岸办理完各种通关手续后，从港口提货并拆箱，然后按国内货物形式通过铁路或公路等运至昆明。

2010年8月，进驻昆明出口加工区的云南云港国际物流有限公司在昆明出口加工区内建设的首个“无水港”项目投入试运营，成功引入了黄埔港，并积极推进与湛江港、盐田港、防城港的合作。昆明出口加工区是由海关监管的特殊区域，实行“属地报关、口岸验放”，“一次申报、一次审查、一次查验”的新通关模式。出口货物可在昆明完成报关报检，提空箱将货物装箱后直接运往港口等待装船。由此，一定程度上推动了传统的通关与运输模式的改变。

2. 与边境口岸的通关和运输组织模式

目前，昆明市与周边国家铁路、公路进出境客货运输均在边境口岸办理通关手续，是一种“国内开放式运输、边境通关”的模式。进出境货物和旅客通过铁路或公路到达边境后，发货人或其代理人、司机和旅客携带行李下车，先在该国口岸办理检验检疫、海关、边防等出境手续后，（公路）由海关认可的专门从事两国口岸间接驳的车辆运抵邻国口岸，再到入境国口岸办理相关入境手续，然后一般是由入境国运输车辆运往目的地。大部分客货运输因车辆相互不能入境或入境范围的限制等原因，在口岸进行旅客换乘、货物换装，尤其是第三国的跨境运输，如我国与泰国之间的公路客货运输采取在中国磨憨—老挝磨丁口岸或老挝会晒—泰国清孔口岸甩挂、接驳的方式进行。

（二）目前通关和运输组织模式存在的问题

目前通关和运输组织模式存在以下几方面问题：

（1）由于主要是采取传统模式，只能在沿海港口、边境口岸办理报关、检验手续，不便于昆明旅客进出境和企业货物进出口。收发货人需要亲自或委托代理人携带相关材料到港口口岸、边境口岸办理通关、检验检疫以及出口退税等手续，增加了昆明企业以及进出境旅客的人员成本、时间成本以及对进出境手续办理进程把握的难度，直接影响了企业货物进出口的积极性和进出口产业的发展，中途在边境上下车进行通关的模式造成的不便利也对人员往来需求产生抑制影响。

（2）集中在边境口岸办理相关手续，旅客和货物均需要停留较长时间，边境口岸缺少大的依托城市，难以为旅客滞留、货物仓储保管提供足够的空间和提供良好的服务；随着大通道的建成和经贸的发展，进出境客货运输量的大幅提高，每天将会有大量货物、旅客等待办理通关进出境手续，会大幅降低口岸效率，造成交通拥堵、时间延长、住宿困难等一系列问题。

（3）虽然我国与周边国家都是GMS的成员，但相互间还没有普遍实施通关便利化措施，陆路运输没有实现直达，公路口岸与周边邻国汽车直通范围过窄，限制比较多，制约了昆明市与周边国家大城市间开行直达运输，影响了人员往来和旅游业的发展；同时也影响国际大物流运输组织模式的形成和物流服务的延伸。

第二节 昆明国际客货运输组织与通关模式设计

根据桥头堡战略的对外开放发展要求，一方面要进一步加强边境口岸的建设发展，提高边境口岸的通关能力和效率，为云南省的经贸发展，尤其是沿边地区的开发开放，以及国际陆路大通道的构建创造有利的条件；另一方面，要建设中心城市昆明陆路口岸，发挥昆明枢纽的进出境服务作用，提升开放层次和服务水平，便捷人员往来和促进经贸、旅游大发展，同时减轻边境口岸的压力。

（一）国际旅客运输组织与通关模式

昆明枢纽的国际陆路客运组织与通关模式重点围绕开展和推广昆明与周边国家大城市间点对点式的直达旅客运输。

1. 铁路

借鉴航空国际客运模式，采取“昆明车站通关，封闭运行，边境口岸直通，直达对开城市口岸”的运行模式，具体运作如下：

（1）在昆明和周边国家开展旅客列车对开的城市（城市对）均设立国际客运专用车站或专业站台与通道，进行独立封闭管理；该车站设置口岸联检大厅；旅客在车站办理检票、检验检疫、通关、边防检查等进出站和出入境手续；旅客托运的行李在海关的监管下装车。

（2）列车运行途中由铁路部门负责实行封闭管理。沿途车站不对出、入境车厢办理客运业务；铁路部门采取相应措施，运行过程中将搭乘当次列车内仅在内地旅行的旅客与出入境的旅客隔离；列车停靠途中车站时，保证避免出入境旅客与车下的人员进行接触和进行任何物品、信函等交流。仅在边境口岸站办理出境旅客客运业务。

2. 公路

公路客运在运行途中实行封闭管理虽然有较大难度，但对昆明与国外主要城市之间的国际直达公路客运班线，建议采取“昆明车站办理通关和货物托运、边境过闸验放”的模式先行先试。即在昆明建立国际客运站，设立海关联检大厅；政府选择确定一两家规模较大、信誉好的客运公司承担国际旅客运输；司机、乘务人员、旅客进出境相关手续和旅客携带的行李、包裹等的海关申报、检验检疫等手续均在车站办理；客车在中途尽量不停车或仅在封闭的指定地点停车进行吃饭等活动，乘务人员全程负责监督旅客及行李的一致性；在边境口岸，旅客过闸边检，货物验单放行。为旅客出境和携带货物提供便利及增强心理踏实性，减少在边境口岸办理各种手续和查验的时间，提高通关效率。

专栏7-1　　京九直通香港旅客列车在始发终点站联检协调办法

京九直通旅客列车出、入境手续，在北京西站办理。具体办法如下：

一、出境列车联检手续按以下程序和规定办理：

(一)铁路部门应提前2h将搭乘当次列车旅客的人数通报各联检部门。铁路部门在出售车票时，应同时将《边防检查出境登记卡》、《出境旅客行李物品申报单》、《出境健康检疫申明卡》发放给旅客，以便于旅客提前填写。

(二)列车停靠站台后，铁路部门和联检部门对停靠的站台和有关通道进行封闭管理。

(三)列车发车前90min，联检部门开始办理旅客、乘务人员以及车上其他人员出境手续。列车发车前15min始，铁路部门应停止办理旅客入站手续。

(四)办理完出境手续的旅客由铁路部门组织通过封闭的通道和站台上车。

(五)旅客托运的行李在海关的监管下装车。

(六)列车乘务人员证件统一由列车长交边防检查人员办理有关手续，列车乘务人员及其携带物品则按规定办理海关、检验检疫手续。机车司机及运转车长联检手续在广州东站办理，其他乘务人员联检手续则在北京西站办理。

(七)值乘出境车厢的铁路乘警在北京西站和广州东站接受联检部门查验。

二、入境列车联检手续按以下程序和规定办理：

(一)列车到达终到站前，由乘务人员发放边防检查、海关、检验检疫部门提供的《边防检查入境登记卡》、《进境旅客行李物品申报单》、《入境健康检疫申明卡》，供旅客提前填写。

(二)列车抵达终到站前40min，铁路将当次列车旅客人数通报各联检单位，同时铁路和联检部门对停靠的站台和有关通道进行封闭管理。

(三)列车停靠站台后，旅客在铁路部门人员引导下进入联检大厅，依次办理联检手续，托运行李在海关监管下卸车，并办理海关和检验检疫手续。

(四)旅客下车后，联检部门上车检查，检查完毕前列车不得解体和移动。

(五)列车乘务人员证件统一由列车长交边防检查人员办理有关手续，列车乘务人员及其携带物品则按规定办理海关、检验检疫手续。机车司机及运转车长联检手续在广州东站办理，其他乘务人员联检手续则在北京西站或上海站办理。

(六)值乘入境车厢的铁路乘警在广州东站和北京西站接受联检部门查验。

三、列车运行途中由铁路部门实行封闭管理，沿途车站不对出、入境车厢办理客运业务。列车停靠途中车站时，铁路部门应采取相应措施，保证避免出、入境旅客与车下的人员进行接触和进行任何物品、信函等交流。

四、铁路部门还应采取相应措施，将搭乘当次列车内仅在内地旅行的旅客，与出、入境的旅客隔离，以确保这两类旅客不论在始发、终到站和中途站，还是在运行途中，都不能接触，或进行任何物品、信函等交流。

五、列车在北京西站深圳站往返运行期间，联检部门根据工作需要，可派员随车监护和监管。

（二）国际货物运输组织与通关模式

国际货物运输在特定区域内进行集中组织，可以产生规模效应，提高区域国际货运的组织效率、降低成本，从而吸引资源进一步集中，最终促进相关产业控制力的增强。因此，国际货运组织模式将对区域内外贸产业的发展和布局方向产生深远的影响，也是决定昆明国际区域性枢纽形成的重要因素。

要构建昆明国际区域性枢纽，需要从国际货物运输组织模式上实现国际货物在昆明完成集中仓储、加工、通关、运输的组织服务，形成大通关、大物流的组织格局，并以这种良好的通关和物流发展环境，促进昆明及周边外贸产业在区域内的战略性集中，形成基于产业链控制力的国际区域性枢纽。

1. 国际货运进出境方式

昆明对外国际货运进出境主要有两种方式：一是昆明与东南亚、南亚等地区的货物运输，主要通过云南省陆路边境口岸进出境；二是昆明与欧美、日本、澳大利亚等国家的货物运输，主要通过陆路运输至北部湾、珠三角等沿海港口，在沿海港口口岸进出境。从昆明构建面向东南亚、南亚的区域性国际枢纽角度，未来昆明经云南省陆路边境口岸进出境的货物通关与运输模式及物流服务非常关键。

2. 昆明与周边国家陆路货物的通关与运输组织模式

昆明与周边国家国际货运围绕实现陆路直达运输，采取“昆明报关/清关、查验、检验检疫，边境验放”的大通关模式。具体运作为：政府主管部门选择确定一些规模大、信誉度好的运输企业；出口货物在昆明口岸直接装集装箱（或符合相关规定和要求的运输箱体、货运车辆）；由货主或国际运输代理企业在昆明直接进行报关、报检；完成相关手续后由海关实施铅封，将相关信息和电子文件传至陆路边境口岸，陆路边境口岸查看关封验单放行；出口单位在昆明办理出口退税。进口货物及运输车辆在我国陆路边境口岸验单登记后可直接运至昆明口岸海关监管的相关货场，收货人或代理人在昆明口岸办理报关和检验检疫等相关手续。

陆路运输过程中，通过签订双边、多边运输协定，放宽运输车辆行驶线路与区域，以便不用更换运输车辆而实现直达运输。途经第三国的跨国运输，通过相关协定，尽量简化通关程序，过境国海关对于过境运输，只要箱体铅封完好、单证文件齐全即可予以放行，不进行开箱检查。

3. 与北部湾、珠三角港口通关和运输组织模式

结合昆明国际物流园区暨国际陆港的建设，实现昆明与沿海港口之间“属地申报、口岸验放”的区域大通关模式。具体运作为：出口货物由货主或国际运输代理企业在昆明口岸直接进行报关、报检，在昆明提取空箱按船运计划装箱，完成相关手续后海关实施铅封，直接运输至沿海港口口岸验放，等待装船；装运后，在昆明办理出口退税。实现“属地报关、口岸验放”的新通关模式。进口货物，收货人和代理人持相关单证和文件从沿海港口和口岸通过铁路或公路运输直接转至昆明口岸，在昆明办理相应的报关和检验检疫手续以及拆箱、送箱等作业。

通过昆明与沿海港口的联动发展，鼓励船公司在昆明建立相应的集装箱堆场，提供箱管（主要是提空箱/返箱）等业务；积极发展国际贸易与国际运输代理业，鼓励船代、船公司以及沿海港口在昆明设立分支机构，使昆明进出口货物也能与沿海港口地区一样直接在本地完成订舱、报关、报检、出口退税等手续，提高效率，节省时间与运输成本。

国际陆路运输通关及运输组织模式如图7-1所示。

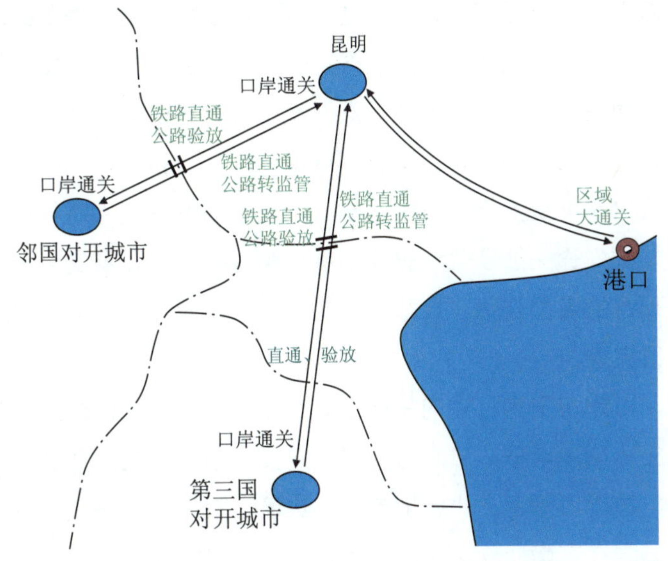

图7-1 国际陆路运输通关及运输组织模式示意图

第三节 便利化通关运输对制度和设施的建设要求

改善目前的通关和运输组织模式，创新适应大通关、大物流、大旅游的通关与运输组织模式，需要在口岸基础设施建设、通关便利化、国家间的双边和多边运输协定、入境签证政策等条件的相应支持。

1. 口岸基础设施建设

要实现便捷直达的客货运输组织模式，首要基本前提条件是在昆明市及对方城市相关客货运场站设置口岸。结合昆明市枢纽场站布局规划，建议在昆明铁路客运南站、昆明公路国际客运站、昆明王家营铁路集装箱中心站、昆明公路集装箱中心站设立口岸或海关监管、检验检疫点，建立联检大楼，开展联检业务。

2. 通关便利化

积极推进边境口岸与邻国配对口岸实施“一站式”通关。即：人员、车辆进出时，双方口岸互派工作人员前往对方口岸协助检查，两国的出入境通关查验合二为一，可在入境国方设置联合查验的通关方式。“一站式”通关可以大大缩短边境通关时间，在2004年亚洲开发银行举办的第八届大湄公河次区域交通论坛会议上，与会国家一致同意试行这种模式。目前，大陆与香港之间的西部通道边境口岸就是实施“一地两检”，在建的港珠澳大桥将实施“一地三检”。“一站式”通关涉及互认查验结果、跨境执法、人身安全等问题，某些内容与我国现行的海关法律、规章制度相冲突，建议国家有关部门对相关法律条文进行修改完善。

加强昆明口岸与国内、省内其他口岸合作，全力推动口岸大通关建设。与沿海港口建立“属地申报，口岸验放”出口货物通关模式以及进口货物的转关监管模式；与边境口岸建立“属地申报，边境验放”的通关模式。云南省国际贸易不仅仅局限在东南亚周边区域，还有许多货物经深圳、广州、防城港等港口出海、到港，为方便客户、提高通关效率，昆明口岸应加强与这些港口口岸合作，成为这些港口的“内陆无水港”，采取跨关区“属地申报，口岸验放”的通关模式，实现“一次申报、一次查验、一次放行”。同样，对于与周边邻国之间的旅客和货物，采取“属地申报，边境验放”，在昆明报关、查验，边境主要进行边检、抽查验放。

专栏7-2 新疆通关便利模式

乌鲁木齐海关积极加强与内地各海关的合作，先后与70多个隶属海关建立了转关联系沟通，还与天津、西安、北京等19个内陆海关签署了《区域通关合作备忘录》，启用“规范和简化转关监管”和跨关区“属地申报、口岸验放”的通关监管模式，实现进出口货物在我国境内各口岸“一次申报，一次查验，一次放行”，大大缩短了通关时间。

乌鲁木齐海关针对所辖口岸进口货物以资源、能源商品为主的特点，提出“一类口岸作为进口资源能源通道型口岸、后续监管场所作为出口商品集散地”的通关功能定位，对口岸进口的大宗资源性的矿产品度身定制了“直通式验放”、“F通道”等便捷通关模式，

A类和AA类企业还可以享受“舱单归并、集中申报”的特定便捷通关措施。

乌鲁木齐海关启动出口货物“分类通关”模式。以企业守法管理为核心，综合企业类别、商品归类、价格、许可证件、贸易国别、航线、物流信息等各类风险要素，海关电脑系统对报关单电子数据进行实时风险分析，实施红绿通道判别，对绿通道的报关单直接转现场处置，按风险高低分别实施“低风险快速放行”、“低风险单证审核”和“高风险重点审核”；对红通道的高风险报关单实施专业审单，根据专业审单结果，由接单现场实施上述3种作业方式。不同风险等级的出口货物和企业，在海关享受不同的待遇，高风险的出口货物实施重点审核和查验，诚信守法企业的低风险货物将由计算机自动快速验放，大大提高通关效率，还能降低企业通关成本，促进企业守法自律。

喀什市实行“喀什海关报关，口岸海关验放”的一站式查验程序和一体化通关模式，进出口货物查验业务全部集中在喀什办理，在边境口岸只进行验放工作，大大提高通关便利和快捷。向周边国家开放的四个国家一类口岸和一个二类口岸联检部门办公机构均设在喀什市。

3. 双边、多边运输协定

目前，我国与越南、老挝已经分别签订了双边汽车运输协定，老挝政府已承诺中国的客货运车辆可在老挝全国通行，也可经老挝全境到达第三国。缅甸尚未与我国签订双边运输协定，但两国边境之间已开展了出入境运输。中、柬、老、缅、泰、越六国已经签署了《大湄公河次区域（GMS）便利货物及人员跨境运输协定》。在机制方面，云南省与老挝、越南建立了年度会晤机制，每年轮流在中方或外方举行交通运输会晤，就双边国际运输存在的问题进行交流磋商。

专栏7-3 GMS便利运输协定

GMS（大湄公河次区域）便利运输协定是亚洲开发银行倡导下的大湄公河次区域经济合作的一项重要软件合作内容，也是GMS经济合作不断深化的结果。该协定旨在通过减少检查频率、简化单证、统一单证、推行“一站式”办公加快通关速度，提高通关效率，实施GMS六国(中国、柬埔寨、缅甸、泰国、老挝和越南)之间人员和货物的便捷流动，使次区域内公路网发挥最大效益，使六国交通基础设施投资的“硬件”与便利运输的“软件”协调发展。

该协定是一个框架协定，执行协定有17个技术附件和3个议定书作支撑。中国于2002年11月正式加入该协定，并开展了与东盟相关国家的跨境运输便利化谈判工作，在亚行及六国的共同努力下，2007年3月六国最终全部签署了20个文件，标志着大湄公河次区域建立了一套完整的适合本地区实际的便利货物及人员跨境运输的法律文件。

目前在运输协定方面仍不完善。泰国一直未完成《GMS便利运输协定》及其附件的国内法律程序；中缅两国一直未签订国际运输协定，双方在双边层面缺乏应有的法律规范与制度框架；中越、中老双边运输协定都是20世纪90年代初期签订的，其中有些条款已不能适应形势发展的需要。

基于目前现状及问题，未来应在加强会晤协商机制的基础上，完善运输协定。一方面要积极开展与缅甸的谈判工作，争取早日签订双边运输协定，适时推动“中缅伊洛瓦底江陆水联运协议”的签署，为实现公水联运奠定基础。另一方面，根据形势发展需要，对中越、中老等双边运输协定及议定书进行修订，包括对运输范围、线路延伸、超载标准、危险货物运输管理、行车许可证、车辆事故保险赔付等内容。另外，推动我国与老挝、泰国三国在GMS便利运输协定多边文件之外，签署三边运输协定，促进跨境国际直达运输的发展。

专栏7-4 中老泰三国便利运输协定谅解备忘录

2010年8月30日中老泰三国在昆明举行了便运协定谅解备忘录谈判，三方在共同原则性协议的框架下，就三方车辆通过，服务的便利性，车辆的大小和排量，公路的过境，法律、行政和技术细节进行谈判，已达成初步共识。该谅解备忘录拟于2011年签署，为解决昆曼公路长期通而不畅的问题提供法律依据，并将于签署时同步开展通车的相关准备工作，届时三国将互发许可证，首批将完成500辆客货运输车辆的审批。

4. 落地签证及简化签证手续

落地签证是便捷和吸引人员往来的重要举措，对推进区域合作、促进经贸和旅游业发展至关重要。目前，周边国家如泰国、越南、老挝、柬埔寨、马来西亚等均已对我国公民实施落地签证。为了适应云南桥头堡的对外开放要求，促进深化云南与东盟、南亚等国家的区域合作，推动云南与周边国家的大经贸、大旅游的开展，昆明应争取作为我国对东南亚、南亚等国人员和经由东南亚、南亚的第三国人员实施落地签证的城市（包括航空落地签证、陆路直达进境落地签证）。

此外，还要简化驾乘人员签证手续。与周边国家驻我国使领馆进行协调，对在交通、海关备案的出入境驾驶员、乘务员、押运员等人员的护照签证，区别一般出境人员，简化签证手续，缩短签证时间。

5．其他相关条件

构建大通关统一信息平台并与沿海港口口岸、边境口岸对接，组建跨国运输公司、跨国合资运输公司，积极发展国际运输代理，签订车辆及运输货物安全保险协定，建立跨境贸易人民币结算模式，建立跨国运输和物流费用结算体系，以及设立各类费用相关的清算、结算中心等，都是促进昆明国际区域性交通运输枢纽加快建设形成与发展的重要组成条件。

（主要执笔人：程世东 陆成云 罗仁坚）

第八章

政策措施支持

内容提要：昆明枢纽相关战略和构想的实施需要国家和云南省在规划、资金投入、融资政策等方面的更大支持，一要争取将相关项目列入国家和省级规划，二要按照先行先试的方针争取国家批准昆明设立陆路口岸，三是加大国家和云南省对昆明枢纽相关项目的投资力度，四是建立多渠道、多层次、多元化的投融资机制。

政策措施是构建昆明区域性国际交通运输的重要保障，要主动利用建设面向西南开放的桥头堡的重要机遇和西部大开发新十年的有利时机，争取国家和云南省对交通基础设施的更大支持，促进加快发展和地位提升。

第一节 交通基础设施规划与口岸建设支持

（一）交通基础设施规划的支持

1．需要将昆明市和云南省规划提出的主要项目纳入国家交通发展规划

把云南建设成为我国向西南开放的桥头堡将成为国家战略，对内、对外通道网络和大型枢纽设施是桥头堡发展的基础支撑，也是改善云南省交通、促进经济发展、提升国际区域影响力和地位的重要前提。因此，需要国家层面根据桥头堡长远发展战略加大对云南省连接国内、国外的主要通道布局和昆明枢纽布局建设的支持，将昆明至印度洋港口、昆明至曼谷、昆明至河内、昆明至清水河口岸（至缅甸）、昆明至猴桥口岸（至印度）等国际通道和昆明至重庆、昆明至西藏等国内通道以及滇中城市群主要城际通道网络、昆明枢纽相关大型站场作为桥头堡建设的重要组成内容，纳入国家相关交通规划，主要项目列入国家“十二五”交通专项规划，予以加快推进。

2. 需要云南省编制滇中城市群交通中长期总体规划

应由省级综合部门牵头，立足于桥头堡战略、城市群区域一体化和整体发展，编制与未来空间结构发展相适应，具有约束力的前瞻性、战略性的滇中城市群交通基础设施布局总体规划，指导协调各城市交通基础设施的布局建设，并作为云南省区域交通的重点规划，对接国家城市化发展战略和城际交通发展规划及相关政策，促进城际通道网络的建设发展。

3. 需要铁道部对昆明市郊铁路发展建设规划和利用既有铁路资源为城市交通、市域交通服务等规划予以支持和合作建设

4. 需要加强与东盟国家交通规划的对接以及合作建设的推动

交通通道和口岸的建设涉及各国的政治、外交、经济、人文、环境等各方面，各国的情况不同，有各自的考虑，意愿和主动性不同，必须通过积极的沟通协调，进行交通规划合作、建设合作，推动通道的对接和建设或改造的及早启动。

（二）昆明口岸布局建设与推进通关便利化的支持

1. 需要国家支持昆明设立陆路口岸，推进“大通关”建设

除了航空口岸以外，设立昆明陆路口岸是将昆明发展成为能面向西南开放的中心城市和区域性国际枢纽的必须条件；要发挥昆明经济规模较大、带动全省和提高对外开放竞争力的作用，发展区域性国际大物流、大旅游，吸引和方便更多的物流、人流集聚，成为区域性国际网络中心，就需要有口岸的支持，将昆明作为国际客货流的主要出发地/目的地办理各种通关手续。昆明不仅要与沿海港口建立区域大通关的关系，建立“属地申报、口岸验放”的通关监管模式；随着中国—东盟自由贸易区建立后，云南与东盟国家间的国际交流与合作将向纵深发展，无论是从促进经贸、旅游的发展需要，还是从长远的战略发展需要，更需在昆明建立陆路口岸，像航空口岸一样在昆明属地直接办理进出境旅客、货物的通关，即相当于边境海关虚拟内移，利用电子口岸和信息平台，与边境口岸形成直通关系。如新疆喀什有向周边国家开放的四个国家一类口岸和一个二类口岸，联检部门办公机构均设在喀什市，实行“喀什海关报关，口岸海关验放”的一站式查验程序和一体化通关模式，进出口货物查验业务全部集中在喀什办理，通关便利快捷。

国家于1998年8月下发文件，对原由省级人民政府审批二类口岸进行的清理整顿，明确对不符合《国务院关于口岸开放的若干规定》（国发〔1985〕113号）审批开放的内陆铁路、公路口岸不再作为二类口岸进行管理，一律按照开放口岸的后续监管、查验场所进行运作。2007年11月，国家口岸管理办公室下发了《国家口岸管理办公室关于加快原二类口岸处理工作进度的通知》（国岸发〔2007〕9号），对1998年全国清理整顿后尚存的原二类口岸处理工作予以明确。为此，需要国家层面根据云南桥头堡建设和加深与东盟合作发展的新形势和实际需要，落实支持云南先行先试的相关政策，支持在昆明设立陆路一类口岸或与边境一类口岸直通的陆路二类口岸，支持海关特殊监管区域建设和发展，实现云南境内陆路口岸大通关，促进人员往来和经贸、文化交流的快速发展。

2. 需要国家支持设立昆明海关下属的主要管辖昆明陆路口岸及相关特许监管区的隶属海关机构

昆明海关是直属海关总署的局级管理机构，管辖范围为云南全省，共有21个隶属海关，其中昆明市仅有机场海关。随着桥头堡的建设和对外开放的发展，昆明市至东南亚、南亚国家的进出境货物和人员，以及至沿海港口进出口的货物都会持续大幅增长，昆明陆路口岸的建设非常必要，设立与昆明陆路口岸相配套的进出境监督管理机构，是昆明陆路口岸建立和运营的必要条件。因此，需要设立昆明海关下的相应隶属海关，名称可以为“滇池海关”或“呈贡海关”、“王家营海关”等，管辖范围为昆明市，与机场海关形成分工协作。

3. 需要国家和省级层面加快协商解决与毗邻国家的陆路通关便利化以及直达运输问题

通关便利化程度直接影响着通关时间和运输成本，影响着经贸开展和人员往来。通关便利化是一个系统工程，涉及口岸和通道基础设施、国家对外开放政策、对外贸易和人员进出境政策、口岸通关模式、联检部门管理规制以及检测设备、工作效率等。与云南毗邻的国家不仅经济发展水平不同，对外开放程度差异性也很大，要达成统一的通关便利化协定和建立统一的检验检疫标准有待时日，因此，重点应以双边协定与合作的方式推进。需要从国家和省级层面加强与邻国间的沟通、协调，加快制定和签署实现中国与东盟各国家间人员、货物陆路便利化通关和跨国运输的相关协定，加快改善相关基础设施，加强相关制度建设和规范化运作。要积极促进实现国家间的“一站式”通关，重点是要在两国政府间就单一窗口检验检疫和一站式收费达成协议。商务部在大湄公河次区域合作框架下，与越南、老挝、缅甸等国家就推进双边口岸“一站式”通关模式进行了研究、试点，应加快推广。

在运输方面，中老边界的磨憨/磨丁口岸已实现了GMS便利化运输措施，我国的客货车在磨憨/磨丁口岸办理入境手续后，可以在老挝境内通行。但是在其他国家间还未能实现客货车自由通行，需要进一步解决跨境运输问题，尤其是直通直达运输，要简化程序、公平收费。此外，还需达成交通事故处理条例、车辆保险互赔机制等协议。随着过境铁路的逐步建成通车，还需要协商制定铁路过境、跨国运输的相关条例和协议。

4. 需要加快建设完善云南省电子口岸

随着全球经济一体化进程的加快以及国际物流业的发展，以简化进出口手续及单证、提高物流效率、降低物流成本、整合优化口岸管理资源为目的的国际“单一窗口”管理模式，成为落实贸易便利化、提高国家竞争力的主要内容。电子口岸建设是实现“单一窗口”的重要基础。地方电子口岸建设，是地方各有关部门、单位和企业将大通关核心流程及相关的物流商务服务程序逐步整合到统一的信息平台上。云南省在这些方面已经进行了大量的推进工作，出台了“关于加快推进通关便利化的若干意见”等，加大了对口岸各相关部门单位信息资源的整合力度，建立健全共建共享机制。但要把云南电子口岸建设成为具有“一站式”服务等功能，集口岸通关执法管理和相关物流商务服务为一体的大通关统一信息平台，还有一定差距，需要进一步加快完善。电子口岸的建设在技术上可以有效支持建立昆明陆路口岸与边境口岸直通关系等问题的解决。

5. 需要国家批准昆明航空口岸、昆明陆路口岸办理国际旅客落地签证，促进昆明和云南省旅游业的发展

6. 需要国家放宽云南相关部门领导和人员至东盟国家的出境次数的规定

云南与东盟国家间的合作与贸易不断加深，在包括相关制度、合作机制、基础设施建设、贸易等各方面需要加强沟通与协调、协商，尤其是当前面临着国际通道等基础设施方面的推进需要更深入紧密的协调，相关部门的负责人需要多次出入境。

第二节 投融资渠道拓展与建设用地保障的支持

（一）投融资力度和渠道拓展的支持

1. 加大国家对云南交通基础设施建设的资金投入

云南省运输大通道不仅仅为云南省服务，更是国家综合运输大通道的组成部分，对国家对外开放、经济安全、民族团结、社会安定等都有重要作用，但多数项目近期交通运输量相对不是很大，市场融资有难度，而云南省经济发展水平不高、规模又相对较小、财力不强，国家应对云南交通基础设施重大项目的建设加大资金投入支持和担负较高的资本金出资比例；对一些重大交通基础设施建设项目，如印度洋大通道、昆河铁路、中老泰铁路等，应主要由国家层面投入资金，云南省主要以土地折价入股。对一些出境通道项目也可以采取发达省市对桥头堡对口支援的方式建设，由他们按一定的比例投资入股。

2. 加大政府对大型枢纽站场建设的资金支持

枢纽站场主要应按“政府规划、企业主体投资、市场化运作”的方式进行投资建设，但是对于大型枢纽站场，由于需要整体布局设计和启动建设，基础部分需要的投资规模大，而且在相当一段时期的收入现金流存在很大的不确定性，因此，需要政府对基础性、公益性作用较强的枢纽站场进行一定比例的权益性投资，促进项目建设加快启动，在项目运营进入稳定期后逐步退出、收回投资。同时，要积极争取国家相关部委的枢纽建设专项资金的支持，如交通运输部对公路客货运枢纽站场建设的专项补贴资金等。另外，对于口岸相关设施、设备，其相关部门如海关、检疫等也要给予资金支持，加快建设。

3．进一步拓宽交通基础设施建设项目的融资渠道

要加强和完善云南省现有融资平台建设，充分发挥市场在资源配置中的基础性作用，对部分自身具有盈利能力以及在国家有较大资本金或补贴投入后具有盈利能力的铁路、高速公路、机场等交通建设项目，吸引社会资本的参与；加强公司化股份制改造，组织一批优质项目从股票市场、债券市场融资；对于部分交通线路和站场项目可以采取土地置换、特许经营权、站场综合利用、站外商业设施经营权以及部分沿线土地综合开发等方式进行融资。此外，在国家代发行和今后政策允许通过一定审批程序批准可发行的地方债券中，应规定较大的比例专项用于交通基础设施建设；同时还积极申请使用世界银行、亚洲开发银行、国家开发银行等国内外长期低息政策性贷款。形成多渠道、多层次、多元化的交通基础设施投资和资金来源格局。

（二）建设用地保障与节约

1．加强建设用地的统筹平衡，保障重点交通项目的及时开工建设

交通基础设施属于地域空间布局，云南省和昆明市交通运输需要实现大的改善和发展，必然需要相应数量的土地等要素投入的支持，云南省由于地形地貌的限制，土地资源尤其是耕地资源非常紧缺，土地供需矛盾非常突出。为此，一方面，要根据土地的稀缺性，进一步加强交通用地的厉行节约，严格执行用地政策和用地标准，创新设计理念，优化网络布局和线路建设方案，加强各种运输方式的资源共享、通道线路集中布局和土地空间综合利用，完善资源节约、集约利用相关机制，最大程度地节约土地资源；另一方面，在坚持最严格的耕地保护制度和厉行节约土地的基础上，要根据交通网络设施基础性、先导性、永久性的特点，基础性大框架、骨干项目需要先行建设的要求，

按照十七届五中全会的“适度超前”的发展要求，在建设用地指标上给予相应的支持，根据中长期建设发展目标的总用地需求和规划的实施进程，合理统筹平衡各阶段的用地指标，保障交通基础设施，尤其是重点项目的及时开工建设。

2. 强化交通规划对线位布局用地的预留控制

对交通基础设施规划红线用地进行预留控制是保障经批准的交通规划得以顺利实施和降低建造成本的必要措施，也是空间布局规划依据规划建设的交通基础设施得以逐步展开的基础。交通规划在制定过程中应与土地开发利用规划紧密协调，各主要项目在土地规划中对予以落实，明确具体走向和红线范围，严禁土地空间的被占用或挪作他用。避免今后建设中的高昂拆迁成本和对空间走向布局及标准的影响。

3. 加强主要枢纽站场建设用地的协调和置换

由于发展进程等历史原因以及长远性总体规划不足、空间布局和土地用途调整等因素，一方面，现仍有部分老站场和仓储设施位于中心市区不符合规划发展的地区；另一方面，新规划布局的部分枢纽站场位置所在地的土地已经被占用或不同的业主拥有，影响整体开发建设，如原呈贡洛羊物流园片区的土地已为多家业主所拥有，不利于新规划的无水港和口岸的整体建设。为此，对于相关大型枢纽站场的布局建设必须进行相应土地的整合与置换的协调，才能得以有效推进，对于市区不符合现有布局规划的老站场和仓储设施也可以通过土地置换的方式调整搬迁到规划的相对集中的各类物流园区中。

第三节 建立和完善滇中城市群区域协调机制

1. 建立市长联席会议制度以及地方政府协会

随着经济全球化和区域一体化的发展，区域内城市之间的竞争已让位于区域的合作和优势互补，提高区域整体发展水平已成为推动地区经济快速发展的重要驱动力。昆明应充分利用交通运输枢纽与整个滇中城市群的密切关系，加强城市间的协调与合作。建议组建一个由成员城市积极协商形成的区域协调行为主体，作为针对区域重大问题的专门性协调机构和联合执行组织，例如以市级政府领导定期协商交流为基础，形成市长联席会议制度，并在未来形成地方政府协会等，对关系共同利益的制度、政策、规划、供给、合作等进行协调，并做出决定和指示，以弱化各单元行政区对区域经济的分割，并保证各城市政府对参与协调的积极性，促进区域朝着整体共同发展、提升整体竞争力的方向迈进。

2．建立区域大型交通基础设施统一规划、共建、共享、共管的协调机制

要加快滇中城市群的发展，扩大其辐射效应，在区域竞争中取得核心竞争力，需要在有限的资源资金限制下，形成有效协调机制，从整体上提升区域交通基础设施水平。因此，首先要做到区域大型交通基础设施统一规划，按照共建、共享、共管的方式加以协调和推进，追求规模效益，减少重复建设投资，提高资源的利用率。一方面，滇中城市群各城市要在领导层面达成共识，由来自各城市交通部门的领导形成区域协调委员会，对交通基础设施的统一规划、共建共享共管的方式进行协商和指导；另一方面，要落实到各市对应的部门，对统一规划的编制和实施进行相应的具体组织和保障，并根据区域整体规划的协调意见调整各自原有不相符合的规划，促进交通资源的合理配制和交通的快速发展。

3．建立合理的财税协调机制，促进包括物流等企业的跨行政区整合，做大做强

在我国现行财政体制下，既按税种来划分各级政府的财政收入，又交织着按行政隶属关系来分享税收。这种分配制度造成各级政府对重要税源即企业的归属非常关注，而在城市群建设过程中进行的资源整合和产业布局重组必然会影响到企业隶属关系，将会影响各城市政府的财税收入，因此受负面影响的政府对城市群内分工合作的积极性会受到较大打击。因此，不仅要争取中央政府的财税政策和省政府的支持，还要建立城市群内城市之间的财政协调机制。一是争取国家层面给予滇中城市群更有力的税收优惠政策，尤其是城市群重点发展的行业，并通过适当的制度安排促进东部产业向滇中城市群转移；二是学习借鉴珠三角经济圈建设经验，成立滇中城市群财税协调机构，建立定期联系制度，负责财税战略政策的制定，相关问题的协调处理。在财税分配机制上，要按照互利互惠、共赢的方针，保障各城市的切实利益和积极性，有利于城市群的资源整合和企业的做大做强，提升整体竞争能力。

（主要执笔人：罗仁坚 郭小碚 程世东 宿凤鸣）

基础专题篇

第九章

云南省经济社会与交通运输发展

内容提要：向西南开放的桥头堡战略的贯彻实施，云南省将由我国西南角末梢变为面向东南亚、南亚地区开放和通往印度洋的前沿和链接省，交通基础设施和经济社会将会在国家的更大支持下加快发展，落后状况加快改善。云南省根据新的发展形势和区位优势提出了“两强一堡”发展战略，制定了经济社会、交通运输等发展规划，构筑对内、对外开放和合作新格局。

第一节 云南省经济社会现状与未来发展

随着改革开放，尤其是实施西部大开发战略以来，云南省经济社会持续稳定较快发展，取得了巨大成就。但受区位条件和交通相对落后制约，以及意识形态和思想解放不够，经济社会发展还处于全国相对落后的水平。向西南开放的桥头堡战略，将使云南省在向东南亚、南亚以及环印度洋国家开放，扩大和深化国际经贸、区域合作等方面获得重大发展机遇，区位条件和优势将发生根本性变化，形成长期性的巨大增长与发展点。

（一）云南省社会发展现状

1．地理区位

云南地处我国西南内陆边疆（图9-1），东部与贵州省、广西壮族自治区为邻，北部同四川省相连，西北隅紧倚西藏自治区，西部同缅甸接壤，南部同老挝、越南毗邻，与东南亚、南亚国家地缘相邻、民族相亲、文化相通。由于与沿海和国内核心城市相距较远，通道发展滞后，交通不便畅，长期以来被视为我国西南边陲，经济社会发展也较全国和东部地区落后。

昆明区域性国际交通运输枢纽

图9-1　云南省地理区位示意图

2009年7月，胡锦涛总书记在云南考察工作时，作出了把云南建设成为我国向西南开放的桥头堡的重要指示。云南省和国家相关部委根据这一指示正在积极制定发展战略和规划，并有望成为国家战略。这一战略的付诸实施，将使云南省的区位条件发生根本性的变化，从我国的西南末梢转变为面向东南亚、南亚开放和通往印度洋的前沿。

云南省作为桥头堡向西南开放，将以东南亚、南亚为重点，面向印度洋沿岸，延伸至西亚及非洲东部的广大区域，涵盖50多个国家近30亿人口。这一区域有丰富的石油、天然气等重要矿产和农林渔资源，市场广阔，潜力巨大。云南省也由此获得巨大的区位优势和有利条件，在加快交通基础设施布局建设和经济社会发展中将会得到国家更大的支持，各项建设、发展将加快。

2. 行政区划

云南省东西最大距离为864.9km，南北最大距离为900km，总面积为39.4万km^2，占全国陆地总面积的4.1%，居全国第8位。云南下辖16个州、市（图9-2），其中8个省辖市、8个民族自治州，即昆明市、曲靖市、玉溪市、保山市、昭通市、丽江市、普洱市、临沧市，楚雄彝族自治州、大理白族自治州、红河哈尼族彝族自治州、文山壮族苗族自治州、西双版纳傣族自治州、德宏傣族景颇族自治州、怒江傈僳族自治州、迪庆藏族自治州。

图9-2　云南省行政区划示意图

3. 人口与民族

2009年，云南省总人口4571万人，占全国人口3.42%，人口数量排名全国第12位。云南省城镇人口1554万人，城镇化率34%，比全国低12.6个百分点。

云南是全国少数民族最多的省份，全省共有51个少数民族，人数最多的少数民族是彝族，占总人口的11.2%，人口超过5000人的世居少数民族25个，其中彝、白、哈尼、傣、傈僳、佤、拉祜、纳西、景颇、布朗、普米、怒、德昂、独龙、基诺15个民族为云南所特有。云南省少数民族人口1554万人，名列全国第2位（仅次于广西），少数民族人口占全省总人口的34%。

4. 地形地貌与自然资源

云南省地形地貌复杂，生物具有多样性，矿产、旅游资源非常丰富。

（1）地形地貌。云南省地形地貌极为复杂，以云南元江谷地和云岭山脉南段的宽谷为界，全省大致可以分为东、西两大地形区。云南东部为云贵高原的西部，主要是波状起伏的低山和浑圆丘陵，发育着各种类型的岩溶地貌；西部为横断山脉纵谷区，高山与峡谷相间，地势雄奇险峻。整个云南西北高、东南低，平均海拔2000m左右，最高海拔6740m，最低海拔76.4m。全省有超过84%的面积是山地，高原、丘陵占10%，盆地、河谷约占6%。

（2）生物资源。云南生物资源丰富，是我国重要的生物资源宝库，被誉为“植物王国”、“动物王国”、“花卉之乡”、“药材之乡”、“生物资源基因库”。由于多样性的气候和环境，云南拥有热带、亚热带、温带、寒带的生物资源种类。在我国已发现的约3万种高等植物中，云南就有1.7万种。在众多的植物种类中，热带、亚热带的高等植物约1万种，中草药2000多种，香料植物69科、约400种，有观赏植物2100多种，其中花卉植物1500种以上，不少是珍奇特产植物。云南是多种野生动物的理想栖息地，拥有脊椎动物1737种，其中兽类300种，鸟类793种，爬行类143种，两栖类102种，淡水鱼类366种。鱼类中有5科40属246种为云南特有。鸟兽类中有46种为国家一级保护动物，154种为二级保护动物。此外，拥有昆虫1万多种。

（3）矿产资源。云南矿产种类多、储量大，被誉为“有色金属王国”。已探明储量的92种，有54种矿产保有储量居全国前10位。有色金属是云南最大的优势矿产，铅、锌、锡的保有储量居全国第1位，铜、镍金属保有储量居全国第3位。在贵金属、稀有金属矿产中，铟、铊、镉保有金属储量居全国第1位，银、锗、铂族金属储量居全国第2位；在能源矿产中，煤炭保有储量居全国第9位；在化工原料矿产中，磷、盐、芒硝、砷、钾盐、矿铁矿、电石用灰岩、化肥用蛇纹岩等8种矿产的储量均居全国前10位。

（4）水资源。由于地形缘故，云南省河流落差都很大，蕴藏有巨大的水能资源。云南省境内大小河流600多条，水资源总量2222亿m^3，全省人均水资源超过10000m^3，是全国平均水平的4倍。水能资源理论蕴藏量为10364万kW，可开发量约9000万kW。

（5）旅游资源。云南旅游资源品位高，种类全，拥有除海洋旅游资源以外的其他旅游资源。秀丽雄奇的自然风光、浓郁的民族风情同悠久的历史文化交相辉映，完美融合。主要风景名胜有60多处，其中列为世界文化、自然遗产的有丽江古城、三江并流和石林3处；国家级重点风景名胜区的有路南石林、滇池、九乡、大理、玉龙雪山、三江并流、丘北普者黑、腾冲地热火山、瑞丽江—大盈江、建水、西双版纳、泸西阿庐古洞12处。此外还有昆明、大理、丽江、建水、巍山5座国家级历史文化名城，以及腾动、威信、保山、会泽4座省级历史名城。全省建立了总面积达192.6万公顷（$1.926\times10^{10}m^2$）的县级以上自然保护区100多个，总面积为8.55万公顷($8.55\times10^{8}m^2$)的国家级、省级森林公园22个。

（二）云南省经济发展现状

改革开放以来，云南省经济持续快速增长，2010年，全省GDP总量为7220.14亿元，人均GDP为15749元，按不变价计算，分别是1978年的19.7倍和13.1倍，1978年～2010年年均增速分别为9.76%和8.37%。云南省经济发展受1998年亚洲金融危机的影响较大，1998年～2003年的五年间，GDP总量年均增速仅有6.72%；2004年开始，云南省经济又恢复高速增长，2004年～2010年年均增速超过10%，达到了10.45%。云南省1998年以来国民生产总值增长变化如图9-3所示。

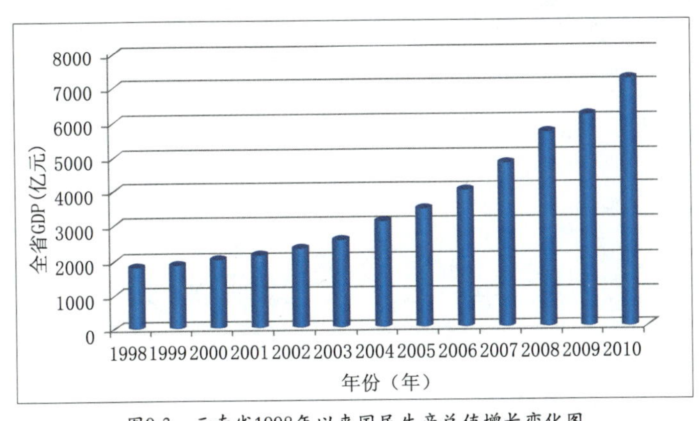

图9-3 云南省1998年以来国民生产总值增长变化图

云南省经济发展虽然长期保持较高水平，但由于处于西南内陆，交通不便、开放水平低等原因，经济增速一直低于全国及东部发达地区。1978年～2010年和2000年～2010年全国GDP年均增长速度分别为9.91%、10.45%，比同期云南省增速分别高0.15、1.22个百分点。云南省经济发展水平与全国、东部发达地区的差距不断扩大，经济总量小、人均水平低，是我国经济欠发达地区。云南省GDP占全国的比重由2000年的2.03%下降到2010年的1.81%。2010年云南省GDP总量仅为东部地区浙江省27227亿元的26.5%，人均GDP是全国人均GDP29678元的53.1%、浙江省52059元的30.3%，GDP总量和人均GDP在全国排名中均居第29位。

云南省经济发展属投资拉动型，这种趋势越来越明显。2010年云南省全社会固定资产投资规模达到5528.71亿元，全年实现社会消费品零售总额2500.25亿元，外贸进出口总额133.68亿美元。在拉动经济发展的投资、消费、出口“三驾马车”中，投资占绝对比重，为62%；其次是消费，为28%，外贸进出口的比重仅10%。2000年以来，消费年均增速为15.67%，而投资和出口年均增速均接近23%。增速的不同，使投资在经济发展中的贡献率上升了12个百分点；消费下降了14个百分点；外贸出口由于基数小，一直维持在10%左右。云南省2000年来全社会投资、消费、进出口增长变化如图9-4所示。

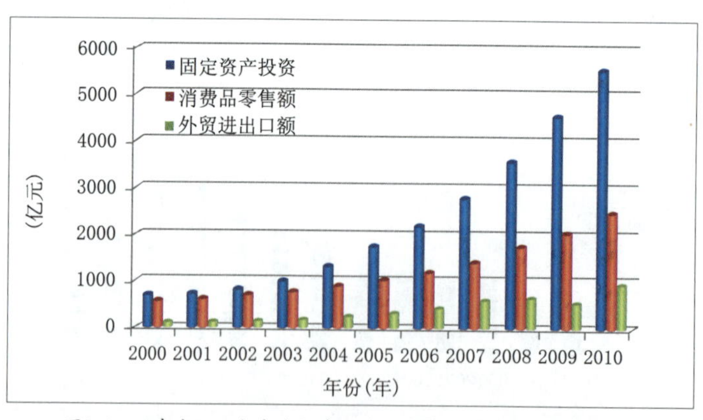

图9-4 云南省2000年来全社会投资、消费、进出口增长变化图

云南省立足于自己的资源优势，经过长期发展，逐步形成了旅游产业、烟草产业、有色金属和磷化工为代表的矿产业、以水电为主的电力产业等特色支柱产业。近年来，云南省工业产业不断升级，旅游、文化产业规模持续扩大，第三产业快速增长，全省产业结构不断优化。2000年～2010年，第一、第二、第三产业增加值年均增速分别为9.75%、14.35%、15.65%，2010年分别达到1105.81亿元、3223.93亿元、2890.40亿元，三次产业结构由2000年的22.3：43.1：34.6发展到2010年的15.3：44.7：40.0，第一产业下降7个百分点，第三产业约上升5.5个百分点，第二产业略有上升。2000年与2010年云南省产业结构发展变化如图9-5所示。

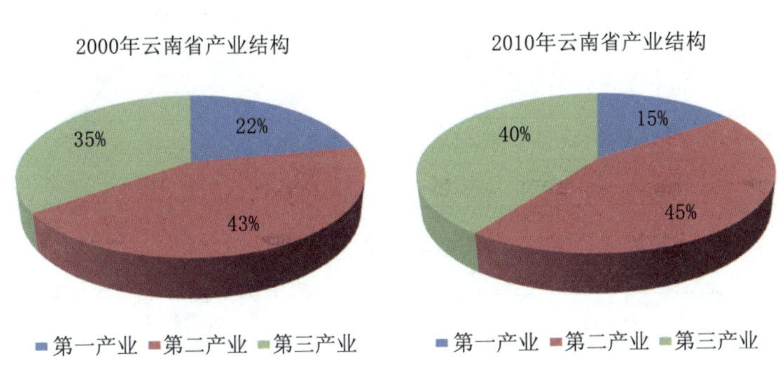

图9-5 云南省产业结构发展变化对比图

云南省地区间经济发展很不平衡。以昆明为中心，周边曲靖市、玉溪市和楚雄彝族自治州形成的滇中城市群是云南省经济发展的核心区域。2009年，滇中城市群国民生产总值占全省的58.2%，昆明、曲靖、玉溪分居全省前三位。以该城市群为中心，经济发展水平向四周逐步降低，沿边少数民族地区相对更为落后。云南省25个边境县有17个县是国家和省级贫困县，2009年所有边境县人均GDP为3647元，是全省人均GDP的64%，财政收入仅为全省平均水平的32%，农民人均纯收入仅为全省平均水平的74%，全省倒数第1到倒数第3位都在边境地区。2009年云南省各市州经济发展状况见表9-1。

2009年云南省各市州经济发展状况 表9-1

地 区	生产总值（亿元）	全省比重（%）	GDP全省排名	人均生产总值（万元）	人均GDP全省排名
昆明	1837.46	29.8	1	29355	1
曲靖	870.94	14.1	2	14970	4
玉溪	644.40	10.4	3	28245	2
保山	221.66	3.6	9	8972	12
昭通	320.45	5.2	7	6025	16
丽江	120.67	2.0	13	9863	9
普洱	211.70	3.4	10	8193	14
临沧	181.33	2.9	11	7590	15
楚雄	343.95	5.6	6	12758	7
红河	560.88	9.1	4	12769	6
文山	284.90	4.6	8	8277	13
西双版纳	138.64	2.2	12	12920	5
大理	404.50	6.6	5	11555	8
德宏	115.71	1.9	14	9728	10
怒江	48.05	0.8	16	8989	11
迪庆	63.66	1.0	15	16840	3

（三）云南省经济社会发展规划

1．经济社会总体战略及目标

进入21世纪以来，在国家实施西部大开发战略的大背景下，结合云南省自身多气候带的气候资源和多物种的自然资源、民族种类最多和民族文化资源富集、与东南亚南亚国家有着天然地缘联系的实际，云南省委六届九次全会提出了“建设绿色经济强省、民族文化大省和中国连接东南亚、南亚国际大通道”的三大战略目标，成为云南省经济建设的指南。2009年7月，胡锦涛总书记在云南考察时指出，“要充分发挥云南作为我国通往东南亚、南亚重要陆上通道的优势，深化同东南亚、南亚和大湄公河次区域的交流合作，不断提升沿边开放质量和水平，使云南成为我国向西南开放的重要桥头堡”。结合总书记的这一重要指示，云南省委省政府把原有发展战略进一步完善为“两强一堡”，即把云南省建设成为绿色经济强省、民族文化强省和中国面向西南开放桥头堡。

“绿色经济强省”是指以优势生物资源和先进生物技术为依托，树立绿色观念，推广绿色技术，建立绿色标准，开发绿色资源，发展绿色产品，保护绿色环境，不断提高绿色、无污染产业增加值占全省GDP的比重，实现经济、社会与人口、资源、环境的可持续发展。

“民族文化强省”是指始终坚持先进文化的前进方向，充分发挥云南民族文化丰富多样的优势，保护、继承、弘扬优秀民族文化，改造落后文化，抵制腐朽文化，倡导和发扬具有云南特色的社会主义先进文化，全面提高各族人民的思想道德、科学文化素质和社会文明程度及管理水平。

“向西南开放桥头堡”是指以通信为先导、公路为基础、铁路为骨干、航空为辅助、水运为补充，集多种运输方式和信息网络为一体，形成发达的综合运输传导体系，从陆上直接沟通太平洋、印度洋两个大洋，连接中国、东南亚、南亚三大市场。

《云南省国民经济和社会发展第十二个五年规划纲要（草案）》提出，“十二五”时期，将高举中国特色社会主义伟大旗帜，以邓小平理论和“三个代表”重要思想为指导，深入贯彻落实科学发展观，紧紧围绕建设绿色经济强省、民族文化强省和中国面向西南开放的桥头堡战略目标，以科学发展为主题，以加快转变经济发展方式为主线，坚持推进农业产业化、新型工业化、城镇化和教育现代化，加快改革创新，加大开放步伐，加强统筹协调，强基础、快发展，调结构、上水平，惠民生、促和谐，不断推进富裕、民主、文明、开放、和谐云南建设迈上新台阶。

“十二五”时期，云南省的发展目标为：经济实力要实现大跨越，地区生产总值和人均生产总值年均增长10%以上，力争实现翻番；全社会固定资产投资年均增长15%以上，地方财政一般预算收入年均增长13%以上，社会消费品零售总额年均增长16%以上，外贸进出口总额年均增长17%以上。人民生活要实现大提高，城乡居民收入年均增长10%以上，就业更加充分，贫困人口大幅减少，价格总水平保持基本稳定。教育科技要实现大发展，教育现代化程度显著提升，科技研发投入大幅增加。生态环境要实现大改善，单位生产总值能耗继续下降，污染物排放总量继续减少，生态更加良好。

“十二五”发展将牢牢把握八个着力点：一是突出结构调整，促使经济发展方式发生重大转变；二是把产业发展作为重中之重，促使产业综合实力和核心竞争力大幅提高；三是着力推进富民强省，促使城乡居民收入和生活水平快速提升；四是深入实施科教兴滇、人才强省战略，促使发展的创新支撑更加坚实；五是持续完善基础设施，促使发展的保障能力进一步增强；六是坚持深化改革扩大开放，促使发展的动力更加强劲；七是全面推进生态建设和资源节约，促使生态文明建设迈上新台阶；八是更加重视边疆民族贫困地区发展，促使区域协调取得重要进展。

2．产业发展规划

为应对全球金融危机，保持经济平稳较快发展，云南省2009年发布了旅游文化、烟草、生物、石化、有色、黑色金属、能源、光电子、装备制造、商贸流通十大产业发展规划，谋划了各产业2015年前的发展蓝图。云南省十大产业规划是对全省产业进行的整体、系统规划，将在发展传统产业的同时，加快发展具有比较优势的新兴产业和高新技术产业，构建一个优势明显、附加值高、创新能力强、节能环保、可持续发展的现代产业体系，打造云南产业发展的新的竞争优势。十大产业规划中，各产业发展方向和目标具体如下：

（1）旅游文化产业：把旅游产业与文化产业相结合，进一步优化旅游文化产业布局，在继续推进6大旅游区发展基础上，着力建设10大旅游文化产业集聚区，10个旅游文化名城，30个民族文化旅游示范县，60个旅游小镇，100个旅游文化特色村，形成一批有竞争力的旅游文化市场主体，推进一批有发展潜力的旅游文化重大项目建设，打造一批知名旅游文化品牌，构建6大旅游文化走廊，形成4大国际国内旅游圈，初步形成旅游产业与文化产业一体化发展新格局。按照每年15%的增长率，到2015年，全省旅游总收入达2112.92亿元，旅游产业增加值达到1234.69亿元，占全省GDP的比重达到8.23%；文化产业的增加值达到962.33亿元，占全省GDP的比重达到6.42%。

（2）烟草产业：巩固增强云南烟草在经济和社会发展中地位，继续保持第一大支柱产业，在保持总规模稳步增长的同时，巩固和提高竞争优势，继续保持卷烟规模和效益全国领先地位，进一步提升云南优质烤烟在全国的影响力和控制力，两烟配套和非烟产业培育成为新的经济增长点，初步形成烟草产业集群。实施以中高档次为发展重点的产品结构调整，形成以“玉溪”、“云烟”、“红塔山”、“红河”为4大重点骨干品牌，“红梅”、“红山茶”为支撑品牌的6大云南卷烟品牌体系，品牌集中度达到97%。到2012年，全省“两烟”企业实现产值1000亿元，云产卷烟品牌销量达到1000万箱，烤烟收购量达到2000万担；卷烟工业占GDP的10%，下降2个百分点；税收在财政收入的贡献率为40%，下降2个百分点。

（3）生物产业：以建设生物多样性可持续利用昆明国家生物产业基地为战略支点，充分发挥其辐射带动作用，逐步形成“一个核心区、六个特色产业片区和一个生物质能源基地”的发展布局。重点发展生物医药、生物农业、生物制造、生物能源和生物服务等五大行业，着力谋划建设天然药物产业基地、全国重要的木本油料、绿色健康食品的生产和出口基地、全国重要的生物制造基地、国内外知名的康复医疗基地。到2015年，培育20个以上中国名牌和中国驰名商标，生物产业达到4200亿元以上。

（4）石化产业：重点发展磷化工、煤化工、盐化工、石油化工、生物化工五大产业，提高产业关联度；通过联合重组和体制创新，推进多种形式的“矿肥结合、矿化结合、磷电结合、炼化结合”，增强产业竞争力和可持续发展能力。进一步完善和拓展产品链，形成石油化工、煤化工、化肥、盐化工、生物化工和精细化工紧密结合的石化产业体系。把云南建成全国最大的磷复肥基地和国家级煤化工基地、全国重要的精细磷化工基地、石油化工基地和生物化工基地。到2015年，全省化学产业主营业务收入达2700亿元。

（5）有色产业：构建以深加工新材料为重点的六大优势产业链，即，巩固发展铜产业链、积极发展铝产业链、提升发展铅锌产业链、优化发展锡产业链、培育发展钛产业链、加快发展稀贵金属及深加工。形成“三区一中心”的产业格局：以昆明市为中心的滇中铜、铝、钛冶炼及深加工，稀贵金属深加工及新材料产业区；以个旧市为中心的滇南锡、铝、铅锌，采、选、冶及深加工产业区；以曲靖市为中心的滇东北铅锌、锗，采、选、冶及深加工产业区；以昆明为中心的科技研发产业中心。到2015年，十种有色金属产品产量达到620万t，深加工率达到40%，规模以上企业实现销售收入2800亿元。

（6）黑色金属：重点发展精品板材和高端长材等高附加值产品，积极发展不锈钢，适度保持商品铸造生铁规模，优化发展锰系、硅系、特种铁合金。加快矿山建设，提高原料自给率，到2015年铁石原料自给率达到75%。通过淘汰落后和结构调整，在文山、红河、保山、德宏水电富裕地区，以云南冶金集团、昆明钢铁集团等为龙头，集中建设大型铁合金项目，形成滇东南锰系铁合金基地、滇西硅系铁合金基地以及曲靖、东川为重点的特种铁合金基地。到2015年，行业销售收入1500亿元，工业增加值375亿元。

（7）能源产业：以建设水电为主的国家级电力基地为中心，以中缅油气管道和石油炼化基地建设为突破，以提升煤炭开发层次稳固基础，以太阳能和非粮生物质能开发为重点，积极有序开发新能源。打造国家西电东送清洁可再生能源基地、新兴石油炼化基地、新能源示范基地和国家云南境内外电力交换枢纽“三基地一枢纽”，把云南建成国家重要的能源基地。2015年全省电力总装机7227万kW，发电总量要达约3080亿kW·h，原煤生产总量达到1.3亿t，生产成品油1400万t/年，能源工业销售产值2600亿元，工业增加值1000亿元，占全省GDP的7%～8%。

（8）光电子产业：着力打造云南省具备较好基础，企业分布相对集聚，又具备良好发展前景的太阳能电池、红外及微光夜视、半导体照明三条完整产业链；做大做强云南省具有较强特色的特种光学产品、光机电一体化设备、光电子信息材料三大优势产业；积极引进和培育适宜本地发展、具有较大市场潜力的有机发光二极管（OLED）、液晶电视及模组、光纤光缆等“新兴”产业。到2015年，成为光电子技术水平局部领域国际领先、部分产品产业规模居国内前列的光电子产业基地。同时，全省光电子产业实现销售收入1000亿元左右，产业增加值300亿元左右，占GDP比重力争达到2%。

（9）装备制造业：以昆明、曲靖、大理、玉溪、红河等地区为重点，不断做大汽车及内燃机、电力装备、机械基础件及零部件配套，做深大型数控机床、大型铁路养护机械，做多重化矿冶设备、自动化物流成套设备、新型农业机械和生物资源加工为主的专用装备，提升重点产业生产水平及市场占有率，全面提高装备制造业整体竞争力。到2015年，全省装备制造业工业增加值力争达到350亿元以上，增加值占全部工业的8%；销售收入达到1400亿元，居全国第18位、西部地区第3位。

（10）商贸流通产业：实施“一个枢纽、六个区域、八个通道、三个组团”的总体空间布局。一个商贸枢纽是以昆明为中心，曲靖、玉溪和楚雄为次中心组成的云南商贸枢纽。六个发展片区即滇中、滇东北、滇西北、滇西、滇西南以及滇南六大商贸流通产业发展区域。八个商贸通道中，四个内向通道是内陆商贸通道（成昆、西安一线）、长江商贸通道（经水富走长江）、长三角商贸通道、珠三角商贸通道；四个外向通道是中越通道（昆明—河内）、中老泰通道（昆明—万象—曼谷）、中缅通道（昆明—仰光）、中国至南亚通道（昆明—达卡—新德里）。三个边贸组团是“中缅”、“中越”、“中老”边贸组团。到2015年，商贸流通业增加值突破2100亿元，增加值占GDP的14%左右；初步构建公路、铁路、水运、航空等多种运输方式有效衔接的物流基础设施网络；把云南建设成为中国面向东南亚、南亚和“泛珠”区域的区域物流中心和重要物流枢纽；同时建成50个大型批发市场，包括30个特色产品专业市场。

《云南省国民经济和社会发展第十二个五年规划纲要（草案）》明确指出，加快产业发展是增强经济发展内生动力的根本途径。要大力发展现代农业，以推进农业产业化为突破口，建设优质烟叶、蔬菜、花卉、畜禽等规模化、标准化生产基地，加快发展特色农业、设施农业、节水农业和外向型农业，提高农业综合生产能力、抗风险能力和市场竞争能力。加快新型工业化，把壮大特色主导产业与培育战略性新兴产业有机结合，走技术集成、产业集聚、要素集约的发展道路，促进信息化与工业化深度融合，确保冶金、化工、烟草等产业的技术和装备保持全国领先水平，培育壮大节能环保、生物、先进装备制造等战略性新兴产业，形成烟草、电力、有色等10个销售收入超过千亿元的产业，力争工业增加值达到6000亿元，年均增长20%以上。要把加快发展服务业作为产业优化升级和扩大消费需求的战略重点，以金融、旅游、流通、信息等现代服务业为引领，全面发展生产性、生活性服务业，拓展发展领域，提升发展层次，壮大发展规模。

第二节 云南省交通运输现状及存在问题

经过改革开放以来的持续发展，尤其是近十多年的较大规模建设，云南省交通网络总体规模和密度、技术质量等级、通达深度等显著提高，运输能力保障性和服务水平有较大提升。但由于原有基础薄弱，历史欠账较多，虽然纵向比较发展较快，但与发达地区比较仍然落后，仍然不能适应全省经济社会发展和对外合作交流的需要，与桥头堡建设发展的要求还有较大差距。

（一）交通基础设施现状

云南省尽管目前对内、对外交通运输能力小、功能层次低，不能有效满足作为内陆省区的经济社会发展需要，但从路网连接的角度，已初步构建形成了以昆明为中心，以铁路、高速公路、航空运输线为干线骨架的综合交通网络格局。截至2009年年底，全省铁路、公路、内河航道里程共计21.12万km。通往广西、珠三角方向有南昆铁路、广州至昆明高速公路(尚未全线通车）；通往贵州、华中方向有贵昆铁路、上海至昆明高速公路；通往四川方向有内昆铁路、成昆铁路、北京至昆明高速公路（尚未全线通车）；通往瑞丽、缅甸、印度洋方向有昆明—大理—瑞丽铁路（大瑞铁路在建）、昆明至瑞丽高速公路

（尚未全线通车）；老挝、泰国方向有昆明—玉溪—普洱—景洪高等级公路；越南方向有滇越铁路、昆明—石林—蒙自—河口高速公路等。在这些通道网络中，由于经济联系和对外通道建设发展的不平衡，目前陆路通道主要是以昆明经南宁至珠三角方向和昆明经贵阳至华中、华东、华北方向的两大国内通道为主干，其他通道还相对薄弱，即通道主体形态基本上是以南宁—昆明和贵阳—昆明—大理组成的“入”字型（入滇）通道为主骨架形态，如图9-6所示。

图9-6 云南省运输通道主骨架现状示意图

1．铁路

目前，云南省已经形成以昆明枢纽为核心，由贵昆、成昆、南昆、广大、大丽、昆河等干线铁路构成的放射性铁路运输网络。截至2009年年底，云南省铁路营业里程为2474.4km，其中复线里程158km，复线率6.4%；电气化里程1355km，电化率54.8%，全省铁路路网密度62.8km/万km^2。

专栏9-1　　云南省主要铁路现状概况

南昆铁路：单线电气化铁路，年输送能力1000万t，设计运行速度80km/h。

贵昆铁路：昆明—沾益段为双线电气化，设计速度160km/h，沾益—六盘水段按同等标准正在进行复线扩能改造。

内昆铁路：单线电气化铁路，设计速度80km/h，年货运能力为1400万t/年。

成昆铁路：单线电气化铁路，设计速度不足80km/h，已规划确定全线新增复线（包括既有线为三线），昆明至广通段已开始新增双线扩能改造工程，设计速度200km/h。

广大铁路：正在复线扩能改造，旅客列车设计行车速度均为200km/h。

大理—丽江—香格里拉铁路：单线电气化，设计行车速度为120km/h，目前均在建，预计“十二五”末建成通车。

大（理）瑞（丽）铁路：单线（预留复线条件）电气化，目前在建，设计速度140km/h。

昆河铁路：（滇越铁路国内段）为单线米轨铁路，线路条件差，运输能力低、速度慢，目前仅保留货运。

昆河铁路新线：昆明至玉溪段正在扩能改造，改造后速度可达200km/h；玉溪至河口段在建，设计速度为120km/h。

2．公路

云南省公路里程和技术等级21世纪以来显著提高，目前全省16个州市均已通高等级公路，昆明、玉溪、曲靖、保山、西双版纳5个州市已实现县县通高等级公路，有效加强了市州间、县市间的交通联系，推动了经济社会发展。

截至2009年年底，云南省公路总里程为20.6万km，公路网密度为52.3km/100km^2，高于全国平均值（40.22km/100km^2）。其中，高速公路2512km，一级公路628km，二级公路4973km，三级公路9518km，四级公路120519km，等外公路67878km。二级及二级以上公路里程占总里程的3.94%，远低于全国平均值（11.01%）。

（1）高速公路：云南省境内的国家高速公路共有10条线路（含联络线、绕城线），分别是G5京昆、G56杭瑞及G5611大丽联络线、G60沪昆、G78汕昆、G80广昆及G8011开河联络线、G85渝昆及G8511昆磨联络线、G5601昆明绕城高速公路，规划里程3877km。到2009年年底，云南省国家高速公路已建成2475km，在建352km，未建1050km，分别占规划里程的63.8%、9.1%、27.1%。此外，地方高速公路已建成鸡街至石屏、通海至建水、高峣至海口、曲靖至陆良高速公路270km，在建保山至腾冲、石屏至红龙厂高速公路121km。

（2）国省干线公路：到2009年年底，云南省国道里程8041km（含国高2182km），省道里程19913km，其中二级及二级以上公路占25.63%，国省道技术标准偏低。目前在建的52条二级公路，建设里程长4872km，建成通车后，全省129个区县市通县高等级公路将达124个，通县高等级公路比例达96%。

（3）农村公路：到2009年年底，云南省乡镇公路通达率为95.81%，通畅率为69.75%；建制村公路通达率为85.45%，通畅率为19.1%，农村公路通达、通畅水平比较低。

（4）运输枢纽及场站：云南省共有昆明、大理、保山、河口、曲靖、瑞丽6个国家公路运输枢纽城市。截至2009年年底，全省共有客运站786个，其中一级站27个，二级站74个，三级站76个，四级站188个，五级站133个，简易及招呼站288个；全省拥有各类道路货运站场29个，其中三级站7个，四级站22个。

3．民用机场

云南是全国拥有机场数量较多、等级较高的省份，已初步形成以昆明机场为门户机场和航空枢纽，丽江和西双版纳机场为区域干线机场，其余支线机场为辅的、比较完备的干支线机场空间布局。目前共有12个民用运输机场，即昆明巫家坝国际机场、保山、思茅普洱、昭通、西双版纳、德宏芒市、丽江、大理、迪庆香格里拉、临沧、文山、腾冲机场等。云南省民用机场总数量居全国第2位，机场数为0.3个/万km^2，是全国平均水平0.14个/万km^2的两倍。其中昆明机场、西双版纳机场属于国家一类口岸（国际）机场，通航国内72个城市、境外23个城市。云南省各机场基础设施现状具体见表9-2。

云南省各机场基础设施现状

表9-2

机场名称	占地面积（亩）	飞行区等级	跑道长度（m）	机坪面积（m^2）	停机位（个）	航站楼面积（m^2）
昆明巫家坝机场	4297	4E	3600	250000	34	76900
大理机场	2525	4C	2600	19550	4	4200
丽江机场	1800	4C	2500	30772	6	7333
西双版纳机场	1620	3C	2200	20400	4	7859
迪庆香格里拉机场	2543	4D	3600	23400	4	3073
德宏芒市机场	2640	3C	2200	—	3	13000
腾冲机场	1936	4C	2350	38000	7	5293
昭通机场	1957	4C	2400	6600	2	1900
保山机场	1820	4C	2400	7200	2	2845
文山机场	2013	4C	2400	—	4	3200
普洱机场	1487	4C	2500	15600	3	5382
临沧机场	4407	4C	2400	8000	2	3290

注：1亩=666.6m^2。

4. 内河航道

通过多年建设，云南省“二出省、三出境”的水运通道格局正在逐步形成。由于地形原因，云南省水资源丰富但水运航道条件较差，近些年，云南省不断对金沙江、右江、红河、澜沧江—湄公河等内河水运航道进行整治，截至2009年年底，内河通航里程达2764km，其中四级航道348km，五级航道158km。

（二）运输网络和全社会运输量现状

随经济社会的持续平稳较快发展和交通基础设施条件的不断改善，云南省客货运输量呈较快增长趋势。2000年～2009年，全省GDP年均增长率为9.1%，旅客周转量、货物周转量年均增长分别为6.87%、7.20%，客货运输弹性系数分别为0.75、0.79。2009年，云南全省完成全社会客运量3.66亿人，旅客周转量448.45亿人·km（图9-7）；全社会货运量4.74亿t，货物周转量904.27亿t·km（图9-8、表9-3）。

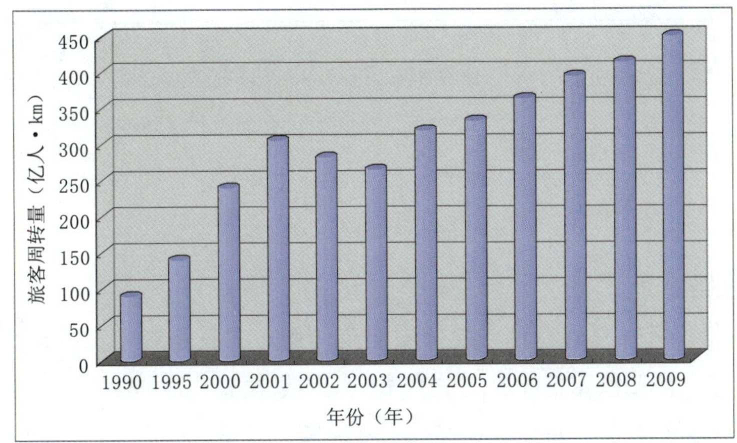

图9-7 云南省客运周转量变化趋势图

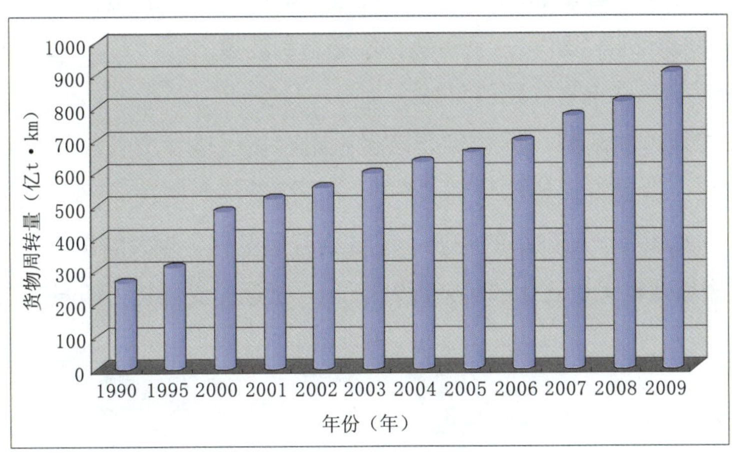

图9-8 云南省货运周转量变化趋势图

2009年云南省客货运输量 表9-3

运输方式	旅客运输		货物运输	
	运量（亿人）	周转量（亿人·km）	运量（亿t）	周转量（亿t·km）
铁路*	0.24	63.37	0.59	340.95
公路	3.28	302.22	4.08	496.14
航空	0.07	81.31	7.4万t	1.16
水运	0.07	1.55	0.03	5.42

续上表

运输方式	旅客运输		货物运输	
	运量（亿人）	周转量（亿人·km）	运量（亿t）	周转量（亿t·km）
管道	—	—	0.04	60.60
总计	3.66	448.45	4.74	904.27

注：*为昆明铁路局范围内数据。

1. 铁路

铁路在云南省交通运输中发挥着重要作用，尤其是对外货物运输，目前基本形成了以昆明铁路枢纽为主的客货运输组织模式。2009年，全省铁路完成旅客发送量2477万人，其中昆明枢纽完成旅客发送量1065万人，占全省铁路的43%；昆明铁路客运站每日开往省外旅客列车29对、省内旅客列车42对（其中滇中城市群城际列车8对）。全省货物发送与到达量为9706万t，其中昆明枢纽完成为4950万t，占全省铁路的51%。

受线路能力的限制，近些年云南省铁路客货运输量增长总体相对缓慢。2000年以来，铁路客运量年均增长5.3%，货运量年均增长6.0%。近两三年以来，昆明—曲靖等城际列车的开通，使铁路客运量有了较大的提高。

云南省铁路客运量变化趋势如图9-9所示，货运量变化趋势如图9-10所示。

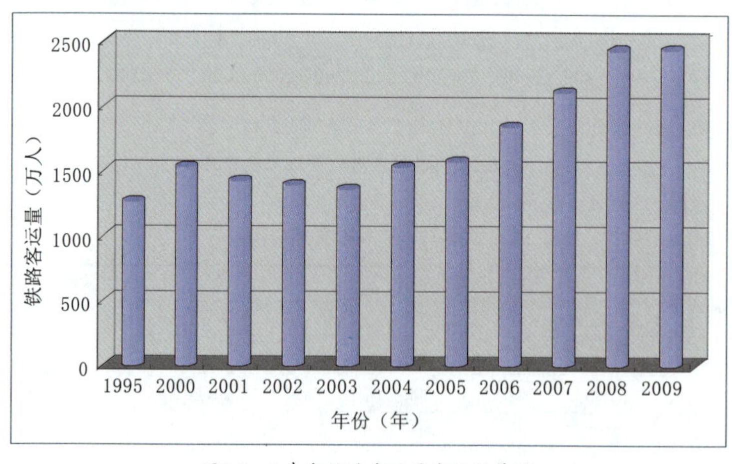

图9-9 云南省铁路客运量变化趋势图

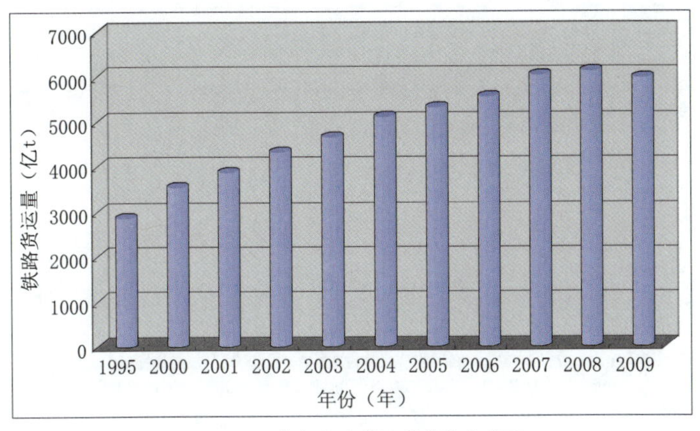

图9-10 云南省铁路货运量变化趋势图

2. 公路

云南省公路客运基本建立了依托高等级公路的省内班线、跨省班线的快速客运网络，城乡客运、农村客运网络覆盖也不断提高。

随着公路基础设施和网络的不断延伸与完善，云南省公路客货运输量也稳步上升。2000年以来，云南省客、货运输周转量年均增速分别为6.5%、5.9%，2009年云南省客运量、客运周转量、货运量、货运周转量分别为3.28亿人次、302.22亿人·km、4.08亿t、496.14亿t·km，客运站平均日发送5.2万班次、旅客发送量56.5万人次左右，货运站全年平均日换算货物吞吐量为1.51万t。

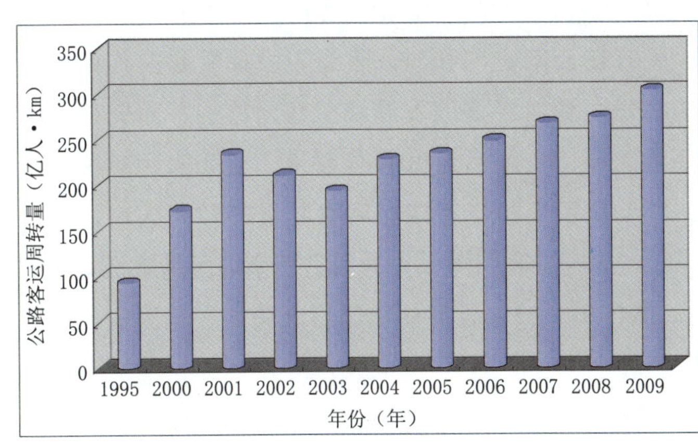

图9-11 云南省公路客运周转量变化趋势图

云南省公路客运周转量变化趋势如图9-11所示，货运周转量变化趋势如图9-12所示。

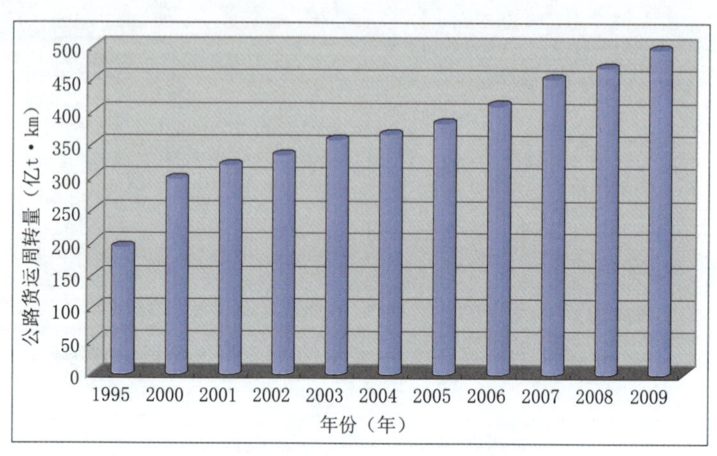

图9-12　云南省公路货运周转量变化趋势图

3. 民航

目前，云南已初步形成了干线+支线的航线网络结构，省内航线以昆明机场为中枢的轮辐式网络结构，省外以及国际航线基本上是以昆明为主向外放射。2009年，云南共有159条国内航线，与72个国内城市连通，涵盖了所有国内省会城市、经济发达城市、重要旅游城市；有24条国际航线，与河内、金边、万象、曼谷、仰光、吉隆坡、新加坡、达卡、加尔各答、加德满都、曼德勒、迪拜、日本、韩国等23个国际（地区）城市连通。

由于地形的原因，民航在云南省内和对外客运中发挥着重要作用，也是我国民航发展较好的省份。随着经济的发展和航线网络的不断完善，云南省航空运输量持续快速增长，自20世纪90年代以来，云南省民航客运量年均增速达17%。2009年云南民用机场完成旅客吞吐量2572万人次，其中国内旅客2479万人，国际和地区旅客93万人，分别占西南地区民航机场旅客吞吐量的34.4%、33.6%、54.7%，云南省民航旅客吞吐总量在全国省份中排第5位。

云南省2000年以来机场旅客、货邮吞吐量见表9-4，其变化趋势分别如图9-13、图9-14所示。

云南省2000年以来机场旅客、货邮吞吐量　　表9-4

年份	旅客吞吐量（万人）				货邮吞吐量（万t）			
	国内	国际	地区	总量	国内	国际	地区	总量
2000年	697	37	16	750	10.36	0.39	0.14	10.88
2001年	805	35	17	856	11.10	0.44	0.16	11.69
2002年	884	39	21	944	12.59	0.52	0.16	13.27
2003年	932	25	15	971	13.91	0.49	0.12	14.51
2004年	1211	37	22	1270	17.21	0.57	0.17	17.95
2005年	1450	51	24	1525	20.14	0.42	0.11	20.67
2006年	1806	61	30	1896	22.54	0.43	0.14	23.10
2007年	2006	69	26	2101	24.05	0.43	0.09	24.57
2008年	1977	63	25	2065	23.63	0.80	0.22	24.65
2009年	2479	65	28	2572	26.25	0.77	0.17	27.20

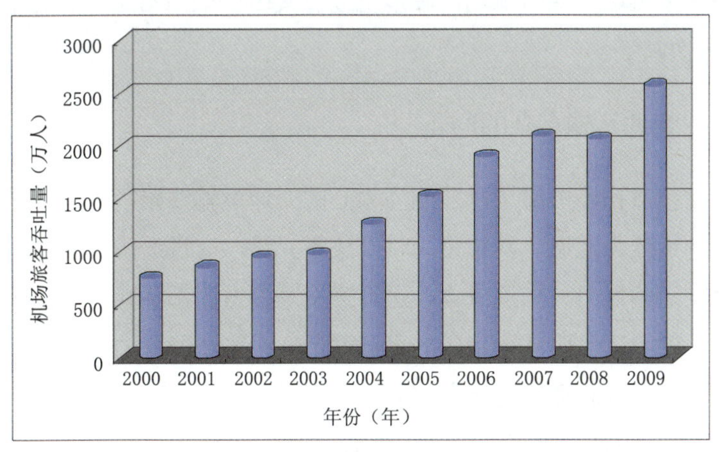

图9-13　2000年以来云南省机场旅客吞吐量变化趋势图

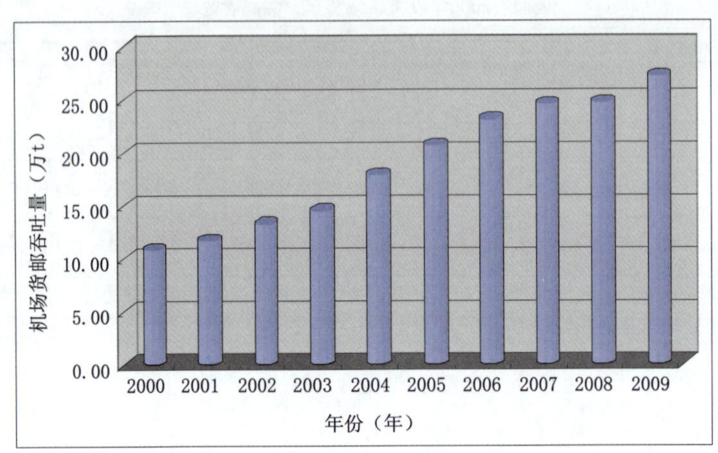

图9-14 2000年以来云南省机场货邮吞吐量变化趋势图

在云南省12个民用机场中，2009年，昆明机场完成旅客吞吐量1894万人次（其中国际和地区旅客78万人次），居全国第7位，丽江机场完成旅客吞吐量230万人次，居全国第38位，西双版纳机场完成旅客吞吐量194万人次，居全国第41位；其余机场旅客吞吐量均在40万人次以下。其中，旅客吞吐量在20万～40万人次的有芒市机场、腾冲机场、迪庆机场、大理机场；在10万～20万人次的有思茅机场、保山机场，临沧机场；文山机场和昭通机场的旅客吞吐量均在6万人次以下。

（三）交通运输存在的问题

云南省虽然初步形成了以昆明为中心的交通运输线路，但是都未形成大能力、快捷的运输大通道，网络空间格局还不完善，交通运输“瓶颈”制约仍然比较严重，运输能力、物流成本、运行速度等各方面都不能有效满足进出省运输的需要，制约了昆明和云南省的经济发展能力和资源潜力的发挥。目前，云南省交通基础设施和运输网络主要存在以下问题：

1. 对内、对外通道尚未形成较完善的布局形态

一是既有对外通道基本上还是“末梢型”布局形态，还尚未建成通达国

内、国际的“链接型”格局形态。云南省与东南亚、南亚之间以及通往印度洋的大通道尚未建成，规划通往印度洋、缅甸、印度方向铁路、高等级公路国内段还尚未全线建成，铁路仅与越南间有旧式的米轨铁路连接，与老挝、缅甸、印度的铁路网尚未形成连接，而且由于境外铁路、公路技术标准很低，均无法形成大容量、快速通道。

二是尚未形成完善的与国内连接的进出省通道布局。与国内省市之间虽然有4条铁路、3条高速公路，能够通往广西、贵州、四川等方向，但都是单一通道，间隔大、覆盖密度低，至重庆方向、西藏方向尚未有铁路、高速公路相通。

三是省内铁路、高等级公路以及民航航线等干线通道网络基本都是以昆明为中心向外放射，各州市之间缺少相互直通的干线通道。

2. 技术等级低，尚未形成大能力、快捷的运输大通道

现有铁路基本为单线，复线里程仅158km，复线率为6.4%；线路技术等级不高，运行速度慢，能力严重不足。在既有通道中，仅有贵昆铁路昆明—曲靖段为双线，成昆线、南昆线、内昆线均为单线铁路，昆河铁路为单线窄轨铁路，由于这些单线铁路都穿越重山区，建设时间早，受线路坡度、曲线半径等影响，线路能力小、运行速度慢，每年有大量的货物无法通过铁路运出，据有关部门反映，仅能满足25%～30%；客运尤其是在速度方面的满足度极低，到目前为止，规划的客运专线和快速铁路都未建成通车。多条与省外连接的高速公路，如G85重庆至昆明、G65杭州至瑞丽、G78汕头至昆明等均未在省内全线贯通，而且通道中的国省道相当部分路段技术等级较低。全省二级及二级以上公路里程仅占公路总里程的3.94%，国省干线公路中低等级公路占有相当的比重。

3. 干线密度低，覆盖面不足

目前全省仍有怒江州和38个县未通高等级公路；乡镇公路通达率为95.81%，通畅率为69.75%；建制村公路通达率为85.45%，通畅率为19.1%。

4. 交通投资大、建设成本高，自身发展能力弱

云南省以山区为主，地形地质条件复杂，交通基础设施建设难度大、工程造价高；云南省经济欠发达，129个县（区）有73个属国家级贫困县，地方财力薄弱，可用于交通建设资金十分有限。随着交通基础设施建设的快速发展，全省交通建设负债呈现过快增长，自我发展能力严重不足。

第三节　云南省未来交通运输发展规划

全国性的综合以及各种运输方式的交通规划均包括云南省的铁路、公路、机场、内河以及对内对外通道和枢纽布局建设等，云南省各时期也编制有各种专项或综合性的交通规划。在对国家、云南省现有各类交通规划进行梳理的基础上，课题组也根据云南省的交通现状和新的区位、经济社会发展的要求，提出了一些对规划的看法和建议。

（一）运输通道网络布局规划

1. 国家层面有关通道线路规划

在《中长期铁路网规划(2008年调整)》中，昆明—贵阳—长沙—杭州是“四纵四横”全国性客运专线的重要一横，中老通道昆明—景洪—磨憨段、中缅通道大理—瑞丽段以及中越通道昆明—河口段是规划修建的西南进出境国际铁路通道，大理—香格里拉是滇藏铁路通道，重庆—昆明、昭通—攀枝花—丽江、昆明—百色等是完善西部地区铁路网的重要线路。

在《国家高速公路网规划》中，云南省有六条国家高速公路和两条国家高速公路联络线，分别是G5北京至昆明高速公路、G85重庆至昆明高速公路、G56杭州至瑞丽高速公路、G60上海至昆明高速公路、G78汕头至昆明高速公路、G80广州至昆明高速公路以及G5611大理至丽江、G8011开元至河口高速公路。

2. 云南省相关通道网络总体规划

在已有交通运输线路和国家层面相关规划的基础上，云南省根据自身的区位和空间结构，以适应经济社会发展和对内对外开放的需要，提出了相关补充项目，并被列入了国家相关部门的相应规划。

铁路规划提出“八入滇、四出境”的网络布局（图9-15）。“八入滇”为云桂铁路、南昆铁路、贵昆铁路（包括沪昆铁路客运专线）、成贵铁路、渝昆铁路、内昆铁路、成昆铁路、滇藏铁路；“四出境”为中越铁路、中老泰铁路、中缅铁路、经缅甸至南亚铁路通道。规划到2015年，全省铁路营业里程达到4700km，其中复线里程约1000km，快速客运线网700km；到2020年，全省铁路网规模达8000km以上，快速客运线网规模接近3000km。

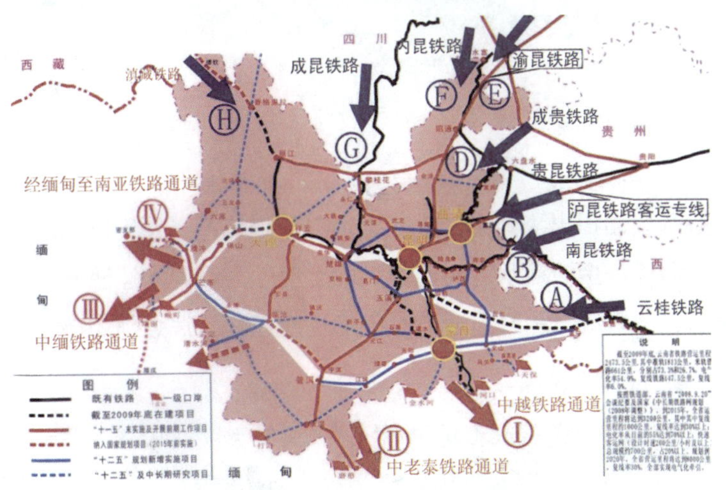

图9-15 云南省铁路网规划布局示意图

公路规划提出“七入滇、四出境”对外通道布局（图9-16）。其中“七入滇”为G80广州至昆明高速公路、G78汕头至昆明高速公路、G60上海至昆明高速公路、G56杭州至瑞丽高速公路、G85重庆至昆明高速公路、G5北京至昆明高速公路、滇藏公路；“四出境”为昆明经保山至缅甸到南亚公路、昆明至瑞丽至缅甸公路（昆明至孟定清水河高速公路）、昆明至磨憨至老挝到曼谷公路、昆明至河口至越南河内公路。规划到2015年，公路里程达23万km，其中高速公路里程达5000km；到2020年，公路总里程达25万km，高等级干线公路网规模达到3万km左右。

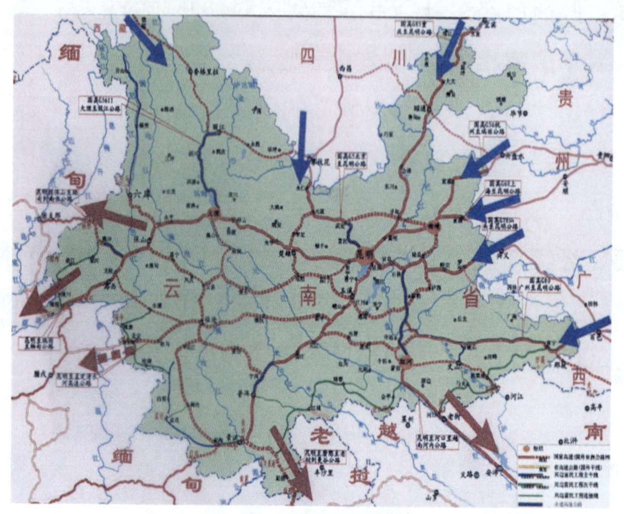

图9-16　云南省公路网规划布局示意图

内河航运规划提出“两出省、三出境”通道布局（图9-17）。“两出省”为右江水运通道、金沙江水运通道；“三出境”为红河水运通道、澜沧江—湄公河水运通道、中缅陆水联运通道（伊洛瓦底江）。规划到2015年，水运通航里程达5000km。

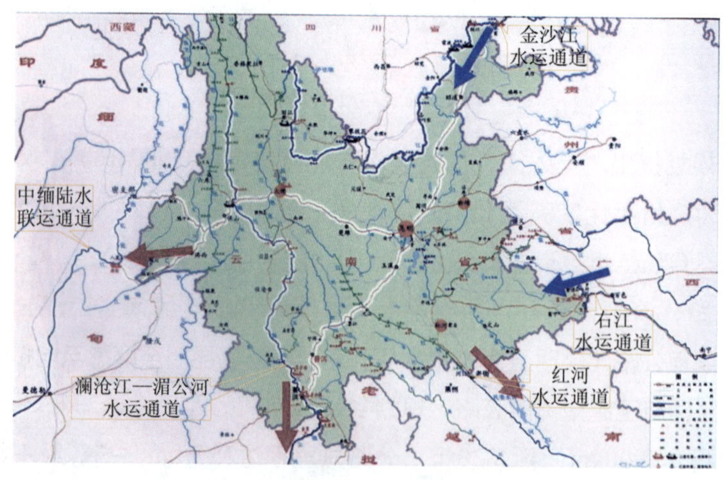

图9-17　云南省水运通道规划示意图

在大方向上形成“四进四出”的综合运输大通道布局。“四进”为环渤海地区北京、成都方向（环渤海、北京方向，目前实际上主要是从贵阳方向进出——作者注），二连浩特、重庆方向，长三角地区上海、贵阳方向，珠三角地区广州、南宁方向进入；“四出”为经缅甸至南亚通道、中缅通道、中老泰通道、中越通道出境[1]。

3．云南省通道网络结构总体概述

云南省作为我国向西南开放的重要桥头堡，对外通道不仅为云南省服务，更要为全国服务，因此，要从全国角度来看待形成的国际运输通道，云南省处于这些国际通道我国连接境外的前沿。根据目前已建成、在建、规划建设的通道项目，在云南省将构建形成我国连接东南亚和南亚的“两横两纵”格局的四大陆路进出境通道，它们分别为：环渤海、长江三角洲—贵州贵阳—云南昆明—缅甸印度洋港口，珠江三角洲—广西南宁—云南蒙自—猴桥—印度（近期主要是经广西南宁—云南昆明—猴桥），包头、西安—重庆—云南昆明—老挝—泰国—新加坡，西北地区—四川成都—云南昆明—越南河内—柬埔寨。

国家面向西南开放的大通道构成了前沿桥头堡云南省的主骨架通道网络，再加上国家和云南省规划的滇藏通道、丽江—攀枝花—昭通—毕节通道，基本构成了覆盖云南全省、比较完整的通道网络形态，即“三横三纵一斜线”构架，五大陆路进出境国际通道口。

（1）“三横”分别为：贵阳—昆明—大理—瑞丽—缅甸皎漂港、南宁—蒙自—猴桥—印度、丽江—攀枝花—昭通—毕节。

（2）“三纵”分别为：重庆—昆明—磨憨—老挝、成都—昆明—河口—越南、西藏—丽江—大理—祥云—清水河—缅甸。其中，祥云—清水河—缅甸为昆明至印度洋出海大通道而修建的连接缅甸路网的国际通道，以使昆明至印度洋出海大通道为相对独立的运营通道。

[1] 云南省发改委《云南综合交通体系和通信建设情况》。

（3）“一斜线”为：昆明—南宁。

4．云南省民航机场、航线网络规划

云南省机场规划建成以昆明国际机场为核心，干线、支线机场合理布局、规模适当、功能完备的机场网络。力争2011年年底建成昆明新机场；2010年和“十二五”期间，新建红河机场、泸沽湖机场、怒江机场、沧源机场、德钦机场，改造腾冲机场，迁建普洱机场、昭通机场；研究澜沧、景东、广南、镇雄、会泽、元谋、勐腊、罗平等机场的规划建设。到2015年全省机场数量争取达15个，2020年达18个[1]。

云南省在航线网络方面，积极开辟新航线，提高航线密度，形成以昆明国际机场为主、其他干线国际机场为补充的直飞东南亚、南亚、中东、欧洲、澳洲、美洲等国家主要城市的国际航线网络；加密国内航线网络，增加干线机场的国内点对点直飞航线；完善省内航线网络结构，在中枢轮辐式航线网络为主的模式下，增加支线机场的点对点航线、航班，紧密支线与干线航线、航班的衔接，适时开通昆明至西双版纳、丽江、大理、香格里拉的“空中巴士”航线。

5．干线油气管道规划建设

中缅油气管道也是云南省运输通道的重要组成部分，原油、天然气管道设计年输油能力2200万t、天然气120亿m^3。该油气管道线路走向与印度洋大通道基本一致，均起于缅甸皎漂港，经曼德勒，从云南瑞丽进入我国。入境后，经过昆明，在贵州安顺实现油气管道分离，输油管道经贵州到达重庆，输气管道经贵州到达广西（图9-18）。在缅甸境内，原油管道长771km，天然气管道长793km；国内段原油管道干线长1631km，天然气管道1727km。

中缅油气管道均已开始建设，与之相匹配的皎漂港30万t级原油码头同时在建，均将于2013年建成。

[1] 云南省发改委《云南综合交通体系和通信建设情况》。

图9-18 中缅油气管道走向示意图

（二）交通运输枢纽布局规划

1. 云南省交通运输枢纽相关规划

（1）在1992年交通部《全国公路主枢纽布局规划》中，昆明是全国45个公路主枢纽之一。

（2）在2007年交通部《国家公路运输枢纽布局规划》中，云南省昆明、曲靖、大理、景洪、河口、瑞丽6个城市被规划为国家公路运输枢纽城市。

（3）在国务院原则通过的2007年国家发展和改革委《综合交通网中长期发展规划》中，昆明为42个全国性综合交通枢纽（节点城市）之一。

（4）在云南省交通发展相关规划中，将昆明、曲靖、蒙自、大理规划为四大区域性枢纽。

2. 对云南省交通运输枢纽布局和层次划分建议

1）成为交通运输枢纽城市的基本条件

尽管交通枢纽与运输枢纽有区别（见第二章），但作为枢纽城市必须具备一定的条件，否则会与节点相混淆。枢纽城市需要具备以下基本条件和功能。

（1）多条通道汇集的城市或干线通道的终端城市。

（2）具有通道交通转换衔接、客货流中转的功能或通道终端运输组织的功能。

（3）具有一定范围内的区域中心性，是区域的客货流主要集散和中转中心、交通运输信息中心，不仅服务于本地区，也服务辐射于周边城市和地区。

（4）具有相应规模的交通流量、客货流生成量和汇集量。

2）枢纽的层级划分

枢纽因在网络中所处的节点位置、担负的功能作用、服务辐射的范围、承担的作业量和客货运输量规模等的不同，在地位上存在着层级差异。有全国路网性枢纽、省级枢纽、地区性枢纽，有重要枢纽、次要枢纽、一般性枢纽之区别。云南省交通网络布局、城市发展、经济和人口分布很不均衡，各城市差异很大，因此，不宜将所规划的枢纽城市作为同一层级看待。

3）云南省枢纽布局和层次划分建议

根据云南省未来交通运输网络布局结构和各城市在全省经济社会发展、交通网络节点中的功能作用，可规划昆明、大理、蒙自、景洪、瑞丽等五个城市为交通运输枢纽城市，其中昆明为国家和省级重要交通运输枢纽城市，大理为省级次重要交通运输枢纽城市，蒙自、景洪、瑞丽为省级沿边口岸交通运输枢纽城市。曲靖、玉溪等都是通道上的一个比较大的节点，并不担负通道汇集和客货运输中转的功能，并不能算是一个枢纽城市，随着滇中城市群的一体化，它们都应属于昆明大枢纽的范围和范畴，在大枢纽内形成各组成区域的便捷连接。

（1）昆明：国家和省级重要交通运输枢纽城市，国家交通运输网络的重要结点、省内交通运输网络的中心、云南国际通道与国内通道的主要链接点，担负省内、进出省、国际客货运输到发集散、中转等任务。

（2）大理：省级次重要交通运输枢纽城市，云南省西部主要城市和交通网络的重要结点枢纽，有印度洋通道、滇缅通道、滇藏通道汇集，主要担负本地省内和部分国内直达运输以及丽江方向、瑞丽方向的客货运输中转和通过运输。

（3）蒙自：省级沿边口岸交通运输枢纽城市，河口口岸进出境交通运输转换依托的主要城市，有昆明至河口通道和规划的环沿边通道汇集，主要担负本地省内运输、河口口岸进出境运输以及进出境运输的换装/换卸、仓储等。

（4）景洪：省级沿边口岸交通运输枢纽城市，磨憨口岸进出境交通运输转换依托的主要城市，有昆明至老挝通道和规划的环沿边通道汇集，主要担负本地省内运输、磨憨口岸进出境运输以及进出境运输的换装/换卸、仓储等。

（5）瑞丽：省级沿边口岸交通运输枢纽城市，中缅重要口岸—瑞丽口岸进出境交通运输转换依托的主要城市，西部开发重点推动的沿边开发开放试验区，我国至印度洋大通道重要前沿节点，主要担负本地省内运输、印度洋大通道通过运输、瑞丽口岸进出境运输以及进出境运输的换装/换卸、仓储等。

（主要执笔人：程世东）

第十章

滇中城市群经济社会和交通发展状况

内容提要：滇中城市群是云南省经济社会发展的核心体，是云南省承接产业转移、加强对内对外开放的最具有基础和竞争力的区域，目前整体体量和发展水平以及交通网络布局还有较大差距。发挥优势、加快一体化建设发展、提升整体发展能力和竞争力是各城市未来的发展方向和制定规划的重要思想。

第一节 滇中城市群在全国和云南省中的地位

滇中城市群是指云南中部以昆明为核心，半径为150～200km，包括曲靖市、玉溪市和楚雄彝族自治州4个州市组成的行政辖区，是城市间功能不断聚集、运作不断协同、一体化格局日益突出的城市集群。

当工业化发展到一定阶段，城市群作为城市化的高级形态，成为区域经济发展的主要引擎，是区域重点开发建设和区域协调发展的主要内容。改革开放以来，区域经济圈和城市群的发展对促进我国的经济发展起到了积极的引导作用，在人口集聚、规模化产业布局和产业集群、技术进步与技术创新、国际竞争力提高、节约资源等方面产生了巨大的经济与社会效益，国家支持和鼓励区域经济圈和城市群发展的政策导向在不断加强。党的十七大报告中提出了要“突破行政区划界限，形成若干带动力强、联系紧密的经济圈和经济带”、“以增强综合承载能力为重点，以特大城市为依托，形成辐射作用大的城市群，培育新的经济增长极”，进一步明确了我国区域经济发展的方向，强调了城市群发展的重要性。滇中城市群是正在发育和快速发展的我国主要城市群之一。

（一）在国家城市化发展中的地位

滇中城市群位于云南省中部，处于全国“两横三纵”城市化战略格局包头至昆明一纵的南端（图10-1），以及“9＋2”泛珠三角经济区和“10＋1”中国—东盟自由贸易区的交汇处，是我国向西南开放重要桥头堡的主要依托区域，西部人口集聚区、产业基地，承接东部产业转移的重要城市群地区。

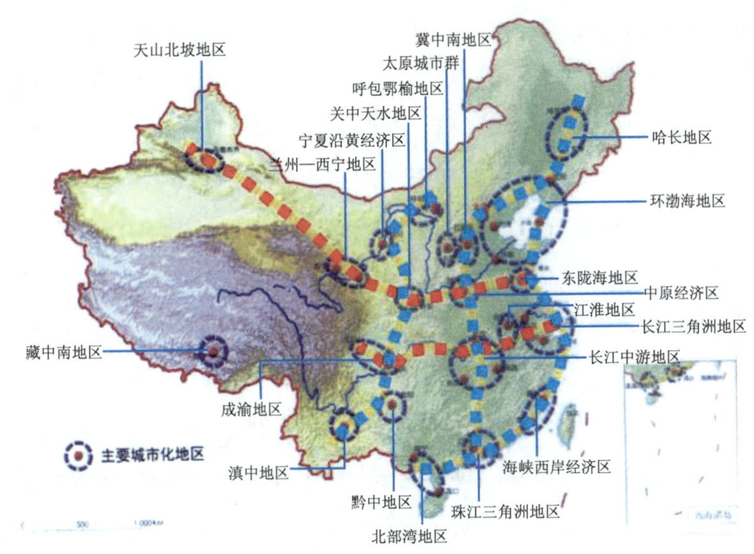

图10-1　在国家“两横三纵”城市化战略格局中的位置

随着经济全球化和区域经济一体化的深入发展，我国从国家战略层面更加重视深化与周边国家的交流与合作。滇中城市群处在我国内陆和东南亚、南亚的结合部，界于东南亚和南亚次区域市场之间，区位优势独特而突出，随着中国—东盟自由贸易区、大湄公河和孟中印缅等区域合作的推进，滇中城市群从我国对外开放的末端转变成为对外开放的前沿，中国连接太平洋、印度洋的陆上枢纽，对促进我国东西互动、海陆并进的完整开放格局形成具有十分重要的战略意义。在国家“深化沿海开放、加快内地开放、提升沿边开放”战略的实施中，将成为能更有能力带动中国西部沿边经济社会发展的重要增长极，以及国际化经济开放的示范区域。

在面向东南亚、南亚开放的云南桥头堡建设中，滇中城市群将是最核心和主要的依托，是桥头堡的要素集聚区、国际交往中心以及人流、物流、信息流集聚与扩散的中心枢纽。

（二）在云南经济社会发展中的地位

滇中城市群是云南省经济最发达、基础设施水平最先进、发展速度最快、继续开发前景最好的地区，是云南省经济社会发展的核心区和云南发展的重要引擎，是带动云南省发展的增长极。与我国东、中部比较，云南的整体发展水平相对比较落后。然而，滇中城市群的发展水平远远高于云南其他地区，接近于我国中部地区的平均水平，局部区域已接近沿海发达地区的水平。

以昆明为中心的滇中城市群是云南省社会经济发展的核心区域，总面积94558km^2，占全省国土面积的24%。2009年滇中城市群地区生产总值达到3696.75亿元，在全省比重达到59.92%；人均GDP21636.13元，高于全省平均水平8097.14元；财政收入占全省财政收入的49.3%；滇中城市群人口1708.60万人，占全省人口的37.38%，具体见表10-1。2008年滇中地区城镇人口727.7万人，城镇化率达到42.84%，远高于全省平均城镇化率33%的水平，接近2008年全国平均城镇化率45.68%。各类主要经济社会指标均较大幅度地高于全省平均水平。

滇中城市群2009年基础数据指标表　　表10-1

地　区	人口（万人）	GDP（亿元）	人均GDP（元）	面积（km^2）	至昆明公路里程（km）
全省	4571	6169.75	13539	394000	—
昆明市	628	1837.46	29355	21111	—
曲靖市	581.8	870.94	14970	20004	130
玉溪市	228.7	644.4	28245	15205	86
楚雄州	270.1	343.95	12758	29258	160

续上表

地　区	人口（万人）	GDP（亿元）	人均GDP（元）	面积（km^2）	至昆明公路里程（km）
合计/平均	1708.6	3696.75	21636.13	94558	125
占全省(%)	37.38	59.92	—	24	—

主要数据来源：《2010云南统计年鉴》。

滇中四城市是云南省基础条件最好、发展最快、综合实力最强的区域，滇中各城市在发展空间、资源、产业等方面具有互补性。空间方面，中心城市昆明在集聚要素的同时向群中其他区域的溢出效应不断增强，城市化地区不断扩展和延伸，经济产业走廊逐步形成，正朝着空间布局一体化方向加快发展；资源方面，昆明有磷，曲靖有煤、铁，楚雄有盐，玉溪有有色金属；产业方面，昆明有高新技术、装备制造、医药等产业，曲靖的优势为煤炭、化工、电力，玉溪的烟草配套，楚雄在天然医药、畜牧产业的实力等；在基础设施方面，该区域的交通、通信、供电等基础设施不断加强和完善，为滇中城市经济圈发展创造了较有利的基础条件。滇中城市自身实力的增强，不仅为滇中城市经济圈吸引外资和承接产业梯度转移赢得了契机，也为滇中城市经济圈的合作共建创造了良好基础条件。

云南省的“十二五”规划提出将滇中城市经济圈培育成为全省加快发展的引擎和区域协调发展的重要支撑点，成为我国向西南开放桥头堡的核心区域、西部区域性经济中心、支撑全国经济的重要增长极。

根据区域经济非均衡发展的理论，优先发展滇中城市群，借助其形成的集聚和规模效应以及辐射作用，最终带动全省经济的整体快速发展是云南省增强经济发展能力、缩小与国内外发达地区差距的重要途径。云南省不仅总体经济和城市化水平比较低，而且省内各地州市的发展水平也很不均衡，经济和城市化发展水平较高的地区是滇中城市群及其周边地区。滇中城市群是云南省开展与我国珠三角地区等发达地区国内合作以及面向东南亚、南亚等区域国际经济合作和各种交流的最主要支撑体和基地。加快滇中城市群的发展、壮大经济体量和产业规模、提升承接能力和发展能力是云南省参与国内、国际区域经济合作与竞争的重要基础，是辐射带动全省经济社会发展的重要根本。

云南省空间开发战略布局如图10-2所示。

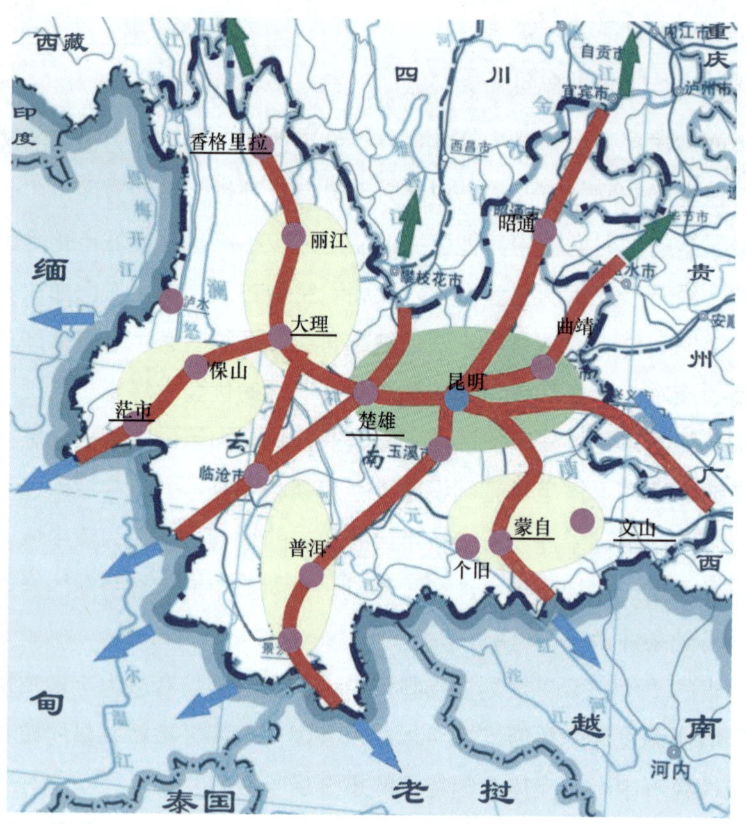

图10-2　云南省空间开发战略布局示意图

第二节 滇中城市群各城市经济社会基本现状与未来发展

随着滇中城市圈区域一体化和优势互补整体发展战略的提出与逐步实施，围绕空间布局和产业发展，滇中各城市结合自身的优势，分别提出了各自的发展目标，以实现区域产业、功能分工。昆明作为省会、全省唯一的特大城市，将自己定位为滇中城市经济圈的核心和“领头羊”当仁不让，其目标是通过10年、20年的发展，建设成为区域性国际城市。曲靖市“十二五”规划提出，打造滇中经济圈中的珠江源大城市，推动滇中城市经济与珠江源城市经济的协调发展。玉溪将打造滇中后花园，以加快昆玉一体化进程为目标，整合区域内资源，优化产业布局，构建世界级的烟草产业基地、花卉基地、科技创新基地、康体休闲旅游基地以及最适宜居住地。楚雄提出建设滇中特色大城市，着力建设滇中物流枢纽，依托环昆经济圈，积极融入滇中城市群发展。

（一）昆明市

昆明市是云南省省会、经济中心城市、单极龙头，它是云南省政治、经济、文化、科技、交通中心，是我国重要的旅游、商贸城市和西部地区重要的中心城市，是集竞争力、发展力、辐射力、带动力于一体的核心和“龙头”城市，对云南省及周边国家和地区的经济发展具有重要的辐射作用。

改革开放以来，尤其是近十年，昆明市国民经济持续较快发展。目前，昆明市在省内各方面具有很高的首位度，其面积占云南全省的5.3%，人口占全省的13.7%，2009年地区生产总值为1808.65亿元，占全省的29.3%，人均GDP为28894元，是全省人均GDP的2.13倍，比全国的平均水平略高，达到工业化发展的中期水平；零售商品总额864.61亿元，占全省的42.2%；进出口贸易总额56.30亿美元，占全省的70.2%；城镇化率达到61%；固定资产占全省1/3以上，贷款总额占60.8%；全市接待旅游者3115万人次（其中海外旅游者77.8万人次，居全国第16位）、旅游总收入226亿元，分别占全省24.8%和27.9%。此外，昆明还集中了全省大部分科研技术力量、金融机构、工业企业和高等院校，是滇中城市经济圈人流、物流、信息流的中枢，产业发展的引擎和人才供给的储备库。

在城市品质和城乡统筹发展方面迈上了一个新台阶。一是加强中心城区和城镇建设。重视城市基础设施建设，城市功能不断完善、布局不断优化，提升城市发展环境，增强城市综合实力。中心城区以金融、商贸、物流为依托，大力发展现代服务业，未来将建成中央商务区；加快呈贡新区建设，承接老城区功能转移。目前，主城区面积达到360km^2、人口达到360万人，全面推进“四创两争”，荣获“国家园林城市”、“全国绿化模范城市”等称号。二是推进了全市域的城镇化。实施“新城镇建设行动”，集中力量打造一批重点镇、示范镇、特色镇，承接主城功能转移，促进工业的集聚发展，培育特色旅游服务发展，承担地区性发展中心的职能。三是深入开展城乡统筹发展。推进城乡规划、市场、基础设施、公共服务的一体化。依托中心城和市域其他城镇，促进城镇化和新农村建设互促并进，统筹土地开发利用，增强区域发展一体化、协调化。加快打造以倘甸片区为核心的区域增长极，把倘甸片区建设成为科学发展的样板区、新型产业的集中区、宜居城市的新兴区、城乡统筹的示范区、改革开放的先行区和北部崛起的引领区。

在产业发展方面，形成了卷烟、机电、生物资源、信息、商贸旅游等五大支柱产业，综合经济实力进入西部地区先进行列。一是农业持续、稳定、协调发展，现代化程度提高，结构调整成效明显；农业龙头企业发展迅速，培育了一批农产品品牌；农业服务体系得到了完善。二是工业形成了以机械、冶金、烟草加工等为主的体系，是云南省的工业基地和西南地区重要的工业城市。开发区与工业园区的规划建设得到加强，形成北部的高新技术开发区、东部的经济技术开发区、西部的安宁工业园、南部的晋宁工业园区等；扶持了一批骨干企业，培育了知名工业品牌。三是第三产业在国民经济中的比重日益增大，商贸、旅游、信息、现代服务业快速发展，对全市经济社会的发展起到了重要的带动作用和促进作用。 四是科技创新能力更上水平，建立了以企业为主体的自主创新体系，现代教育事业也得到了迅速发展。

在扩大对外开放方面，积极贯彻“走出去”、“引进来”的发展战略，加大对内对外的开放与合作力度，国际化程度逐步提高，初步形成了“全方位、多层次、宽领域”的对外开放格局。一是对外贸易经济合作得到了进一步拓展，2009年昆明的进出口贸易总额为56.3亿美元，占云南省的70.2%；二是利用外资规模不断提高，2009年利用外商直接投资达到了6.32亿美元，占云南省的69.45%；三是对外技术、交通、通信、旅游、农业、教育、金融等合作都得到了较为明显的发展，区域合作发展前景广阔。

但是，昆明仍然属于西部不够发达的城市，综合经济实力不强，与中东部发达地区甚至西部的成渝地区相比，存在着较大的差距。2008年经济总量在全国省会城市中排名第17位，在全国城市中居第54位[1]，在经济发展中的辐射能力还较弱。一是昆明的不均衡发展较为突出，禄劝、东川等北部县与城区之间差距过大。二是昆明的经济发展依赖单一行业的特征明显，资源型产业核心竞争力较强，高新技术与新兴产业核心竞争力较弱。2009年，全年工业企业增加值为632.36亿元，其中全年规模以上工业中，属于支柱产业的烟草工业实现增加值163.30亿元，冶金工业实现增加值72.04亿元。三是经济外向度仍然较低，2009年进出口总额占GDP的比重仅为34%，大大低于全国平均60%多的水平，出口主要是以资源型、低附加值产品为主，结构单一，利用外资的项目规模较小、投资的技术层次偏低。

在现有的基础和条件下，未来昆明市需要把握新一轮西部大开发、两强一堡建设等重大机遇，以提高城市综合竞争力为核心，全面推进新型工业化、信息化、国际化，精心打造经济中心、文化名城、山水之都，把昆明建设成为全省绿色经济强省龙头、民族文化强省枢纽、我国向西南开放的国际化门户和重要桥头堡城市，将昆明发展成为带动全省、辐射我国西南地区、影响东南亚南亚现代化的区域性国际城市。昆明作为云南省和滇中城市群具有发展首位度、产业支撑度、经济集中度、文化多维度、社会集聚度的单极特大城市，在我国面向东南亚、南亚区域合作中发挥着核心的对外辐射带动作用，未来需要建设成为区域性国际综合交通枢纽、通信枢纽，区域性的经济中心、金融中心、科教中心。昆明市也是云南省面向“泛珠三角区域”及我

[1] 昆明市经济社会发展战略（2010～2015）研究总报告。

国中部、东部实现对内连接的核心城市，需要进一步提升自身实力，承接东部产业转移。

（二）曲靖市

曲靖市位于昆明市东部，全市总面积2.89万km^2，辖1区（麒麟区）、1市（宣威市）、7县（沾益、马龙、会泽、富源、陆良、师宗、罗平），共115个乡镇（街道）、1478个村委会、121个社区。2009年总人口581.8万人，其中非农业人口68.2万人，是滇中城市群中的第二大城市，是云南省经济社会相对发达的地级市之一。中心城市所在地麒麟区西距昆明市130km，东距贵州省会城市贵阳市489km。

2009年全市实现生产总值870.94亿元，人均GDP达到14970元，一、二、三产业结构为18：52：30。2009年城镇化率达到34.8%，城镇居民人均可支配收入达14104.5元，2008年～2009年财政一般预算收入63亿元。2009年曲靖进出口贸易总额达到1.52亿美元。

曲靖地区资源条件好、工业门类齐全、基础雄厚，具有较强发展潜力，其综合经济能力仅次于昆明。曲靖拥有丰富的矿产资源，蕴藏着诸如煤、铅、锌、铜等十余种宝藏，其中煤、铅、锌等矿产较为丰富，曲靖还是云南最大的煤炭基地。曲靖现已基本形成了以能源、烟草、化工、冶金、装备制造、特色农业为支柱的产业集群。曲靖不仅工业优势凸显，而且农业优势也很明显，根据各地土地资源、技术、市场等优势，优化特色农业产业布局，目前基本形成了烤烟、优质稻米、专用玉米、优质油菜等农业生产区。曲靖具有典型的二元经济结构，现代工业与传统农业并存、相对发达的城市（镇）与较为落后的农村并存，这在云南乃至西部地区具有相当的代表性。

根据《云南省滇中城市经济圈区域协调发展规划》，未来曲靖的定位是以构建珠江源大城市为目标，拓展对周边地区的辐射、带动作用，使曲靖成为全国重要的集生产、加工、贸易、科研为一体的重化工和有色冶金基地；承接黔桂川与东盟自由贸易区的物资集结和运输的枢纽。

（三）玉溪市

玉溪市位于云南省中部，东北和北面接昆明市，总面积15285km^2，下辖八县一区（红塔区、江川县、通海县、峨山县、华宁县、澄江县、新平县、易门县、元江县），中心城区距离昆明市88km。2009年全市年末常住人口为228.7万人，非农业人口为38.9万人。

2009年全市完成现价生产总值（GDP）644.4亿元，比全国增长8.7%高3.1个百分点，比全省增长12.1%低0.3个百分点。全市人均生产总值28245元，三次产业结构为10.4：61.0：28.6。2009年全市财政总收入完成260.1亿元，增长10%。全年实现社会消费品零售总额115.4亿元，增长21.6%。全市城镇居民人均可支配收入14741元，比上年增加1477元，增长11.1%；全市城镇居民家庭每100户拥有汽车17.5辆，比上年增加3.3辆；全市农民人均纯收入5119元，比上年增加358元，增长7.5%。全市积极推进城市化战略，城市化进程进一步加快，年末全市城市化水平达37%。2009年玉溪进出口贸易总额达到1.56亿美元。

玉溪有丰富的矿产资源，已探明主要矿产资源20多种，其中铁、铜、磷、镍、钴5种优势矿产的潜在经济价值在1650亿元以上，铁矿、铜、镍、钴资源储量位居全省第一位，镍金属储量还是全国第二大矿床，磷矿资源储量居全省第三。玉溪还有丰富的生物资源，农耕水平享有盛誉，被誉为“滇中粮仓”。烟草产业对全市经济增长的支撑作用明显。卷烟生产和销售实现增加值245.5亿元，增长10.8%，占全市GDP的比重为38.2%。

根据《云南省滇中城市经济圈区域协调发展规划》，玉溪未来的定位是以加快昆玉一体化进程为目标，整合区域内资源，优化产业布局，推进两城交通公交化，逐步由通信、金融两城一地向一体化迈进，构建世界级的烟草产业基地、蔬菜花卉基地、科技创新基地、康体休闲旅游基地，发展面向东南亚、南亚的五金机电、铸造、装备制造和现代物流等产业以及最适宜居住地。

（四）楚雄州

楚雄彝族自治州位于云南省中北部的滇中腹地，东靠昆明，南临玉溪、思茅，西接大理，北依四川省的凉山州和攀枝花市；全州总面积29258km^2。辖楚雄市和双柏、牟定、南华、姚安、大姚、永仁、元谋、武定、禄丰9县，103个乡（镇）。居住有彝、苗、傣、白、回、哈尼、傈僳等26个少数民族。2009年年末全州常住人口270.1万人，非农业人口为39.2万人。

2009年全州生产总值（GDP）342.35亿元，按常住人口计算的人均GDP为12701元。2009年三次产业结构为23.7：40.3：36.0，第一产业增加值80.78亿元，增长5.8%，拉动经济增长1.3个百分点；第二产业增加值142.52亿元，增长14.1%，拉动经济增长5.9个百分点；第三产业增加值119.06亿元，增长14.2%。全年财政收入25.58亿元。全年社会消费品零售总额109.7亿元，比上年增长21.4%。全年农村居民人均纯收入3511元，比上年增加401元，增长12.9%；城镇居民人均可支配收入14319元，比上年增加1288元，增长9.9%。2009年进出口贸易总额仅为0.64亿美元。

楚雄州境内多山，山区、半山区占总面积的90%以上，有“九分山水一分坝”之称，气候温和，资源丰富，民族特色鲜明。烤烟、卷烟、丝绸等地方产品独具特色，有铜、铁、煤、盐等矿产的采选和冶炼企业。但楚雄作为滇中整体实力较弱的州市，工业基础相对薄弱，农业在地区生产总值中所占比重是滇中城市群中最高的。楚雄州需要立足于资源优势，大力发展具有自身特色的产业（天然药业、绿色食品业、特色旅游业等），与滇中城市群其他城市形成良好的产业互补，实现产业互动，加快产业聚集，增强辐射能力，努力打造云南省重要的特色产业城市。

根据《云南省滇中城市经济圈区域协调发展规划》，楚雄的定位是以加强和提升城市聚集力为目标，加快发展生物产业，建设全省重要的绿色产业基地、冶金化工基地、生物质能源基地、轻工业基地、民族文化旅游产业基地以及承接产业转移和出口加工基地，形成并发挥联动滇中、滇西的重要功能作用。

第三节 滇中城市群各城市交通运输基本现状

改革开放以来，滇中城市群的交通运输保持较快的发展速度，在基础设施建设、运输能力供给、服务水平提高等方面取得了巨大成就，已基本形成公路、水运、铁路、航空等多种运输方式相结合的综合交通网。各城市中，区域路网中心的昆明市的内外交通相对较为发达。

（一）昆明市

昆明既是云南省行政中心，也是云南省的交通运输网络中心，全省对外的主要通道基本上都接入昆明枢纽，省内主要通道也基本上是以昆明为核心向各地州市放射，是云南省交通最为发达的地区，代表了云南省交通的最高水平。

1. 交通基础设施

1）铁路

昆明的铁路线网环滇池呈半环五射的格局。中轴线、昆阳线与王家营线形成半环状。五射指成昆、沪昆、南昆、昆玉、昆河5条铁路线。成昆与昆大线共用一段线位从西部读书铺引入中轴线，沪昆线（内昆）与贵昆线从东北方向引入昆明东与中轴线相连，南昆线从东部引入王家营，昆玉线经南部昆阳站与昆阳线连接，昆河线在牛街庄引入昆明。

昆明站是目前昆明市区的唯一铁路客运站，位于官渡区官渡镇，北京路的南端，地处贵昆线、成昆线、南昆线、昆玉线、内昆线的交汇处，建于1997年。2009年旅客发送量1065万人，是云南省、昆明市重要交通门户的特等火车客运站。昆明铁路现有14个货运站场，主要站场7个，其中昆明东站为特等级货运站，昆明站为一等站，读书铺站、王家营站为二等站，昆明西站、金马村站、昆明南站为三等站，2009年昆明货运场站的货运到发量为4950万t。

2）公路

昆明道路总长约10000km，有108、213、320、324、326等多条国道经过，从昆明起始、经过的主要高速公路有：G5 京昆高速，即昆武—元武高速（北京经太原、西安、成都至昆明），G56 杭瑞高速，即曲宣—昆曲—昆大—大保—保龙—龙瑞高速（杭州经九江、常德、遵义、昆明至缅甸、印度），G60 沪昆高速，即昆曲—曲胜高速（上海经杭州、南昌、株洲、贵阳至昆明），G80 广昆高速，即昆石—石蒙—平锁—平砚—砚广—富广—罗富高速（广州经南宁至昆明），G78 汕昆高速，即昆石—石兴高速（汕头经韶关、柳州、兴义至昆明），G85 渝昆高速，即昆嵩—嵩待—昭待—水麻高速（重庆至昆明），G5611 昆香高速，即昆安—安楚—楚大—大丽—丽香高速，G8011 昆河高速，即昆石—石蒙—蒙新—新河高速（昆明经河口至越南首都河内），G8511 昆曼高速，即昆玉—玉元—元磨—磨思—思小—小磨高速（昆明经老挝至泰国首都曼谷）。

2010年，原有分散于昆明市区的多个汽车客运站逐步关闭，除了在火车站北部保留的一个发送部分省际客运班车的昆明市汽车客运站，其余的客运站运营线路集中进入五个新建客运站，分别是西部汽车客运站、西北部汽车客运站、东部汽车客运站、北部汽车客运站、南部汽车客运站。

（1）东部汽车客运站，位于四环东路（东绕城高速）与人民路延长线（机场高速）两面寺立交桥西侧，为一级客运站。经营途经汕昆、广昆高速（昆石高速）进出主城的滇东、滇东南方向客运。旅客日流量16000人次，日发班次约500班。

（2）南部汽车客运站，位于四环南路（南绕城高速）与彩云路（昆洛路）交叉口东侧，为一级客运站。经营途经昆曼高速（昆玉高速）进出主城的滇南方向客运。旅客日流量20000人次，日发班次约600班。

（3）西部汽车客运站，位于春雨路与益宁路交叉口，为一级客运路站。经营途经杭瑞高速（昆楚高速）进出主城的滇西方向客运。旅客日流量18000人次，日发班次约500班。

（4）北部汽车客运站，位于沣源路，昆曲高速公路以西1km处，为一级客运站。经营途经沪昆、渝昆、杭瑞高速（昆曲高速）进出主城滇东北方向客运。旅客日流量20000人次，日发班次600班。

西北部汽车客运站，位于高新区三环西路北段与昆沙路中间，为二级客运站。经营途经京昆高速（昆武高速）进出主城的各线班车。旅客日流量6000人次，日发班次200班。

3）城市交通

昆明主城区原位于滇池东北方向，城市交通主要在此范围内发展，基本上都是路面交通，城市道路网基本上是“环+方格”的格局形态。随着城市的扩张，昆明城区逐渐形成了“一湖四片”的空间格局，道路也基本上是按此空间格局进行布局建设，一环和二环、三环基本位于昆明主城；绕城内环为“8”字形绕城公路，由昆玉高速、东连接线、西北绕及支线、安晋高速、南连接线和昆安高速构成；此外高海公路为地区性高速公路，与三环高速公路配合，形成直接服务滇池沿岸“一湖四片”的环湖高速路。目前，昆明处在城市空间发展的结构化调整过程中，主城区容量趋向饱和，其他三个片区处在建设发展过程中，是道路等基础设施布局建设的主要区域，随着马金铺、晋宁、昆阳、中谊村、海口、安宁等片区的建设，昆明交通将得到较大发展。预计到2010年年末，道路总长达1996.37km，路网密度约5.36km/km^2。市区内道路主要有：环城路、二环快速系统、三环快速系统、北京路（南北向主轴）、人民路—机场高速（东西向主轴）、龙泉路—青年路—官南大道（南北向次轴）、白龙路—白塔路—春城路（南北向次轴）、普吉路—滇缅大道—西昌路—海埂路—前新路（南北向次轴）、西坝路—金碧路—拓东路（东西向次轴）、东风路（东西向次轴）、彩云路（昆洛路）（新城区主轴），此外，还有滇池路、学府路、西园路等主要道路。

昆明在全国率先实施了“BRT”公交系统(快速公交系统），建成快速公交线路9条：广福路，金碧路—拓东路，人民路，北京路，西昌路—滇缅大道，学府路（单幅），一二一大街（单幅），锦秀大街，景明北路。BRT是轨道全面运营前的主要骨干交通方式。昆明现有的北京路、人民路、西昌路、金碧路四条公交专用道，初步形成了全长共计25.8km的“井”字形网络形态。

2. 运输量

昆明铁路枢纽是昆明铁路的中心。2009年，昆明枢纽完成旅客发送量1065万人，占全省铁路的43%，货物发送与到达量4950万t，占全省铁路的51%，每日开往省外旅客列车29对、省内旅客列车42对（其中滇中城市群城际列车8对）。近年来，昆明铁路的客货运量保持较快的增长速度。2008年铁路货运量达到2727万t，比2005年增长了24%；客运量达到1127万人，比2005年增长了36%。

云南省公路运输占全省运量近80%，作为云南的公路运输中心，昆明的公路客货运量在其总客货运量中所占的比例也相当高。近年来，由于云南公路基础建设发展迅速，各地区间的差距有所减少，同时由于昆明的铁路能力提升更为显著，2008年昆明公路客货运量分别降为2005年的88%和90%；昆明的公路客货运量占云南省公路客货运量的比例从2005年的34%和38%分别降至29%和25%。

至2009年年末，昆明全市机动车保有量为112.71万辆，增长16.4%，其中汽车保有量67.82万辆，增长23.9%。机动车出行呈现早晚双高峰态势，拥堵路段越来越多，拥堵时段延长。2009年城区开行的公交线路216条，公交专用道仅46km，城区公共汽车保有量年内增长337辆，日均客运量为222.11万人次，承担的出行比例约34%，主要车型为12m及18m长车，市内基础线路票价均为1元，昆明还在全国首先施行60岁以上老人免费乘车的优惠措施。目前，昆明的公交线网在二环内布线过多，而外围区域线网密度较低，公交站场主要布局在火车站地区、城市中心广场地区、体育中心地区，这些地区是客流主要集中和换乘的地区，也是交通较为拥挤的区域。机场紧邻二环，也吸引了较大的交通流。此外，滇池水运除了作为观光旅游外，还承担了一小部分横穿滇池的公共交通功能。昆明共有6951辆出租车，多为捷达和雪铁龙车型。2011年，昆明市出租车将实现GPS定位和叫车服务。城乡公交一体化第二实施区域已完成，城乡公交“镇镇通”达100%，“村村通”覆盖率达79%。

昆明市各种运输方式完成的客、货运量及全社会总量见表10-2。

昆明市客、货运量（单位：万t、万人）　　表10-2

运输方式	年份	总量	铁路	公路	水运	民用航空
货运	2005年	11225	2196	9021	—	7.93
	2008年	11059.5	2727	8190	119	23.5
客运	2005年	8229	826	6907	1	495
	2008年	9063	1127	6106	248	1582

资料来源:《中国城市统计年鉴》。

3．未来交通发展规划

根据《昆明市综合交通运输总体规划（2011～2020）》，未来昆明市交通网络的总体规划布局是：构筑“一环七射”的铁路枢纽格局；形成“四环十七射”的公路主骨架路网；构建以轨道交通和BRT为骨干，常规公共汽车为主体的公交系统。

1）铁路

未来规划形成“一环七射”的铁路枢纽线网。“一环”布局是在原来的基础上，增建东南环线（昆阳至昆明南段），经滇池东南侧并绕滇池环行经昆阳、渠东、晋城、化城，进入新昆明南站，读书铺至昆阳段增建二线并电气化，读书铺至昆明东增建三、四线。实现昆明枢纽扩能改造，最终组合形成昆明—昆明西—读书铺—中谊村—昆明南—王家营西—昆明的环滇池铁路圈。在原有基础上，续建成昆铁路广通—昆明段的扩能改造；建设云桂线、渝昆线和沪昆客运专线（设计速度350km/h、单向年输送旅客6000万人）；南昆线增设二线，以提升货运能力；对昆玉铁路、南昆线云南段进行扩能改造。最终形成成昆线（在广通与广大铁路相接形成分叉，分别通往成都和西藏、缅甸、印度洋港口）、贵昆线、渝昆线、沪昆客运专线、南昆线、云桂线、昆玉线（昆河线、中老泰线共用）7条昆明枢纽直接向外放射的铁路网络。

规划中的昆明南站是未来昆明最大的火车站，位于呈贡新区中心，沪昆客运专线、京昆客运专线、云桂（广州至昆明）快速铁路、环滇池铁路、城市米轨列车铁路终到站，所有动车组停靠站。

2）公路

形成“四环十七射”的格局。以二环路、三环路、绕城高速内环和绕城高速外环4条快速道路为基础，加上从城市中心区向外放射的17条出口道路，形成完善快捷的昆明城市区域道路交通网络体系，充分发挥对昆明城市中心城区的人流、物流集散中转功能。二环和三环是城市道路，绕城高速内环与高海公路组成“8”字形绕城公路，绕城高速外环由东南大外环（昆曲—昆玉段）、西北绕外线和安晋高速构成。“十七射”由八主、五辅、四补充组成。

（1）八条主要出口道路分别为：昆曲高速、昆石高速、昆玉高速、昆安高速、高海高速、昆武高速、机场高速、昆嵩高速。其中昆曲、昆石、昆玉、昆安、高海高速公路已建成使用，昆武高速公路、机场高速公路正在建设，昆嵩高速公路正开展前期工作。

（2）五条辅助出口路分别为：昆禄公路、老昆安公路、老贵昆公路、老昆石公路、老昆洛公路。实际情况：昆禄公路、老昆安公路、老昆石公路均为高等级公路，现在仍在发挥其出入昆明的部分作用；老贵昆公路（城区段）已开工；老昆洛公路（马金铺至晋宁昌家营段长40km）拟改建为二级公路或城市干道。

（3）四条补充出口路分别为：龙泉路、王筇路、昆肖线、浑阿线。龙泉线暂不改建；王筇公路将从普吉—柏枝园—浑团路起点新建一条路来替代该路；昆肖线并入轿子山旅游专线公路建设；浑阿线拟新改建为二级公路。

3）城市交通

昆明轨道交通经过国家发改委批准，已于2008年12月19日开建，六条线路总长180.6km，现城区内地区为地下铁道，城区外为地面或空中轨道。六条线路分别为：1号线（昆医附一院—晋城南站），2号线（北部客运站—福保村），3号线（西山森林公园—东部客运站），4号线（大普吉—昆明南站），5号线（世博园—滇池度假区），6号线（巫家坝—机场）（图10-3）。目前，地铁1、2、3、6号线已经开工建设。昆明城市快速轨道交通线网将城市各功能区、新区和老城有效地连接成一个整体。1、2、3号线构成“大”字形骨架线网，其中1号线联通主城区与呈贡新区，2号与3号线呈十字架状为主城区服务，3号线向机场方向延伸；4号线利用米轨走廊，是主城和呈贡的运量补充线；5号线是主城线网的东北—西南向运量补充线；6号线是连接主城和航空城的辅助线。

图10-3 昆明城市轨道交通网示意图

未来还将继续推进公交专用道的规划与建设。将在目前仅有北京路、人民路、西昌路、金碧路四条公交专用道，全长25.8km，2015年在昆明呈“井”字形格局形态的基础上，规划建设主城区的老海埂路、人民路东延长线、西坝路、昆洛路等公交专用道，呈贡新区的古滇路呈贡区段、联大路、呈黄路等公交专用道，到2015年，主城区形成总长约107.5km的公交专用道网络。

（二）曲靖市

曲靖市地处滇东门户，经过多年发展，已形成了以曲靖城区为中枢、铁路为龙头、公路为脉络、水路运输为补充的交通运输网络。

市内铁路总里程达到597.9km，贵昆、南昆、内昆三条铁路穿过全市2区市6县，昆沾铁路、沾六复线已建成投入运行，沪昆高速铁路也已开工建设，连接昆明、北京、上海、广州、南宁等城市。设55个车站，19个大型货场，已建成富源羊尾哨、宣威、马龙、陆良、沾益珠江源5个战略装车点，师宗、宣威凤凰山、罗平等3个也已在建设和规划中。

截至2010年年底，曲靖已形成以213、320、324、326四条国道和昆曲、曲陆、曲胜、嵩待昭四条高速公路为骨架的公路交通网络，宣天、召江、昆石三条一级公路已建成通车，公路里程25600km。“十一五”期间，全市投资2.86亿元，新改建客运站点92个及曲靖物流基地，2007年以前全市乡（镇）客运站全部建成，2010年基本完成“村村通客车”工程，形成“以麒麟区为中心、县市为节点、辐射所有乡镇”的运输场站主框架。

2008年曲靖铁路货运量达到852万t，客运量达到447万人；公路货运量达到11505万t，比2005年增长了95%；客运量达到4407万人，降低了18%。

曲靖市各种运输方式完成的客、货运量及全社会总量见表10-3。

曲靖市客、货运量（单位：万t、万人）　　表10-3

运输方式	年份	总量	铁路	公路	水运	民用航空
货运	2005年	7531	1639	5892	—	—
	2008年	12363	852	11505	6	—
客运	2005年	5753	356	5397	—	—
	2008年	4867	447	4407.5	12.5	—

资料来源:《中国城市统计年鉴》。

2009年年末全市机动车总量达63.6万辆，其中个人拥有59.3万辆；全市拥有汽车22.4万辆，其中个人拥有18.3万辆。出租车难打，城市交通越来越拥堵。截至2010年年底，全市共有公交线路22条，公交车577辆，线路总长237.15km，全年完成营运里程2090万km，完成客运总量8900万人。目前，城区共有站台488处，还全面落实了“老年人免费乘坐公交车”的惠民政策。实现公交车运营覆盖全城主要街道，线网层次更加多样，线网结构也更加清晰。

今后的曲靖，将按照“一主两副、一城四区”的空间结构规划发展，“一主”即主城区（麒麟区城区和西城片区），“两副”即沾益和马龙两个副主城区，“一城”即曲靖中心城市建成特大城市，“四区”即东城区、西城区、沾益区和马龙区四个城区。同时大力开展路网建设，打通东西，连接南北，建设以公共交通为主导的综合立体交通系统，尤其是将建设曲靖绕城高速。建成后，将连接昆曲、曲陆、曲胜、宣天四条高速公路以及市内道路，形成珠江源大城市交通网。

（三）玉溪市

目前，玉溪与昆明之间的昆玉铁路是玉溪市唯一的一条铁路，未来云桂铁路也将经过玉溪。经过玉溪的高速公路有昆玉高速、玉江高速，还有S102、S304。现基本建成以国道高速公路为龙头，市内经济干线为骨架的高等级公路网，在全省16个州市中率先实现市县公路高等级化。实现了“市到县公路高等级化、县到乡公路路面硬化、乡到村公路标准化、村组公路普及化”的规划目标，走上“路、站、运”一体化全面发展的科学轨道。截至2010年，全市公路通车总里程达16452km，其中高速公路232km、一级公路78km、二级公路347km、三级公路1012km、四级公路14329km、等外级公路453km。公路密度达106.4km/100km^2，远远超过全省平均水平。2010年全市完成旅客运输量2942万人、旅客周转量186963万人·km、货物运输量4593万t、货物周转量787154万t·km，分别比2005年增长290%、229%、226%、281%。玉溪市市政府所在地红塔区通往各县公路均达到二级以上高等级公路，交通十分便利。

玉溪市各种运输方式完成的客、货运量及全社会总量见表10-4。

玉溪市客、货运量（ 单位：万t、万人） 表10-4

运输方式	年份	总量	铁路	公路
货运	2005年	2370	185	2185
	2008年	6102	241	5861
客运	2005年	1131	3	1128
	2008年	2355.8	4	2351.8

资料来源:《中国城市统计年鉴》。

玉溪中心城区呈南北向带状形态。道路系统为“网格”路网结构，其中纵向主要道路有东风路、抚仙路、南北大街和珊瑚路；横向主要道路为龙马路、凤凰路、红塔大道、秀山路、聂耳路、玉兴路。2009年年末，玉溪市民用机动车总拥有量达到47.5万辆，比2005年增长51.3%，其中汽车16.1万辆，比2005年增长54.8%，摩托车31.4万辆，比2005年增长85.8%。汽车中，私家轿车5.0万辆，比2005年增加3.1万辆，增长1.55倍。根据调查，市民日常出行乘坐公交车占10.8%，骑自行车和步行的占22.5%，骑摩托车和开小汽车的占24.6%。

2008年玉溪中心城区已开辟公交线路13条（2009年15条），设置公交站点155个，拥有公交车69辆（2009年103辆），营运里程175km，日客运班次1739班，公共交通网络已基本形成。服务区域覆盖达12.2km^2，城区内任意两点间公共交通可以到达的时间平均为29.6min，已基本能满足市民出行需要。

在农村公路里程不断增加的同时，农村公路通畅、通达工程实现了“四个100%”，即100%的乡镇道路已硬化；100%的行政村（居委会）通公路；100%的乡镇开通了县城至乡镇的客运班车；100%的行政村通机动车。另外，全市不通公路的自然村从2005年的178个减少到105个，自然村公路通达率达98.4%。

（四）楚雄州

楚雄彝族自治州的交通十分便利。成昆铁路和广大铁路过境，串连了全州一半以上的县市。东至省会昆明，有安楚高速公路；通过楚大、大保高速公路连接滇西八地州；建成的南华至永仁二级公路是北进攀枝花，连接四川的省际干线通道。

截至2009年年底，州内公路通车里程16912km（含村道）。其中，高速公路304.37km，一级公路13km。初步形成了以州府鹿城为中心，国道、省道为骨架，干支相连，纵横交错，四通八达的公路交通网络。全年完成客运量2297.66万人（含水运，下同），增长15.6%；旅客周转量147320.16万人·km，增长13.4%；货运量1231.25万t，下降23.4%；货运周转量127776.32万t·km，下降26.6%。

2009年年末全州民用机动车拥有量345517辆，比上年增长25.0%。其中，汽车67758辆（个人49319辆），增长27.3%；拖拉机37262台，增长19.9%；摩托车240385辆（个人240125辆），增长25.3%。机动车的迅猛增长使楚雄开始出现拥堵。截至2009年年底，楚雄已开辟公交线路11条，营运里程181.8km，形成一定规模的公共交通网络，“十二五”时期将进一步改善。

第四节 滇中城市群主要城际交通

滇中城市群在城际交通方面，有公路运输和铁路运输，公路运输除私人交通外，主要是城市间客运快线班车；铁路主要是依托现有铁路开行的部分城际旅客列车和过路列车的站间运输；总体上不能适应城际交通的快速、便捷要求。

（一）昆明至滇中城市群其他城市的交通基本现状

公路是滇中城市群的主要交通方式，主要以昆明为中心，呈现放射状，与楚雄、曲靖、玉溪及武定禄劝连接。公路主要是依托高速公路和一般国道、省道构成城际交通网络，目前昆明有7条放射状高速公路（包括1条机场高速）、5条国道、60多条省道。

昆明—曲靖方向的公路由沪昆高速公路、渝昆高速公路、320国道、326国道组成，326国道还将石林与曲靖联系起来。

昆明—楚雄方向的公路由杭瑞高速公路、320国道组成。

昆明—玉溪方向的公路由昆磨高速公路、213国道组成。

昆明—石林方向的公路由昆石高速公路（广昆高速）、324国道组成。

昆明—武定禄劝方向的公路由108国道组成，高速公路正在建设。

铁路目前尚未建成城际铁路网，主要是依托既有铁路干线的旅客列车和部分线路开行少量的城际列车承担部分城际客运功能，开行的城际列车对数受线路总能力和长途旅客列车对数的影响较大。

昆明—曲靖方向，目前有贵昆铁路、沪昆铁路及东川线，除了过路的旅客列车外，专门组织开行了昆明—曲靖之间的城际旅客列车，每天8对（其中2对开行至宣威）。

昆明—楚雄方向，目前有广大铁路、成昆铁路。除了过路的旅客列车外，开行的昆明—丽江之间的旅客列车经过楚雄，每天2对。

昆明—玉溪方向，目前有昆玉铁路。

昆明—石林方向，目前有南昆铁路、昆河铁路。

在滇中城市群中，昆明与其他城市的交通联系相对较为紧密，主要以放射状铁路、高速公路为主，其他城市相互之间的交通联系较为薄弱。不仅缺少铁路，而且高速公路环线也尚未建成，相当部分交通联系需要绕经昆明，整体性的有机连接差，交通模式以公路客运和私人交通为主，随着汽车保有量的增加，小汽车出行的比率不断增高。

（二）未来发展规划

根据《云南省滇中城市经济圈区域协调发展规划（2010～2020）》，将规划建设以城际轨道交通、高速公路为骨干组成的城际交通网络系统，构建昆明连接曲靖、玉溪、楚雄、武定（禄劝）的放射状城际轨道交通、高速公路网以及环滇中城际轨道、环滇中高速公路。未来将形成一个在40min～1h内可由昆明分别到达其余滇中三城，也可以让这些城市不通过昆明，即可环绕到其他城市的环滇中城际高速铁路网，采用国内城际高铁中等标准建设，最高速度为200～350km/h。

各主要通道方向的交通基础设施组成如下：

（1）昆明—曲靖通道走廊。贵昆铁路、沪昆客专、昆明至曲靖城际铁路；G60上海至昆明高速公路、杭瑞高速的昆明—曲靖—富源段。

（2）昆明—楚雄通道走廊。广大铁路昆明—楚雄—南华段、广大复线、昆楚城际铁路；杭瑞高速之昆明经楚雄南华段。

（3） 昆明—玉溪通道走廊。昆玉铁路、昆玉城际铁路；昆磨高速的昆明—玉溪—峨山段。

（4）昆明—武定（禄劝）通道走廊。成昆铁路的滇中段，成昆复线；京昆高速的昆明—禄劝—武定段。

（5）昆明—石林通道走廊。南昆铁路的昆明—宜良—石林—罗平段，云桂铁路，南昆二线；昆石高速。

环滇中城市群高速公路为连接曲靖市、玉溪市、楚雄州、武定（禄劝）的环状高速公路，即滇中外环高速公路。

环滇中城市群城际铁路为连接曲靖市、玉溪市、楚雄州、武定（禄劝）各主要城市的环状铁路。

（主要执笔人：宿凤鸣）

第十一章

云南省口岸与通关便利化

内容提要：云南省是我国西南地区内陆边境省，与缅甸、老挝、越南三国接壤，边境线长达4060km，是我国通往东南亚、南亚和印度洋的前沿，目前共设有一类口岸13个、二类口岸7个。随着桥头堡战略的贯彻实施和区域经济一体化的加深发展，口岸的建设和良好运行对于我国向西南开放和云南省经济社会发展的重要性不断提升，是云南桥头堡发挥重要作用和昆明建设区域性国际城市的重要基础。

第一节 云南省口岸现状

（一）云南省口岸总体概况

云南省地处我国与东南亚、南亚的接合部，边境线长达4060km，约占我国陆上边界总长的18.7%，其中中越段1353km，中老段710km，中缅段1997km，有8个边境州(市)的25个边境县(市)与缅甸、老挝、越南三个国家的9个省、邦的32个县(市)接壤。拥有的陆路口岸数量较多，除了拥有航空口岸以外，还拥有公路口岸、铁路口岸以及内河水运口岸。目前全省共有各种口岸20个，其中，国家一类口岸13个，分别是昆明机场、瑞丽、畹町、河口、磨憨、金水河、天保、思茅港、景洪港、版纳机场、腾冲猴桥、孟定清水河、打洛口岸，其中有8个口岸对第三国人员开放；二类口岸7个（均为公路口岸），分别是片马、盈江、章凤、南伞、孟连、沧源、田蓬口岸。昆明机场口岸、版纳机场口岸为航空口岸，思茅港口岸、景洪港口岸为内河口岸，河口口岸为铁路口岸，其余均为公路口岸。陆路口岸分布在云南省与缅甸、老挝、越南三国的边境上，其中，中缅边境口岸数量最多，包括瑞丽、畹町、腾冲猴桥、孟定清水河、打洛、片马、盈江、章凤、南伞、孟连、沧源等11个口岸；中越边境口岸有河口、金水河、天保、田蓬等4个口岸；中老边境口岸仅有磨憨口岸（图11-1）。在云南省列入《国家“十一五”口岸发展规划》中的4个新开、7个二类转新开和2个一类扩大对第三国人员开放口岸中（表11-1），条件成熟的、已正式向国家行文申报开放的有7个口岸，在建拟新开的4个一类口岸，分别为对越的河口公路口岸、都龙口岸，对老的勐康口岸，以及丽江机场口岸。

云南省对外开放口岸汇总表 表11-1

序号	口岸名称	地　　点	口岸类型	口岸级别	备　　注
01	西双版纳景洪港	云南西双版纳州景洪市	河港口岸	一类	
02	思茅港口岸	云南思茅市翠云区	河港口岸	一类	
03	昆明国际机场口岸	云南昆明市巫家坝	空港口岸	一类	
04	西双版纳国际机场	云南西双版纳州景洪市嘎洒镇	空港口岸	一类	
05	河口口岸	云南河口县	铁路口岸	一类	
06	磨憨口岸	云南勐腊磨憨	陆路口岸	一类	
07	瑞丽口岸	云南德宏州瑞丽市	陆路口岸	一类	
08	畹町口岸	云南瑞丽市开发区	陆路口岸	一类	“十一五”扩大开放
09	天保口岸	云南麻栗坡县天保乡	陆路口岸	一类	“十一五”扩大开放
10	金水河口岸	云南红河州金平县金水河镇	陆路口岸	一类	
11	猴桥口岸	云南腾冲县猴桥镇	陆路口岸	一类	
12	清水河口岸	云南临沧市耿马县孟定镇清水河	陆路口岸	一类	
13	打洛口岸	云南勐海县打洛镇	陆路口岸	一类	
14	盈江口岸	云南德宏州盈江县	陆路口岸	二类	“十一五”二类转新开
15	章凤口岸	云南德宏州章凤	陆路口岸	二类	“十一五”二类转新开
16	南伞口岸	云南临沧市镇康县南伞镇	陆路口岸	二类	“十一五”二类转新开
17	孟连口岸	云南思茅市孟连县	陆路口岸	二类	“十一五”二类转新开
18	沧源口岸	云南临沧市沧源县	陆路口岸	二类	“十一五”二类转新开
19	片马口岸	云南怒江	陆路口岸	二类	“十一五”二类转新开
20	田蓬口岸	云南富宁县田蓬	陆路口岸	二类	“十一五”二类转新开

图11-1　*云南省口岸布局示意图*

随着把云南建设成为我国向西南开放的桥头堡和中国—东盟自由贸易区的建立，以及泛亚铁路、公路的建设，云南作为我国联结东南亚、南亚的通道和门户的地位和作用将进一步大幅增强，国际区域关系和经济合作将更加紧密，陆路通道和口岸数量将会进一步增加。

边境口岸是云南省走向东南亚、南亚的门户，是西向大通道国际货物运输的枢纽，是凸显云南省外经贸独特竞争优势的战略据点。在国家西部大开发战略和提升沿边开放战略的支持下，云南省积极发挥沿边区位优势，加大和深化与东盟、南亚国家的经贸合作，积极发展与周边国家间的睦邻友好关系。2008年10月，云南省委、省政府发布了《关于进一步扩大对外开放的若干意见》，提出了“以东南亚、南亚为重点，立足周边，拓展东盟，开辟南亚，深化区域合作，面向世界，实施开放强省战略”和“以开放促思想解放、以开放促改革、以开放促发展、以开放促创新、以开放促文明、以开放促开明，把云南建设成为我国陆上沿边开放具有活力的省份”。“十一五”期间，云南省以周边国家为重点，大力实施“走出去”开放战略，与周边国家的经贸合作不断扩大和深化，贸易额不断增长，2010年云南省外贸进出口总额为133.68亿美元，其中与东盟国家间的贸易额约45.75亿美元，与南亚国家间的贸易额为9.3亿美元。云南口岸发挥了重要作用，云南口岸的过货值从21世纪初的约10亿美元增长到了2010年的53.3亿美元，占到了全省进出口额的39%。

2010年云南省口岸运行各项指标实现全面增长，特别是进出口额、进出口货运量和出入境交通工具3项指标同比增长均在20%以上。口岸进出口总额达53.3亿美元，比上年净增12.7亿美元，同比增长31.4%；进出口货物总量900.7万t，同比增长35.9%；出入境人员1926.8万人次，同比增长8.1%；出入境交通工具323万辆（艘、架、列）次，同比增长24.2%。在全省口岸中，进出口金额最大、出入境人员最多的是瑞丽口岸，分别达到了进出口总值12.5亿美元和821.6万人次；进出口货量最大的是猴桥口岸，进出口货运量达到243万t（主要是中电投在缅甸伊洛瓦底江上游合资开发梯级水电站增加的大量物资设备出境）。

（二）云南省各口岸基本现状

1. 昆明机场口岸

昆明机场口岸位于云南省昆明市，属航空运输一类口岸，承担昆明市及云南省主要的航空对外贸易服务，现已开通昆明至香港、台北、首尔、曼谷、新加坡、吉隆坡、加德满都、迪拜、马累等19个国家各地区的31条国际航线。2010年，机场口岸完成进出境人员111万人次，占云南省口岸进出境总人数的5.7%，2009年机场口岸进出口货值达5.57亿美元，居云南省口岸第三位，为云南及西南地区对外贸易和人员进出的主要口岸。

目前，昆明正在新建机场，新机场位于昆明市官渡区大板桥镇附近，计划2011年年底建成使用，建成后将是继北京首都国际机场、上海浦东国际机场等后的国内第四大机场。机场航站楼按照满足2020年旅客吞吐量3800万人次、货邮吞吐量130万t的设计能力依次建成，中期规模2035年达到6000万人次，飞行区按4F标准规划建设，可独立运行的东、西两条跑道。机场口岸在新机场工程中一同建设，新机场建成后，昆明机场口岸能力和设施设备的配置水平将大幅提高，适应扩大对外开放发展需求的能力增强。

2. 腾冲猴桥口岸

腾冲猴桥口岸位于保山市腾冲县，与缅甸甘败地口岸对接，距缅甸北部重镇密支那133km，经密支那到西印度雷多（里多）仅687km。1991年8月云南省政府批准腾冲为二类口岸，2000年4月经国务院批准为公路运输一类口岸。腾冲县口岸办公室对该口岸实施口岸管理，腾冲猴桥边防检查站、腾冲海关、腾冲出入境检验检疫局担负着口岸的查验任务。

近两年来，腾冲猴桥口岸发展迅速，口岸基础设施建设全面推进，2010年完成了口岸“十二五”发展规划的编制上报，审定了联检楼和查验货场规划以及货物管控方案，并于2010年下半年动工建设。口岸管理服务工作不断优化，制定《口岸限定区域管理规定》、《联检楼施工人员管理措施》等规章制度，进一步健全和完善了市级工作部门口岸联席会议机制，建立了中缅双方口岸管理机构日常联系会晤合作机制，加强各部门的协同，实现了“全天候、无假日”值班、预约通关工作制度，简化通关手续，改善通关环境，使通关便利化水平明显提高。与此同时，当地政府进一步调整和完善对外经济发展模式，加强与周边国家的合作，提高对外贸易质量和水平，边境经济技术项目发展快速。

2008年口岸进出口货运量仅为22.9万t，货值3200万美元，占云南省口岸进出口总量的比重为4.9%，2009年货运量快速增长至47万t，伴随着中电投在缅甸伊洛瓦底江上游密松电站开发进入施工，2010年进一步快速增长达到243万t，货值超过2亿美元，占全省口岸进出口货运量的比重达27%，居全省20个口岸第1位。出入境人员29.8万人次，比上年增长34.8%，出入境交通工具12.5万辆次，比上年增长54.3%。

3. 瑞丽口岸

瑞丽口岸位于云南省德宏州瑞丽市，属中缅边境公路运输一类口岸，是云南省最大的陆地口岸，是我国通往东南亚、印度洋、南亚的重要通道口岸。口岸共包括姐告国门、姐告中缅街、姐告货场3条主要通道，以及弄岛丙冒、弄岛雷允2条指定通道，此外，还有25条历史形成包括渡口在内的便民往来便道（非指定通道）。国门通道主要服务于公务人员、持护照人员、旅游人员及边民出入境；中缅街通道主要服务于边民及小型交通运输工具出入境；货场通道主要供大型交通运输工具出入境，是边境贸易的重要通道。共设有边防检查出入境人员检查通道24条，车辆检查通道8条。

瑞丽口岸的综合管理机构为“瑞丽市人民政府口岸管理委员会”，下设“瑞丽市人民政府口岸管理办公室”于瑞丽市商务局，实行“两块牌子、一套人马”履行地方政府“规划、建设、管理、协调、服务”口岸的职能，制定了口岸联席会议制度。瑞丽口岸各管理部门，统一在联检查验中心联合办公，实行一条龙服务，初步建立一套依法把关、监管有效、方便进出、服务优良、高效快捷的口岸管理模式。

早在20世纪80年代，瑞丽就在全国和云南省率先实施了沿边开放，一度成为国家多项陆路口岸放开政策的试验区和“先行者”。姐告边境贸易区是在我国率先实行“境内关外”特殊监管模式的边境贸易区，2000年7月1日，经云南省批准设立，是我国唯一实行“境内关外”特殊政策的边贸特区，是云南省面向东南亚、南亚国际市场的示范区和试验区，具有保税区、出口加工区、自由贸易区和边境贸易区的功能。在区内可开展一般贸易、加工贸易、转口贸易、过境贸易、边境贸易、边民互市和国际经济技术合作。姐告地处中国瑞丽和缅甸木姐市两个国家级开放城市的衔接部位，东、北、南三面与缅甸联邦掸邦木姐市（北部陆地国家级口岸）接壤，具有良好的对外开放性；西面濒临瑞丽江，具有良好的封闭管理条件。姐告是320国道的终点，与“滇缅公路”和“史迪威公路”相连通，是“中缅”、“中印”公路的交汇点，是中缅两国贸易的“中转站”和“集散地”以及物流中心。

瑞丽口岸是我国最大的对缅贸易陆路口岸，口岸对缅甸贸易总额约占云南省对缅贸易额的60%以上，占全国对缅贸易额的30%左右。目前，日均出入境人员22000人次，出入境车辆约5000辆次，高峰期达27000多人次、5400多辆次。

2010年瑞丽口岸出入境人流量达821.6万人次，占云南口岸出入境总流量的42.6%；累计出入境车流量177万辆次，占云南口岸出入境车流总量的54.8%；完成进出口总值12.5亿美元，占云南口岸进出口总值的23.5%；完成货运量132万t，占云南省口岸进出口货运量的14.7%。

4. 畹町口岸

畹町口岸位于云南省德宏州瑞丽市的畹町市，地处国道G320终点，与缅甸的九谷口岸对接。1950年，畹町口岸开通，属中缅边境公路运输一类口岸，1992年6月9日，国务院批准畹町为对外开放城市。畹町在第二次世界大战之前，是一个名不见经传的小寨子；二战期间，由于日军封锁了中国所有的海上通道，畹町成了中美英盟军的大本营和物资集散地，几十万中国抗日的远征军也从这里出入国境。畹町与缅甸九谷镇有着边民自由往来、友好互市的悠久历史。畹町南侧，中缅交界的河上，是著名的两国界桥——畹町桥，该桥建于1938年，是第二次世界大战时中国与国际往来的唯一陆上通道的界河桥，因此名声大震；现已修成宽敞牢固的钢筋水泥桥，每天有上千的两国商人、边民从桥上来来往往。瑞丽市畹町经济开发区是云南境内的国家级口岸之一。1992年，国家加快对外开放步伐，把畹町确定为沿边14个开放城市之一，同年6 月经国务院批准，设立了5km^{2}的边境经济合作区，赋予边境经济合作区若干优惠政策，在区内实行综合开发。

畹町市口岸办对口岸实施管理，畹町海关、畹町边防检查站、畹町出入境检验检疫局担负着口岸查验任务。畹町口岸是云南省列入对第三国人员扩大开放的口岸。随着口岸功能的提升，畹町口岸的进出口总额近年来大幅增长，2010年，按商务业务统计，完成进出口货运量330990t，同比增长46.8%；其中进口262974t，同比增长53.6%，出口68016t，同比增长25.4%；完成进出口额163680.3万元人民币，同比增长52.28%，其中进口 94421.8万元，同比增长53.62%，出口69258.5万元，同比增长50.49%。按海关业务统计，进出口货运量144536t，同比增长37.39%，其中进口123094t，同比增长50.8%，出口21442t，同比下降9.05%；进出口货值52057.6万元，同比增长58.1%，其中进口34809.39万元，同比增长66.11%，出口17248.21万元，同比增长44.08%。全年口岸出入境35万人次，出入境交通工具7万辆次。

5．孟定清水河口岸

清水河口岸位于临沧市耿马傣族佤族自治县，与缅甸掸邦第一特区清水河口岸相对应，距缅甸北部重要商品集散地腊戍161km，距仰光1136km，距昆明750km，是云南省对外开放较早的口岸之一。1957年孟定清水河口岸正式对外开展小额贸易进出口业务，1991年被云南省政府批准为二类口岸，2004年国务院批准作为国家一类口岸开放，属中缅边境公路运输一类口岸。

耿马县人民政府口岸办负责对该口岸的协调管理，孟定海关、孟定边境检查站、孟定检验检疫局担负口岸的检查任务。2010年1月至10月，进出口货运量13.9万t，同比增长52%，贸易总额6.9亿元，同比增长70%。

6．打洛口岸

打洛口岸位于西双版纳自治州勐海县，与缅甸掸邦东部第四特区勐拉接壤，距缅甸景栋80km，距泰国米赛239km，距泰国清迈550km。1991年经云南省政府批准为二类口岸，2007年经国务院批准为一类口岸，属中缅边境公路运输一类口岸。

勐海县人民政府外事口岸办公室负责该口岸的协调管理，打洛海关、打洛边境检查站、西双版纳出入境检验检疫局担负口岸的查验任务。2010年口岸进出口货值达0.45亿美元，完成进出口货运量5.28万t，进出境人员48.03万人次，出入境车辆12.83万辆次。

7．版纳机场口岸

版纳机场位于西双版纳自治州景洪市西南，1995年经国务院批准对外籍飞机开放，1997年正式开放，为国家一类航空口岸，是云南省内第二大航空口岸。西双版纳机场属于C级机场，2009年开始按照4D级机场进行改扩建，规划2015年机场年旅客吞吐能力将达到350万人次，货邮吞吐能力将达到1.7万t。

西双版纳州口岸办公室负责口岸的管理，由西双版纳海关、西双版纳边防检查站、西双版纳出入境检验检疫局担负口岸的检查任务。目前，机场已开通了西双版纳至泰国曼谷国际航线，即将开通至万象、清迈等航线，2010年口岸完成进出境人员18514人次，出入境航班304航次。

8. 思茅港口岸

思茅港口岸位于普洱市澜沧江中段思茅市与澜沧县交界处，距思茅市88km，距澜沧县110km，沿江而下距景洪港口岸85km，距泰国清莱、金三角420km，距老挝会晒（对岸泰国清孔）478km，距老挝琅勃拉邦787km。思茅港1993年7月24日经国务院批准为一类口岸，2001年4月交通部宣布正式对外国籍船舶开放，属内河水运一类口岸。

思茅港口岸机构健全，边防检查站于1995年正式挂牌成立，1999年出入境检验检疫局、思茅海关正式挂牌成立。联检设施配套完善，建有1825m^{2}的联检大楼，实行联合办公，一条龙服务。

思茅港由思茅港区、大朝山港区、漫湾港区三个港区组成，建设规模为：客运吞吐量30万人次/年，货物吞吐量10万t/年，但是由于景洪水电站的建设，思茅港区处于断航阶段，按照还建规划，思茅港区按照原规模、原功能、原标准，由澜沧江华能水电有限公司还建，工程于2008年2月开工，目前主体工程已经完成。未来思茅港口岸将主要承担经澜沧江—湄公河国际航道运往老挝、缅甸、泰国等国的内河水运进出口服务。

9. 景洪港口岸

景洪港口岸位于西双版纳傣族自治州景洪市区澜沧江北岸，景洪港区距中老缅三国交界处101km，距老缅泰3国交界处金三角334.6km，距老挝会晒（泰国清孔）402.1km，距琅勃拉邦701.6km。2001年6月交通部宣布正式对外国籍船舶开放，属内河水运一类口岸，主要承担经澜沧江—湄公河国际航道运往老挝、缅甸、泰国等国的内河水运进出口服务。

景洪港联检楼建筑面积3248m^2，联检现场内设有出入境旅检通道4条。西双版纳州人民政府口岸办公室负责该口岸的协调管理，西双版纳海关、景洪港边防检查站、西双版纳出入境检验检疫局担负口岸的检查任务。

2010年口岸进出口货运量17.07万t，进出口货值2.15亿美元，出入境人员

3.34万人次，出入境交通工具5280艘次。

10. 磨憨口岸

磨憨口岸位于西双版纳自治州勐腊县西南端，与老挝磨丁口岸对接，距老挝南塔省城62km，距泰国清孔县247km（昆曼公路走向），距老挝乌多姆赛省城100km，距琅勃拉邦300km，距万象市700km。1992年3月国务院批准磨憨口岸为国家公路运输一类口岸，1993年12月正式开通，允许第三国人员出入境，2000年6月云南省政府确定磨憨口岸为边境贸易区。

勐腊县口岸办公室和磨憨口岸管委会负责该口岸的建设管理，勐腊海关、磨憨边防检查站、勐腊出入境检验检疫局担负口岸的查验任务。2010年，磨憨口岸进出口货值达5.72亿美元，同比增长59.3%，进出口货运量61.97万t，同比增长62.5%，出入境人员67.09万人次，同比增长9.6%，出入境车辆16.66万辆次，同比增长47%。

11. 金水河口岸

金水河口岸位于红河州金平苗族瑶族傣族自治县，与越南马鹿塘口岸对接，于1954年12月17日正式开放，1978年口岸关闭，1993年11月10日经国务院批准恢复开通，属中越边境公路运输一类口岸。

金平县人民政府口岸办对金水河口岸实施口岸管理，2000年口岸联检楼建成投入，建筑面积960m^2，金水河海关、边防检查站、出入境检验检疫局担负着口岸的查验任务。2010年，金水河口岸一般贸易和边境小额贸易性出入境货物（不含边民互市，下同）63459t，与上年相比，增长7.4%，其中出境4086t，增长88.4%，入境货物59373t，增长4.7%；货值490.22万美元，增长3.1%，其中出境185.9万美元，下降8.1%，入境304.32万美元，增长11.4%。出入境人员69055人次，与上年相比下降1534人次，其中出境34402人次，入境34653人次；出入境车辆1659辆次，比上年同期增加28辆次，其中出境837辆次，入境822辆次。

12. 河口口岸

河口口岸位于红河哈尼族彝族自治州河口瑶族自治县，与越南老街口岸对接，河口口岸铁路运输距昆明480km，至越南河内296km。1993年5月18日，经国务院批准恢复河口口岸对外开放，并对第三国人员开放，属中越边境铁路运输一类口岸。

河口县口岸办公室对该口岸实施口岸管理，河口海关、河口边防检查站、河口出入境检验检疫局担负口岸的查验任务。联检大楼有6条出入境通道，口岸实行报关、报验“一条龙”服务，口岸有面积为1700m^{2}的验货场，2个较为活跃的边贸互市点。2009年口岸进出口货值达6.9亿美元，完成进出境人员超过300万人次，为云南及西南地区对越贸易和人员往来的主要口岸。随着中国—东盟自由贸易区的建立，2010年，河口口岸出入境人员达325.8万人次，交通工具14万余辆次，国际联运列车742列次；口岸进出口总值达64亿元，同比增长37%。

13．天保口岸

天保口岸位于文山壮族苗族自治州麻栗坡县，与越南河江省清水口岸对接，距越南河江省省会河江市23km，距河内341km。口岸于1954年开通，1960年关闭，1963年口岸恢复对外开放，1978年口岸关闭，1993年2月，经国务院批准恢复天保口岸正式对外开放，属中越边境公路运输一类口岸。

文山州人民政府口岸办公室对该口岸实施口岸管理，天保海关、天保边防检查站、文山出入境检验检疫局担负口岸的查验任务。天保口岸已在传统小额贸易基础上，形成以电力、汽车、芭蕉芋粉、水果、蔬菜出口为主，以日用品出口为辅，以干果、矿产品进口为主，以海产品、茶叶进口为辅的进出口格局，打破了以往主要是矿产品进日用百货出，商品互补性较差的单一格局。2009年，天保口岸出口电力14.48亿kW·h，同比增长72.9%，占进出口总值的59%；出口各类鲜活易腐货物36206t，价值1782万美元，占进出口总值的14%；花卉等活植物出口1842t，价值220万美元；出口各类蔬菜4728t，价值262万美元；出口芭蕉芋淀粉27378.4t，出口创汇727万美元，占进出口总值的5.7%；进口各类矿产品38261t，价值610万美元，占进口总值的56%。

2010年1月～10月，天保口岸实现进出口总值14250万美元，同比增长

42%，创历史新高，其中出口13377万美元，同比增长45.7%，进口843万美元，同比下降0.8%；进出口货运量93665t，同比增长13.2%，其中出口货物量36288t，同比下降42.8%，进口货物57377t，同比增长197.8%。出入境人员172856人次，同比增长4.6%，其中出境人员86830人次，同比增长5.3%；入境人员86026人次，同比增长3.8%；出入境车辆10619辆次，同比下降14%，其中出境车辆5380辆次，同比下降15%，入境车辆5239辆次，同比下降13%。天保口岸贸易发展的主要特点包括两点。一是“电出矿进”格局逐渐形成，前10个月出口电力达20.2亿kW·h，价值10305万美元，占出口总值的77%；进口各类矿产品43792.5t，价值558万美元，占进口总值的66.2%。二是进出口商品种类比较单一，出口的商品主要是电力、水果、汽车、机电产品、芭蕉芋淀粉等；进口的商品主要是矿产品、药材、木制家具、胶合板、腰果等。

14．片马口岸

片马口岸位于云南省怒江傈僳族自治州泸水县片马，1991年云南省批准其为二类口岸对外开放，属中缅边境公路运输二类口岸。口岸距缅甸北部城市密支那224km，口岸有三条公路通向国外，交通十分便利。

泸水县人民政府口岸办公室和片马管委会负责口岸协调管理工作，边检、海关、检验检疫部门在口岸开展查验工作。2010年，片马口岸进出口货值达1300万美元，完成进出口货运量17万t，完成进出境人员18万人次，出入境车辆7.2万车次。

15．盈江口岸

盈江口岸位于德宏傣族景颇族自治州盈江县，与缅甸克钦邦第二特区接壤，距缅北八莫150km，距密支那180km，距仰光1200km，距印度雷多540km。1991年经云南省批准为国家二类口岸，属中缅边境公路运输二类口岸。

盈江县人民政府口岸办公室负责对该口岸协调建设管理，盈江海关、德宏出入境检验检疫局驻盈江办事处、盈江边境检查站担负检查任务。2009年，盈江口岸出入境人员达到了104万人次，出入境交通工具16万辆次，货运量20万t，进出口额0.94亿美元。2010年1月～6月，出入境人员同比增长12.61%，出入境交通工具同比增长14.48%，货运量同比增长42.96%，占全州总量的17.52%，进出口额也同比大幅度增长。

16．章凤口岸

章凤口岸位于德宏傣族景颇族自治州陇川县，与缅甸北部雷基市接壤，距八莫93km。1991年经云南省批准为国家二类口岸，属中缅边境公路运输二类口岸。

陇川县人民政府口岸办公室对该口岸协调管理，章凤海关、德宏出入境检验检疫局驻章凤办事处、章凤边境检查站负责对该口岸检查任务。2010年，章凤口岸出入境人员、出入境交通工具、进出口货运量、进出口总值分别比2009年增长20.9%、81.2%、58.8%、73.5%，约为32万人次、4万辆次、20万t和15.79亿元。

17．南伞口岸

南伞口岸位于临沧市镇康县，与缅甸掸邦第一特区接壤，距缅甸果敢县12km，距缅甸腊戍197km，距佤城484km，距仰光1177km。1991年经省政府批准为二类口岸，属中缅边境公路运输二类口岸。

镇康县人民口岸办公室主要负责对该口岸的协调管理，南伞海关、南伞边境检查站、南伞检验检疫局担负着口岸查验任务。2010年1月～3月，南伞口岸出入境人员为189102人次，同比增长0.5%，其中出境为93710人次，同比增长4.6%，入境95392人次，同比减少3.1%；出入境交通工具为45402辆次，同比减少18.85%，其中出境22506辆次，同比减少19.03%，入境22896辆次，同比增长18.7%；货运量为76609t，同比减少57.6%，其中进口68284t，同比减少59.67%，出口8325t，同比减少26.6%；进出口货值为619.55万美元，同比减少33.69%，其中进口额完成305.9万美元，同比减少47.87%，出口额完成313.65万美元，同比减少9.74%。

18．沧源口岸

沧源口岸位于临沧市沧源县，与缅甸掸邦第二特区接壤，有芒卡和永和两个出境通道，1996年经云南省批准为二类口岸，属中缅边境公路运输二类口岸。

沧源县人民政府口岸办公室主要负责对该口岸的协调建设管理，沧源海关、沧源边境检查站、沧源检验检疫局担负着口岸查验任务。2009年口岸进出口货值达0.51亿美元，进出口货物总量8.2万t，完成进出境人员27万人次，出入境车辆5.3万辆次。

19. 孟连口岸

孟连口岸位于普洱市孟连傣族拉祜族佤族自治县，与缅甸掸邦第二特区接壤，有勐阿和芒信两条出境公路以及7条为非指定通道，经芒信通道至缅甸大其力360km，到泰国清莱府415km，由景栋西行至仰光1347km，县城经勐阿通道至缅甸曼德勒586km。1991年经云南省批准为国家二类口岸，属中缅边境公路运输二类口岸。

孟连县人民政府口岸办公室主要负责对该口岸的协调管理，孟连海关、孟连边境检查站、孟连检验检疫局担负着口岸查验任务。孟连口岸主要出口的物资有百货、食品、建材等，进口的主要物资是木材、矿产。2009年下半年以来，由于缅甸国内局势紧张，使中方在境外的替代种植企业人员、物资大量回撤，出入境车辆、人员、物资都大量增加，木材、矿产进口也比往年有较大幅度的增长。2009年，孟连口岸进出口货运量194654t，同比增长23%；进出口总额7360.37万美元，同比增长15%；出入境交通工具37829辆次，同比增长25%；出入境人员达473245人次，同比增长22%。2010年1月～3月份，口岸进出口货运量66134t，同比增长12%；进出口总额1624.7万美元，同比增长25%；出入境交通工具20983辆次，同比下降18.7%；出入境人员达122081人次，同比下降12.6%。

20. 田蓬口岸

田蓬口岸位于临沧市富宁县，与越南苗旺、同文两县接壤，距越南同文县24km，苗旺县35km，河江省会110km，河内451km。1996年9月27日经省政府批准为二类口岸对外开放，属中越边境公路运输二类口岸。富宁县人民政府口岸办公室负责对该口岸协调管理，田蓬海关、田蓬边防检查站、田蓬出入境检验检疫局担负口岸查验任务。2010年田蓬口岸出入境人员达103700人次，交通工具3408辆次，货物进出口60038t，进出口货值6850万美元。

此外，正在报国家批准拟新开的勐康口岸、都龙口岸（一类口岸）的建设步伐正在加快。

地处普洱市对老的勐康口岸，2009年，口岸进出口货运量165358t，同比增长304%；进出口总额965万美元，同比增长206%；出入境人员达121334人次，同比增长103%；出入境交通工具40663辆次，同比增长125%。进口货物主要是替代项下返销国内农产品、资源性产品，2009年进口原煤16200t，进口原木14000m^3。

地处文山州的对越都龙口岸，2010年，完成进出口额2787万美元，同比增长63.5%，其中出口1519万美元，同比增长55%，进口1268万美元，同比增长74.9%；进出口货运量32074t，同比增长35.4%，其中出口17883t，同比增长32.5%，进口14191t，同比增长39.3%；出入境交通工具2627辆次，同比增长40.5%，其中出境1413辆次，同比增长37.2%，入境1214辆次，同比增长44.5%；出入境人员37562人次，同比增长33.7%，其中出境17651人次，同比增长29.7%，入境19911人次，同比增长37.3%。

第二节 云南省与周边国家口岸设施与交通基本情况

（一）云南省边境口岸基础设施状况

由于云南省边境口岸所依托的城市经济体量相对偏小，经济发展水平相对较低，边境地区25个县的财政收入仅为全省平均水平的32%，农民人均纯收入仅为全省平均水平的74%，有17个县是国家和省级贫困县，边境地区人均GDP仅达到云南省人均GDP的65%左右。边境口岸的服务需求与经济发展之间未能更有力地形成以口岸促进经济发展，以经济发展带动口岸繁荣的大发展格局。尽管近年来云南省加大了对边境口岸基础设施的建设投资，口岸状况有了很大的改善，但是随着贸易量和出入境人员的较快增长，口岸基础设施建设落后等制约因素不断凸显，影响了口岸功能的较好发挥。

如瑞丽口岸，是云南省边境口岸中设施相对较为完备的口岸。目前已建有一定规模的联检中心，作为对瑞丽口岸姐告边境贸易区实施“境内关外”特殊监管的办公场所，占地30亩（约20000m^2），总建筑面积5556m^2，联检查验中心查验货场2010年2月投入运营，占地面积117.62亩（约78400m^2），建设总规模18853m^2，“一关两检”的三家单位均已入驻，出入境通道由早先的6条扩建为24条，并更新口岸查验设备，在口岸现场配置了高科技查验设备，建立了集电视监控、网络传输、电子信息管理、LED显示和通信联络等功能于一体的网络监控指挥系统等。但是，随着云南省对外开放的不断深入发展，瑞丽口岸进出境的客流、货流持续快速增长，现有设施仍不能适应发展需求。存在的问题主要包括：检查大厅面积较小，检查大厅功能上未设置旅客候检区；口岸限定区域划定不合理；无边防检查现场专用执勤用房；人员车辆混合通道未实行分流；未设置专门车体检查场地；口岸封堵拦阻设施差；验证台设置不合理；边境拦阻设施差等。针对这些问题，瑞丽口岸功能完善项目在省政府审批立项后，2010年10月又开始着手开工建设。

同样，河口口岸是云南省边境主要货运进出口口岸，但其设施仍存在硬件滞后，机构办公地点分散等问题，也无法满足河口口岸对外开放和边境贸易快速发展的需要。

其他口岸此类问题更为明显，口岸基础设施建设比较落后，配套设施不完善，通关能力弱；一些口岸没有国门、验货场、储货仓，多数通过规模较小的口岸没有联检设施，或仅有简易设施，口岸占地面积小，过货能力不足，口岸功能无法发挥应有的整体效用，跟不上口岸物流和进出境客流快速增长的需求。同时，许多边贸公路等级低、路况差，货车通行困难，制约口岸对外贸易的发展。

“十一五”末以来，随着云南省桥头堡定位的明确，以及对外经济贸易的发展，国家和地方各层面均对口岸的重要性有了新的认识，云南省口岸建设力度不断加大。2009年云南省政府出台了关于加快推进通关便利化的若干意见，明确从2009年到2012年每年安排口岸建设专项资金不低于2.2亿元，相当于“十一五”前4年的投资总额。专项资金主要用于加快口岸查验设施、仓储物流、货场等基础设施建设。重点完善河口、瑞丽、磨憨等13个国家一类口岸查验配套设施建设，改造升级7个二类口岸查验基础设施，推进4个拟新开口岸和重点通道建设等。

2009年和2010年两年口岸基础设施建设投入超过5亿元，至2010年云南省按照力保重点、兼顾一般、分步实施、协调发展、分类指导的原则，严格按建设的相关程序和《云南省口岸建设专项资金管理办法（试行）》的规定，完成了各口岸总体规划的批复实施；完成了瑞丽、打洛、南伞、孟连口岸查验货场及磨憨、河口、南伞、孟连、片马、田蓬、勐康口岸联检楼建设项目；开工建设河口、勐康口岸查验货场，以及天保、腾冲、章凤、盈江、沧源、都龙口岸联检楼和查验货场等项目。如，2010年章凤口岸新建联检楼占地面积6572m^2，建筑面积2772m^2，概算投资877.53万元，于2011年上半年竣工；新建口岸配套查验货场占地面积21334m^2，建筑面积5040.05m^2，室外硬化面积31209.17m^2，概算投资1899.39万元，计划2011年6月竣工。

（二）周边国家口岸基础设施总体状况

云南省周边缅甸、老挝、越南等国家的经济发展总体水平相对落后，其边境口岸的基础设施总体较差，多数口岸设施简陋，且缺乏联检设施，设备陈旧，通过能力不足，通过效率低下。

中国与东盟国家之间还存在着口岸不对等的情况，以南伞口岸为例，目前正在从二类口岸向一类口岸转变，各项基础设施得到了很大改善，但与之相对应的缅甸却没有对等的口岸来衔接。又如，中国田蓬—越南上蓬口岸，由于越方对口岸基础设施建设的投入力度不够，各项基础设施建设滞后，边境公路等级低，多为泥土石山路，路面狭窄，弯多坡陡，大货运车辆难以行驶，严重影响了双方贸易的扩大发展。

此外，双边口岸在政策、法规等相关信息未能实现共享，而且，周边国家口岸普遍信息化、现代化的管理手段建设滞后，口岸进出的人员、货物、交通运输工具等难以实现快速通关。

（三）通往口岸的干线通道

云南省与周边国家20个口岸交通由公路、铁路、民航、内河等方式构成，其中公路口岸达到15个，是云南省与周边国家交通的主要方式。从运行的情况看，公路口岸过货量占云南省所有口岸完成的货运量比重最高，2008年即达到62%，完成的出入境人员比重达74.5%，2010年随着猴桥等公路口岸的货运量快速增长，这一比重还在不断提高；铁路口岸完成的货运量比重其次，2008年约占口岸货运总量的33%，但在新建铁路基础设施未投入之前，铁路口岸通过量将呈现萎缩态势，2010年完成货运量比重低于30%；内河口岸完成的货运量比重较小，2010年占口岸货运总量的2%；航空口岸完成的货运量（含东南亚周边国家以外的航线目的地国家）比重较低，近年来航空口岸完成货运量占全省口岸的0.2%，完成的货值比重较高，约占20%，2010年完成的出入境人员比重约为5.8%。

1. 公路口岸的干线公路通道

云南省边境15个公路口岸从昆明出发的主要干线公路通道有4个方向，即经磨憨口岸通往老挝、泰国的昆曼公路；经瑞丽口岸通往缅甸的昆仰公路和昆明至皎漂港公路；经河口口岸通往越南的昆河公路，经腾冲猴桥口岸通往缅甸、印度、孟加拉方向的昆明至吉大港公路。除昆明至吉大港公路尚处于前期研究外，其他3个方向的公路主通道均为既有通道，目前正在有序推进公路等级的提升改造。

昆曼公路起点为昆明，终点为泰国曼谷，全长1823km，由中国境内段、老挝段和泰国境内段组成。该公路在我国的出境点为磨憨口岸，由昆明至磨憨口岸全长700km，其中已建高速443km，二级公路71km，在建高速18km，在建一级公路18km，在建二级公路150km；老挝入境点为磨丁，至泰国的出境点为会晒，老挝段全长240km，基本由4级公路构成；泰国入境点为清孔，由清孔至曼谷全长890km，全部由高速公路构成。2008年昆曼公路建成后，从昆明到中老边境的磨憨仅需要10h左右，从昆明到曼谷也由40h缩短到20h，连接老挝、泰国的会晒—清孔跨湄公河大桥预计将于2012年建成，届时将实现昆曼公路全线陆路贯通，行车时间将进一步缩短。

昆仰公路起点为昆明，终点为缅甸仰光，全长1903km，该公路在我国的出境点为瑞丽口岸，我国境内段由昆明至瑞丽全长736km，其中已建高速475km，二级公路154km，在建高速107km；缅甸境内段全长约1167km，经由腊戍、曼德勒到达仰光，缅甸境内段道路等级较低，基本由四级路或等外公路构成。

昆明至皎漂港公路起点为昆明，终点为缅甸皎漂港，全长1900km，其中云南境内段727km，已建高速579km，二级公路148km；缅甸境内段1200km，基本由四级路或等外公路构成。

昆河公路起点为昆明，终点为越南河内，全长713km，该公路在我国的出境点为河口口岸，境内段由昆明至河口全长417km，已建高速78km，二级路198km，在建高速141km；越南入境点为老街，老街至河内段全长296km，原公路等级较低，目前已经开工进行高速公路的建设。越南境内段高等级公路建设完成后，昆明至河内公路将实现全程高速，行车时间也将缩短为6～7h。

昆明至吉大港公路通道将是云南通往印度、尼泊尔等南亚国家的重要通道，目前该公路通道正处于前期研究阶段。

除了上述干线公路通道直接相通的口岸以外，其他公路口岸基本上都是通过一般公路或部分高等级公路与以上干线公路通道相接形成干支网络，如，天保口岸正在建设至文山的二级公路。这些口岸对应境外相接的公路普遍等级都较低，如德宏州相关口岸分别建成了姐告—曼德勒、畹町曼满—东阳、瑞丽弄岛—八莫、陇川章凤—八莫、盈江拉邦—密支那等一批跨境公路，但大多等级都较低，最好的相当于我国的二级公路。

2. 铁路口岸的干线铁路通道

云南省既有的铁路口岸只有中越边境的河口口岸，云南省对外铁路通道目前也仅有昆河铁路。既有昆河铁路为原滇越铁路北段，20世纪初建成通车，铁路建设标准为米轨，境内段基本走向为昆明经宜良、开远至河口，全长约450km，境外段为越南老街经河内至海防，全长不到400km。

滇越铁路昆河米轨线在云南与越南的经贸发展中发挥了巨大的作用，但随着高速公路的建设，米轨自身运力不足、物流周转期长、与准轨衔接困难、维护成本高等一系列问题日益凸显，该线路的功能萎缩。2003年昆河米轨线客运停止，现主要运行货车，但货物运输量近也呈现逐年减少的态势。2009年，铁路货物运输量为714万t，比2005年减少了230万t。

目前，我国正在新建昆河铁路（准轨），境内段全长323km，由昆玉、玉蒙、蒙河三段构成，昆玉段属于既有铁路复线电气化扩能改造，全长50km，改造后设计速度200km/h，目前征地等问题已经解决，即将开工；玉蒙段、蒙河段全长均为141km，为单线Ⅰ级电气化山区铁路，设计速度120km/h，至2010年已分别完成约70%、25%的投资，预计2013年昆河铁路境内段将全线贯通，与越南境内的滇越米轨铁路相连，构成泛亚铁路东线的国际大通道。

为了昆河铁路（准轨）境内段能够通过越南与东南亚铁路网对接，目前正计划在中越边境河口建一个现代化的准轨米轨换装场，以实现货物跨国运输便捷运达。与此同时，越南也在积极推进老街经河内至海防准轨铁路的建设，2007年中越已签订该项目的合作协议。

此外，我国《中长期铁路网规划（2008年调整）》确定，2020年前新建中国与老挝、泰国方向的昆明经景洪至磨憨段铁路、中国对缅甸方向的大理至瑞丽段铁路。目前，中老泰铁路境外段中，中老双方已签订高速铁路合作协议，计划2011年开工，2015年建成；中泰两国政府已经就高铁建设计划签署了框架协议，并已经泰国国会批准。大理至瑞丽的大瑞铁路全长336km，正在建设，瑞丽至缅甸皎漂港铁路正在做前期工作。

3. 内河口岸的水运通道

云南省拥有思茅、景洪港两个内河口岸，所依托的内河国际航道为澜沧江—湄公河航道。澜沧江—湄公河国际航道流经缅、老、泰、柬、越5个国家，全长4880km，其中中国内河2130km，中缅界河31km，老缅界河234km，老泰界河976km，老挝内河777km，柬埔寨内河502km，越南内河230km。目前，通航河段起点为云南省景宏市思茅港（由于景洪水电站的建设，思茅港区处于断航阶段），从勐腊县南腊河口244号界桩处出境，终点为老挝琅勃拉邦港，途经缅甸、泰国、老挝，全长约786km。景洪至中缅边界为五级航道，可通航300t级船舶，境外段常年通航200～300t级船舶。

4. 航空口岸国际航线网络

云南省目前航空对外口岸包括昆明机场口岸、西双版纳机场口岸，其中昆明机场开通对外航线31条，至周边国家航线有8条，分别连接昆明与泰国、马来西亚、新加坡、缅甸、越南、印度、老挝等7国，西双版纳机场开通西双版纳至泰国曼谷国际航线，即将开通至万象、清迈等航线。

云南省口岸主要干线通道如图11-2所示。

图11-2　云南省口岸主要干线通道示意图

第三节 边境通关与运输便利化

（一）云南省边境口岸的通关服务现状及问题

1. 云南省海关设置

中华人民共和国昆明海关是直属于海关总署的局级海关机关，履行云南省海关监管、征税、查私等各项职能，云南省口岸海关均隶属于昆明海关，目前昆明海关下属海关机构与云南的对外开放相适应，共有21个隶属海关，分别是机场海关、瑞丽海关、芒市海关、畹町海关、章凤海关、盈江海关、腾冲海关、大理海关、河口海关、金水河海关、天保海关、都龙海关、田蓬海关、孟定海关、南伞海关、沧源海关、西双版纳海关、打洛海关、思茅海关、孟连海关、勐腊海关。

2. 口岸的通关服务

“十一五”以来，随着口岸建设的推进，云南省口岸通关环境不断改善。一是改进口岸通关模式，延长通关时间，有效地提升了通关的效率和便捷程度。具体措施包括，在重点口岸和条件成熟的口岸推行了检查检验“一条龙”、“一个窗口服务”的通关模式；联检机构实行24h预约通关等。二是昆明海关启动了出口分类通关改革，以企业守法管理为核心，综合企业类别、商品归类、价格、贸易国别、物流信息等要素，按照风险高低对进出口货物进行分类，在通关过程中实施差别化作业，以此来实现海关资源的节约和通关效率及服务水平的提高。

2010年9月，昆明海关在关区范围内选择了业务量较大、监管条件基本达到要求的机场海关、河口海关、瑞丽海关进行出口分类通关改革试点。试点以来，昆明关区641家企业享受了分类通关出口“低风险快速放行”的便利通关模式，占关区出口分类通关改革试点企业总数的74.1%，三个试点海关近70%的出口货物以系统自动放行方式通关，分类通关出口平均时间极大缩短，整体通关效率明显提升。在试点成功的基础上，2011年4月1日起，昆明海关在全关区范围内统一铺开出口分类通关改革。

3. 非边境地区的货物进出境服务

云南省非边境地区的货物与周边国家进出境区域通关服务，目前可以采取的通关模式有以下几种。传统的模式有两种：一种是把货运到边境口岸办理出口手续；另一种则是在属地海关办理转关运输，边境口岸海关核销。目前，对于具有特定的信誉和资质的企业，可采用企业在非边境地区海关进行报关，运输至边境口岸进行验放，即“属地申报，口岸验放”模式。

由于口岸的设施能力不足，尤其是口岸的物流设施不足，传统模式下，通关手续复杂，中间环节的物流成本将出现较大增加，给企业运行带来一定的负担。

采用“属地申报，口岸验放”模式，非边境地区进出口货物的监管货场可以设在属地，企业可在属地集中办理检、签发进口付汇和出口收汇、退税证明联等手续，避免了企业属地和口岸之间多次往返和函电联系，一定程度上为非边境地区的货物进出境带来便捷，但需要企业具有一定的资质，同时要求海关在通关上的进一步便捷化。

云南省建设面向西南开放的桥头堡战略背景下，要求区域外向经济的集约发展，以点带面，增强辐射范围。对于外向经济较为发达，进出境通道密集，进出口货物相对集中的地区，如昆明市，应进一步提升进出口的服务功能，结合昆明市交通网络结构的调整，可在国际铁路货运集中的枢纽站场区域设置内陆口岸，针对便于进出口海关管理的集装箱等货物进行进出境服务。

4. 存在的问题和不足

云南省口岸通关信息化有待进一步推进。尽管云南电子口岸于2009年8月正式上线运行，目前已初步实现了跨地区、跨部门、跨行业的信息共享和联网核查，但仍需要进一步推动和整合口岸各方信息资源，实现跨地区、跨部门、跨行业的信息共享和联网核查，提高通关流程的自动化和通关效率。

针对非边境地区的货物进出境服务，还需要进一步加强口岸间的协作和衔接，创新和完善口岸通关模式，规范和简化转关监管，推广“属地申报，口岸验放”的适用范围，并适时推进昆明陆路口岸的建设，提高非边境地区货物进出境的海关服务水平。

专栏11-1 乌鲁木齐海关的通关管理改革经验

乌鲁木齐海关从发挥新疆口岸通道作用入手，积极加强了与内地各海关的合作。从2006年到2010年，先后与70多个隶属海关建立了转关联系沟通，还与天津、西安、北京等19个内陆海关签署了《区域通关合格备忘录》，启用“规范和简化转关监管”和跨关区“属地申报、口岸验放”的通关监管模式，实现进出口货物在我国境内各口岸“一次申报，一次查验，一次放行”，大大缩短了通关时间。

乌鲁木齐海关还针对所辖口岸进口货物以资源、能源商品为主的特点，提出“一类口岸作为进口资源能源通道型口岸、后续监管场所作为出口商品集散地”的通关功能定位，对口岸进口的大宗资源性的矿产品度身定制了“直通式验放”、“F通道”等便捷通关模式，A类和AA类企业还可以享受“舱单归并、集中申报”的特定便捷通关措施。

针对管道和进口油、气的特殊性，海关专门建立了以定期申报、优先处理、24h实地监管三大措施为主的监管模式，进口企业可以以一个公历月为一个申报周期，凭合同、商业交接单和通关单等办理通关手续，同时在通关、监管、放行等各环节均可享受优先办理手续。另外针对管输能源24h不间断的特殊性，无需企业申请，该关提出了24h实地监管，随叫随到的承诺。

2010年7月，乌鲁木齐海关正式启动出口货物分类通关改革。海关分类通关模式是以企业守法管理为核心，综合企业类别、商品归类、价格、许可证件、贸易国别、航线、物流信息等各类风险要素，海关电脑系统对报关单电子数据进行实时风险分析，实施红绿通道判别，对绿通道的报关单直接转现场处置，按风险高低分别实施“低风险快速放行”、“低风险单证审核”和“高风险重点审核”;对红通道的高风险报关单实施专业审单，根据专业审单结果，由接单现场实施上述3种作业方式。

（二）同周边国家通关与运输便利化的有关协定及措施

1. 国家间的相关协定

口岸的通关及运输涉及国家的主权，因此，以国家为主体，在两国或多边层面上进行系统推进，是实现通关及运输便利化的主要渠道。国家层面推进通关及运输便利化的形式主要是，以国家间签署在海关、交通等相关领域的协议和协定的形式，从总体上明确通关及运输便利化的方向和主要内容。

目前，涉及云南省与周边国家通关及运输的主要相关双边、多边协议协定如下。

（1）《亚洲公路网政府间协定》。2004年4月我国签署《亚洲公路网政府间协定》，亚洲公路网连接亚洲各国首都、工业中心、重要港口、旅游及商业重镇，覆盖除西亚外的几乎整个亚洲地区，目前有32个亚太经社会成员国加入，入网公路里程超过14万km。该协定在成员国公路标识上推进与兼容统一的公路标识及编号，并规定了统一的亚洲公路分级和设计标准，为亚洲公路的建设、改善和养护提供最低标准和指南，同时规定，联合国亚太经社会须设立一个亚洲公路工作组，审议该协定的执行情况和任何修订建议。因此，《亚洲公路网政府间协定》从硬件上为开展包括中国与东盟在内的区域性公路运输合作提供了基础条件，但从运行角度看，根据亚太经社会的规划，加入亚洲公路网并签署协定只是公路路线的加入，不意味着一国在运输权益上对外国的开放，有关允许外国车辆入境、通行车辆数、通达距离等运输权益中的具体问题，仍需有关主权国家通过双边或多边谈判签署汽车运输协定来确定。

（2）《中国—东盟交通运输合作谅解备忘录》。2004年12月，我国与东盟在老挝首都万象签署了《中国—东盟交通合作谅解备忘录》。备忘录提出双方应在平等、互利和互惠的基础上，根据各自的国内法律和法规以及适用的双方共同参加的国际条约和公约，在各自的权限范围内开展交通领域的合作。合作领域包括交通基础设施建设、交通运输便利化、海上安全与保安、航空运输、人力资源开发、信息交流及其他等方面，并规定我国交通部与东盟秘书处为双方的协调机构。备忘录的签署为我国东盟各国建立长期稳定的交通合作关系提供了制度保障。

（3）《中国—东盟海运协定》。2007年11月，我国与东盟共同签署了《中华人民共和国政府与东南亚国家联盟政府海上运输协定》。该协定签署的目的是为缔约方的海上运输活动提供便利，提高中国与东盟各国在海上运输事务中的合作，协定一共有16条，主要包括港口待遇、便利化运输、船舶证书、船员上岸出入境和过境、船舶司法管辖权、支付和汇寄、海运合作、争端解决机制及保护国家安全和公共卫生等方面的内容。其后举行了多次的年度磋商会议，协定的签署已成为维护中国与东盟海运关系健康发展的一个重要法律文件，海运合作发展所带来的运输便捷化和低成本，将更有效推进双方的贸易和合作。

（4）《中国与东盟航空合作框架》。2007年，在第六次中国—东盟交通部长会议上，在签署《中国—东盟海运协定》的同时，会议审批通过了《中国与东盟航空合作框架》，并讨论了《中国与东盟航空运输协定》。《中国与东盟航空合作框架》提出了双方在航空合作上的意愿、目标以及大致的内容，为下一步签订具体的航空运输协定奠定了基础。

（5）《大湄公河次区域六国便利运输协定》。大湄公河次区域六国包括老挝、泰国、越南、柬埔寨、缅甸、中国，1999年老、泰、越三国先行签署了该协定，随后2001年、2002年柬埔寨、缅甸分别加入该协定，我国于2003年9月正式加入该协定。《大湄公河次区域六国便利运输协定》是综合性多边法律文件，其中涵盖了有关跨境运输便利化的各个方面。包括一站式通关、人员的跨境流动、运输通行制度、公路车辆将必须具备跨境通行的先决条件、商业通行权利的交换，以及基础设施相关标准、标识、信号。该协定将在签约国选定的和相互同意的线路和出入点上采用。

此外，协定还包括了17个附件和3个协定书，17个附件分别是危险品的运输、国际运输中使用的机动车登记、易腐烂物品运输、跨境手续的简化、人员的跨境流动、过境运输和国内运输的清关制度、公路交通和标识信号、机动车辆的临时入境管理、跨境交通营运的营运者的许可证标准、运输条件、公路和桥梁的设计与建设标准和规格、跨境和转口运输便利与服务措施、综合型运输工具的责任制度、跨境运输的综合型营运者的许可证标准、集装箱关税制度、商品分类体系、驾驶许可证标准，3个协定书分别是走廊、线路，以及（跨境）进出点的批定、关于转口交通运输的收费、服务的时间与部门和配额与许可证的发放。2007年3月所有文件签署完毕，各国海关、质检、边防和交通等部门在货物和人员跨境运输签署的一站式联检等便利措施，开始陆续实施。

（6）《澜沧江—湄公河商船通航协定》。2000年，我国与泰国、缅甸、老挝在缅甸签署《澜沧江—湄公河商船通航协定》，协定规定自协定签署之日起一年后，四国之间实现澜沧江—湄公河商船通航，通航水域从中国的思茅港至老挝琅勃拉邦港，船舶在此区域内可自由航行，不征收任何税费，在办理进出港手续、海关及其他手续和服务上给予优惠待遇，四国一共开放的港口13个，我国开放港口为思茅、景洪、孟军、关累，其中思茅、景洪为一类口岸。

（7）部分双边协定。除上述中国与东盟以及湄公河次区域国家签署的相关多边协议、协定外，我国还与东盟诸多国家签署了各种双边协定，如与云南省接壤的越南、老挝均与我国签署了双边汽车运输协定，与东盟10国均签署了双边航空运输协定等，为我国与周边区域的运输提供了法律依据。

2．云南省与周边国家通关和运输便利化现状及采取的措施

国家间的协议和协定往往解决的是宏观层面的方向性问题，其最终落实是通过边境口岸的运行实现的。在实际运行过程中，微观环节问题的解决往往需要地方省、市级政府的协调。对于国家层面还没有解决的问题，地方政府也可以在获得批准的情况下，签署地方政府与相关方的协定，试点运行，促进国家层面协议协定的完善，因此地方政府也是推进通关及运输便利化的重要主体。其推进形式一般是通过地方政府间的沟通，达成对具体问题的解决方案，签署特定协定，先行试点，对于重要和具有共性的问题，通过试点后自下而上推动国家间相关问题的解决。

近年来，云南省相关部门按照国家“以邻为伴、与邻为善”和“睦邻、安邻、富邻”大政方针，与周边国家积极开展双边及多边交流，努力促进区域通关和运输的便利化。

我国与老挝、越南已经签署双边运输协定，在此基础上，云南省积极开展双边运输，近年来开通多条运输线路，如与老挝在开通13条国际道路运输班线基础上，2009年又新开通3条直达客货运输线路。

先行先试，灵活开展国家间通关与运输。我国与缅甸虽未签署双边运输协定，云南省边境地方政府采取与缅方签订相关试点协议的办法，在开通2条客运线路的基础上，2009年又开通了瑞丽口岸、打洛口岸非定期国际道路旅游客运，中方货运车辆也可以通过上述口岸进入缅境内；在中老泰尚未签署三边运输协定的情况下，云南省与相关国家采取中泰两国先期组织运输车辆在老挝地方口岸采用接驳和换装等方式进行运输业务，为昆曼公路中泰车辆直达运输奠定了基础。

3．民间层面的推动作用

民间层面的推动主要由各类企业以及国家间交流协会进行，政府层面达成的协定和协议往往已经相对成熟，作为通关及运输便利化的最终实践者，民间层面在实际操作中会触及较为复杂和特定阶段内难以采用正式的协议予以明确的问题。通过民间交流，在法律法规允许的前提下，采用双方可接受的方式进行运作，可实现上述问题的解决，甚至逐步形成约定俗成的模式，推进国家层面上相关问题的明确。

如昆曼公路民间协调机制的建立，就是民间层面推进通关和运输便利化的一个案例。2010年，针对昆曼公路通而不畅的运行现状，云南省东南亚南亚经贸合作发展联合会、老挝国家科学与工程协会联合会、泰国城乡发展基金会，在昆明举行了三方会谈，签署《关于共同组建中老泰昆曼经济走廊交通运输贸易物流便利化三方民间协调机制的会议纪要》，最终形成《关于建立昆曼公路民间协调机制的请示报告》，得到了云南省政府相关部门的重视和支持。

中老泰昆曼经济走廊交通运输贸易物流便利化三方民间协调机制，将作为政府协调机制有效补充的民间力量，配合政府部门为共同推进便利化运输各项工作的落实发挥积极作用，特别是为贸易物流企业投资服务发挥国际协调作用。

（三）云南省与周边国家间通关及运输的现状和问题

上述我国与东盟尤其是云南省周边国家间各协定的签署，为云南与东盟各国的通关及运输便利化奠定了基础。但还存在协议尚不全面，或尚缺少具体措施，在此基础上，目前云南省与周边国家的通关及运输现状如下。

1. 云南省与周边部分国家间的车辆不能直通运输

目前，云南与老挝、缅甸正在积极推进车辆过境直达运输，其中与缅甸间的车辆过境运输尚缺少国家层面的协议支撑，与越南间的车辆过境直达运输正处在协商开通中。

我国与老挝已经签署双边运输协定，中老边界的磨憨/磨丁口岸实现了GMS便利化运输措施，我国的客货车在磨憨/磨丁口岸办理入境手续后，可以在老挝境内通行。

我国与缅甸未签署双边运输协定，目前采用的是地方政府与缅方签订相关试点协议的办法，进行直达运输。

我国与越南间虽于1994年签署了双边汽车运输协定，但不支持车辆直达运输，目前两国间的运输主要是在两国口岸货场间倒短过驳（换装），2007年两国政府签署《关于在中越河口—老街启动实施大湄公河次区域便利货物及人员跨国运输协定的谅解备忘录》，在此基础上，2010年两国间正协商4条客货线路“点对点直达运输”，有望近期开通。

2. 云南与周边国家间的交通基础设施衔接不畅

尽管云南省“十一五”以来对外交通基础设施发展迅速，公路、铁路总量持续增长，路网密度和设施等级也在不断提高，但由于境外段交通设施相对落后，对口岸外贸运输效率产生了不利的影响。以昆曼公路为例，中国、老挝、泰国共同出资建设昆曼公路老挝段虽然修建标准并不低，但由于缺乏基本维护路况较差，同时会晒大桥仍未建成，昆曼公路无法实现全程陆路通车，同样，昆仰、昆河等公路境外段大多由四级以下的低等级道路构成，严重影响了运输效率。

3. 云南省与周边国家间外贸运输通关不畅

尽管我国与东盟多国在多种运输领域签订各种通关、运输协议和协定，但在通关的实施过程中，仍然存在各种障碍。具体包括外贸货物经过各国口岸需重新检验，如通过澜沧江—湄公河的货物运输在多个过境口岸需要重新进行货物检验和装卸；口岸运行在时间上缺乏衔接，部分境外口岸开通时间较短，外贸运输通过效率难以保障；口岸功能不能很好支撑货运需求，如中泰检验检疫协定仅核定景洪港为泰国水果进口指定报关口岸，磨憨口岸则不行，人为限制了昆曼公路的运输需求。

4．各国通关及运输收费不规范，费用高昂

云南边境口岸外贸运输过程中往往经过多个国家，需要多次进行海关查验，相关国家缺乏合理的口岸通过收费制度和标准，该项费用往往远高于我国，同时各国间对于运输的费用收费也不规范，部分国家甚至出现乱收费现象。

5．云南与周边国家间运输的安全保障不足

由于部分周边国家存在政治上的不稳定因素，云南省对周边国家的外贸运输过程中，存在一定的安全保障问题。如中缅贸易的运输过程中，缅甸境内段沿途由缅甸政府军和地方武装交替控制，缺乏稳定的环境，车辆、人员安全得不到保障，在澜沧江—湄公河内和国际航运中，还曾出现枪击事件，从而抑制了外贸的发展和运输需求的增长。

（四）进一步推进通关与运输便利化的措施建议

1．加强口岸通关、通道等基础设施建设

口岸是通关运输的节点，口岸的能力和效率对国家间通关和运输便利化具有重要的影响，针对口岸设施的不足，未来应重点加强云南省边境口岸通关查验、联检等基础设施，以及配套的物流设施建设的建设，提高我国口岸通关服务能力和效率，并在有条件的区域适时开展援助计划，促进周边国家口岸通关设施的改善，提升我国与周边国家通关便利化。

云南与东盟的主要通道中，公路方面，昆仰、昆河等公路设施境外段线路等级低，外贸运输难以向腹地深入展开；铁路方面存在米轨与准轨衔接的问题，新建昆河铁路还需要境外段的推进，中缅、中老境外铁路的建设尚待时日；内河运输方面，虽然“十五”期间，上湄公河航道改善工程竣工，但内河国际运输的等级不高，航道仅限于思茅港至琅勃拉邦港约700km。未来需要通过国家间的合作，适时开展援助计划，推进我国对东盟上述方向上境外段交通基础设施的建设和升级改造，形成完善的交通网络，促进运输的便利化。

2. 促进和完善相关协定的制定与签署

国家间协定是推进通关与运输便利化的法律依据，应在目前已签署各项国家间协定的基础上，进一步完善配套、补充协议及备忘录的签订，尤其应在规范简化通关模式、跨境运输、车辆直达运输、通关运输收费以及通道运输安全等方面加强推进，为通关和运输效率提升奠定基础。

3. 加强沟通协调机制以及人才培训

目前，国家层面上我国与东盟国家在通关及运输领域主要的沟通机制包括，交通部长会议机制和海关署级磋商机制和专家级的海关协调委员会磋商机制。中国和东盟自2001年建立交通部长会议机制，每年举行一次部长会议，就有关双边、多边的交通领域具体合作事宜进行探讨，评估已有合作情况并对下一年度的合作提出计划和建议；在口岸管理方面，中国和东盟2003年正式启动海关领域合作，建立了定期的署级磋商机制和专家级的海关协调委员会磋商机制，开展广泛的能力建设合作。

在进一步发挥上述国家层面沟通机制作用的基础上，要主动推进云南省以及地方政府与邻国相关部门间的沟通机制的建立，并促进民间团体的交流与沟通，广泛形成共识，推进相关制度和机制的改进。重点应加强我国与东盟各国的海关合作，通过推动监管互认、执法互助、信息互换，减少货运过程中的多次查验，实现快速通关；协调各国通关运行时间的衔接，采取统一的收费标准，提高境外口岸通关的效率；适时开展AEO互认、原产地电子联网核查等项目的合作，为双方企业进入对方市场提供更高效的服务。积极推动通关、运输等领域开展统一的人才培训工程，培育高水平、相互协作的通关和运输管理队伍，营造提升通关效率的软硬件环境。

（主要执笔人：陆成云）

第十二章

云南省与周边国家的经济及交通合作

内容提要：云南省与周边国家之间的合作不仅具有地缘优势，而且具有很强的互补性和合作的基础。周边国家经济发展和交通基础设施相对落后，需要通过合作来加快改善；云南省经济新增长和区位提升需要拓展“走出去”和构建区域网络中心。目前除了边贸以外，各种合作还处于小规模、探索性的发展阶段，还需进一步加强沟通协商与互信以及加快交通运输网络的建设与连通，促进合作的扩展与深化。

第一节 东南亚各国经济及交通基本状况

东南亚国家主要是指越南、老挝、柬埔寨、泰国、缅甸、马来西亚、新加坡、印度尼西亚、文莱、菲律宾10个国家，目前已全部加入东盟，称为东盟10国(东帝汶暂不在内)。东盟国家地理位置如图12-1所示。

图12-1 东盟国家地理位置图

（一）东南亚各国经济基本状况

1. 总体概况

东南亚包括中南半岛和马来群岛两大部分，地处亚洲和大洋洲、太平洋和印度洋之间的交通十字路口，交通位置十分重要。东南亚资源丰富，是世界最大的热带经济作物产地，还有锡和石油等矿产。东南亚大部分国家都属于发展中国家，是当今世界经济发展最有活力和潜力的地区之一。

东南亚10个国家的总面积为444万km^2，大约为中国面积的一半；人口总量达5.9亿，不到中国的一半。2009年人均GDP比中国高的东南亚国家有马来西亚、泰国、新加坡和文莱，其中新加坡和文莱是高收入国家；印尼、菲律宾的人均GDP较高，印尼比较接近中国的水平；柬埔寨、老挝、缅甸和越南的人均GDP都低于1000美元。印尼、老挝、缅甸和越南的GDP的增长率都高于4%，这是发展中国家的特征之一。东盟各国2009年基本经济指标见表12-1。

东盟各国2009年基本经济指标　　表12-1

国家	土地面积	总人口	GDP	人均GDP	国际贸易出口	国际贸易进口
	km^2	千人	百万美元	美元	百万美元	百万美元
文莱	5765	406.2	14146.7	34827.0	7168.6	2399.6
柬埔寨	181035	14957.8	10368.2	693.2	—	—
印度尼西亚	1860360	231369.5	546527.0	2362.1	116508.8	96829.2
老挝	236800	5922.1	5742.0	969.6	—	—
马来西亚	330252	28306.0	191618.4	6769.5	156704.3	123183.8
缅甸	676577	59534.3	24023.6	403.5	6341.5	3849.9
菲律宾	300000	92226.6	161148.8	1747.3	38334.7	43008.3
新加坡	710	4987.6	177568.7	35602.0	269191.1	245226.5
泰国	513120	66903.0	264230.1	3949.5	151364.7	134124.6
越南	331212	87228.4	96317.1	1104.2	57096.0	69949.2
东盟（合计）	4435830	591841.0	1491690	2520.4	802709.6	718571.2

数据来源：东盟网站。

第二次世界大战后，东南亚国家一直是世界经济增长的热点地区。尤其在20世纪80年代到1997年～1998年的亚洲金融危机前，东南亚的经济持续高速增长。亚洲金融危机曾对东南亚国家的经济造成了十分严重的冲击，而在金融危机后，各国恢复迅速。而到2001年多数国家经济又急转直下，甚至呈现负增长。2002年后，东南亚经济再次出现复苏的态势。2008年的次贷危机也对东南亚的经济增长产生了一定的影响。随着参与经济全球化程度的提高，东南亚国家经济增长的波动性及与全球经济的同步性愈益增强。

目前，东南亚的总体实力增强，但经济基础尚不稳固。东南亚地区国家贸易总额已超过1.5万亿美元，其平均增长率仅次于以“金砖四国”为代表的新兴国家。东盟经济增长主要得益于国内需求扩大、区域内经济一体化发展、出口增长、外资投入增加，以及中印经济增长带动，美日经济向好等。但东南亚部分国家政局不稳，基础设施薄弱，各国普遍存在经济结构不合理、对外依赖性较大、内需不足的问题，次贷危机导致的美欧等发达经济体增速放缓已经开始影响东南亚各国的经济发展。

2. 各国基本概况

文莱位于加里曼丹岛北部，北濒南中国海，东南西三面与马来西亚接壤。文莱的经济主要由石油、天然气以及与之相关联的部门所组成，属于高收入国家，GDP保持低增长率。20世纪80年代以来，积极推行经济多样化政策，制造业和农业得到了较好的发展。目前，农业产值占国内生产总值的20%多，工业产值占国内生产总值的50%。

柬埔寨位于中南半岛南部，北接老挝，西北部与泰国为邻，东和东南部与越南接壤，西南濒泰国湾。柬埔寨是农业国，农业人口占总人口的70%以上。尽管资源丰富，但是工业基础薄弱，门类单调，属于世界上最不发达国家之一，贫困人口占总人口的35%以上。近年来柬政府把发展经济、消除贫困作为首要任务和工作重点，经济发展取得了一定成就，1998年～2008年的GDP年增长速度达到了9.5%，成衣、旅游、建筑、外来投资和农业等得到了较快发展。2008年农业产值约占国内生产总值的34.5%，工业产值占国内生产总值的

23.9%。目前，柬埔寨的主要贸易伙伴是美国和欧盟国家，在双边合作中，日本参加的投资项目最多。

印度尼西亚是东南亚面积最大、人口最多的国家。该国北部的加里曼丹岛与马来西亚接壤，东北部面临菲律宾，东南部是印度洋，西南与澳大利亚相望，地理位置重要，是世界上最大的群岛国家。自然资源尤其是油气煤等矿产资源丰富，是仅次于澳大利亚和南非的世界第三大煤炭出口国，政局相对稳定，是世界第四人口大国，人力资源丰富且价格低廉，市场化程度高，20世纪90年代后经济持续稳定发展，1998年～2008年的GDP年增长速度达到了4.9%。农业、制造业、采矿业是支柱产业，2008年工业产值占国内生产总值的48.1%。

老挝位于中南半岛北部，系内陆国家，东接越南，南接柬埔寨，西南毗连泰国，西北与缅甸接壤，北邻中国，是一个贫困的内陆国家，世界最不发达国家之一。资源有锡、铅、钾、铜、铁、金、石膏、煤、盐等矿藏，但得到开采的较少。1998年～2008年，GDP年均增长率达到6.7%，经济改革成效显著。目前，农业仍是老挝的主要产业，农业人口超过70%，而工业生产极度匮乏，民生及工业用品几乎均需依赖进口。

马来西亚全境被南中国海分成东马来西亚和西马来西亚两部分。西马来西亚为马来亚地区，位于马来半岛南部，北与泰国接壤，西濒马六甲海峡，东临南中国海；东马来西亚为砂拉越地区和沙巴地区的合称，位于加里曼丹岛北部。地理位置优越，原材料产品资源丰富，政局相对稳定，在1971年至20世纪90年代末期间从一个原料出产国转换为一个新兴的多元工业经济，2007年工业产值占国内生产总值的47.7%。其经济成长主要依赖制成品出口，尤其是电子制品，现在是属于中等发达国家。

缅甸位于中南半岛的西部，在西藏高原和马来半岛之间。西北与印度和孟加拉国接壤，东北与中国为邻，东南与老挝、泰国毗邻，西南濒临孟加拉湾和安达曼海。虽然是世界上最不发达的国家之一，但它是东南亚国土面积第二大的国家，市场潜力大，又是连接东南亚和南亚两大市场的重要通道之一。该国资源丰富，尤其石油与天然气储量大，且大多数还没有得到开发和利用。农业是缅甸的国民经济基础，1998年农业生产总值占其国内生产总值的59.1%，1998年～2008年农业的年增长率达到10.6%。

菲律宾是位于东南亚地区的一个群岛国家，位于亚洲东南部，北隔巴士海峡与中国台湾省遥遥相对，南和西南隔苏拉威西海、巴拉巴克海峡与印度尼西亚、马来西亚相望，东临太平洋，西濒南中国海。这个曾经的亚洲经济发展最快的国家，自20世纪80年代以后，就陷入了停滞，政局时有不稳，基础设施陈旧，存在腐败现象。尽管经济还是在持续增长，但整体水平还是很低，贫富分化十分严重。2008年工业总产值占国内生产总值的31.6%，旅游业也发展比较快。

新加坡是马来半岛最南端的一个热带城市岛国，面积狭小，自然资源匮乏，内部市场也非常狭小，但新加坡又是东南亚地区经济最发达的国家。其地理位置优越，基础设施完善，法律法规健全，政治社会稳定，政策透明度高，商业网络广泛。传统经济以商业为主，包括转口贸易、加工出口、航运等。政府目前的经济发展方向是：以服务业为发展中心，加速经济国际化、自由化、高科技化。

泰国位于亚洲中南半岛中南部，东南临泰国湾（太平洋），西南濒安达曼海（印度洋），西和西北与缅甸接壤，东北与老挝交界，东南与柬埔寨为邻，疆域沿克拉地峡向南延伸至马来半岛，与马来西亚相接。泰国地理位置优越，经济环境比较稳定，对周边国家辐射性强，国内市场容量较大，基础设施较为完善。作为传统农业国，泰国经济结构随着近几年的高速发展出现了明显的变化。虽然农业在国民经济中仍然占有重要的地位，但制造业在其国民经济中的比重已日益扩大，自20世纪80年代以来，出口产品由过去以农产品为主逐步转为以工业品为主。泰国旅游资源丰富，有500多个景点，历来以“微笑国度”闻名于世，吸引着众多外国游客。由于政策、措施得力，在过去的20多年里，泰国经济一直保持了较高的增长率，1998年～2008年，GDP的年增长率为5.0%。

越南位于中南半岛东部，北与中国接壤，西与老挝、柬埔寨交界，东面和南面临南海，海岸线长约3260km。越南资源丰富，经济发展势头良好。盛产稻米、热带经济作物和热带水果。矿产资源丰富，种类多样，主要有煤、铁、钛、锰、铬、铝、锡、磷等，其中煤、铁、铝储量较大。森林、水利和近海渔业资源丰富。越南是传统农业国，2008年农业人口占总人口的70%以上，农业产值占国内生产总值的22%以上。近年来工业发展很快，主要工业部门有煤炭、电力、冶金、纺织等。经济持续以较快速度增长，1998年～2008年GDP年增长率达到7.4%。

总的来看，东南亚各国地理位置优越，资源丰富，政治稳定或相对稳定，市场潜力大，经济增长速度可观。该地区经济相对发达的国家，如新加坡、文莱等基础设施完善，法律体系健全，政策透明度高。经济较为落后的国家如越南、柬埔寨、缅甸等国仍存在基础设施薄弱、经济结构不合理等问题，但工业基本上都在以较快的速度增长，所占国内生产总值比例持续增长。

（二）东南亚各国交通基本状况

东南亚各国的交通运输发展水平有一定的差距，尽管近年来各国的发展都比较迅速，但缅甸、柬埔寨、老挝和菲律宾的交通运输基础设施还是较为薄弱。越南、新加坡、马来西亚、泰国、老挝及柬埔寨的交通网络联系较多，缅甸、印尼、文莱、菲律宾的交通网络则较为独立。总的来讲，东南亚的交通一体化正在逐步形成中。

1. 铁路系统

目前，中南半岛国家的铁路由3个独立的铁路系统组成：一是越南铁路系统，二是缅甸铁路系统，三是由新、马、泰、老、柬组成的铁路系统。越南的铁路通过滇越米轨铁路、桂越准轨铁路和中国的铁路系统对接，但还没有与新、马、泰、老、柬组成的铁路系统连接，缅甸铁路与中国和新马泰等国家都不相通。马来群岛的菲律宾拥有的铁路较为有限，印度尼西亚的铁路自成体系，文莱没有铁路。

2008年，越南铁路全长约3147km（世界银行数据），共包括6条干线和一些支线。南北线，河内至胡志明市的铁路，全长1730km，贯穿越南，是运送旅客和部分物资的主要干线；北线，河内—同登，河内—太原；西北线，河内—老街；东线，河内—海防，壮街—汪秘。另外，越南有两条铁路线与越中两国的国际联运线路接轨。它们分别是河内东北方向有一条铁路经同登进入中国广西凭祥市后通往北京；西北方向有一条经老街进入中国云南河口直达昆明。2008年货运量只有842.7万t，仅占全国货运总量的1.3%，客运量1130万人次，仅占全国客运量的0.6%。

缅甸铁路始建于1877年，早在1914年缅甸的铁路网络已经基本成型，此后并没有太大的变化。根据《ASEAN YEARBOOK （2007～2008）》的数据，缅甸2008年铁路长度为4990km。缅甸铁路基本是米轨铁路，设备陈旧，技术落后，运输效率低下，速度很慢，已经远不能满足经济发展需要。缅甸铁路网主要以南北向为主，仰光—密支那线是贯通缅甸南北的主干线，仰光是整个网络的中心，大多的缅甸中心城市均有铁路相连，北到曼德勒、密支那、腊戌和南渡，南接毛淡棉、耶城，西南到勃生。广阔的缅甸东部地区（主要是掸邦高原）没有铁路，钦邦和若开省根本就没有铁路，西部铁路也很少；孟邦的铁路较多；在克伦、克钦和克耶邦，铁路只能通达首府。目前，缅甸的铁路尚未与任何邻国相通。

新、马、泰、老、柬的铁路系统是连通的，都是米轨。其中，泰国的铁路系统最大，马来西亚次之。

根据世界银行数据，2008年泰国的铁路长度为4429km，共47府通火车。主要有4条国内线和1条国际线：北方线由曼谷到清迈，东方线从曼谷至柬埔寨境内的阿兰亚普陀多，东北线由曼谷至廊开，南方线以曼谷为起点，沿马来半岛到合艾，国际线由曼谷南行至合艾，到马来西亚的吉隆坡及新加坡。曼谷是泰国铁路系统的中心，全国火车总站发出往泰国北部、东北部和南部的特快列车，国际列车（如往新、马）、长途车（如往清迈）等。

根据世界银行数据，2008年马来西亚的铁路长度为1665km。铁路主干线有两条，西海岸线从新马边境的新山到马泰边境的大平原，是马来西亚的交通大动脉，南北贯通泰国曼谷和新加坡，东海岸线一直通到哥打八鲁近郊的通坝。在东马来西亚，只有一条连接哥达基那巴卢—帕帕尔—泰侬的沙巴铁路。

新加坡交通发达便利，交通产业占到全国GDP总产值的10%左右。根据《ASEAN YEARBOOK（2007～2008）》，2008年的铁路长度为138km，属于马来西亚的铁路系统。丹戎巴葛火车总站是马来亚铁路网的最南端，由马来亚铁道公司特许经营，每日有班车往返新加坡及马来西亚各城市。

老挝的第一条铁路已于2008年通车，连接万象和泰国廊开，结束该国没有铁路的历史。但是除了万象有铁路行驶外，全国所有地方都没有铁路行驶。

柬埔寨的交通多年来受到战争影响，铁路发展较为落后，2005年铁路长度大约为650km，之后基本没有新建，设备较为陈旧，主要由金边向西方及南方延伸，一条由金边到波贝，可通曼谷；另一条由金边到西哈努克市，全长270km，是交通运输的大动脉。

菲律宾全国2008年铁路运营479km，车速仅为30~40km/h。印尼2007年的铁路长度为4803km《ASEAN YEARBOOK（2007～2008）》，主要为四个地区提供服务，包括爪哇岛、南苏门答腊、西苏门答腊和北苏门答腊，大部分铁路在爪哇岛上。爪哇岛的铁路北线从雅加达经井里汶、三宝垄到泗水；南线从雅加达，经万隆、日惹到泗水，列车都是夕发朝至，大部分主要城市都被联系起来。苏门答腊岛上的铁路分成三个独立系统，尚不能满足经济社会发展的客货运输需求。截至2005年年底，全国铁路总长4644.1km。2008年完成客运发送量1.97亿人次，比2005年增长了0.46亿人次；货运发送量1955万t，比2005年增长了12.8%。

东南亚部分国家铁路干线网络如图12-2所示。

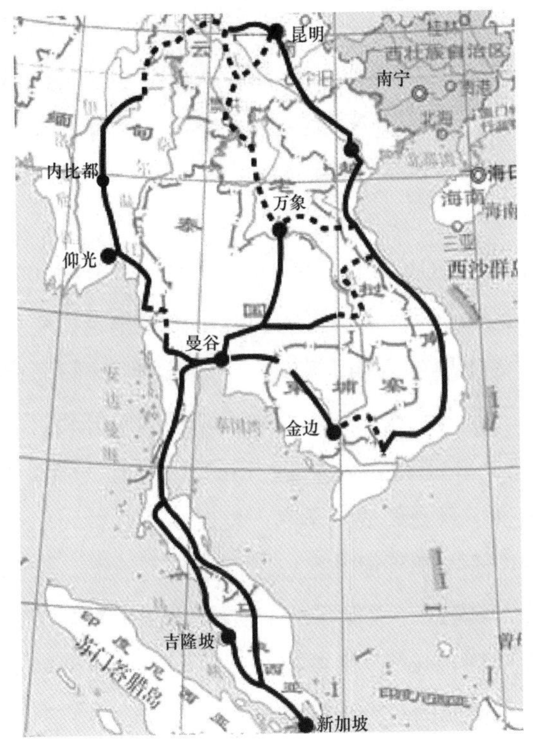

图12-2 东南亚部分国家铁路干线网络

2. 公路系统

中南半岛国家之间的公路基本连通，但公路设施发展很不平衡。泰国、马来西亚和新加坡公路很发达、公路技术等级高，而老挝、柬埔寨、越南和缅甸公路设施相对比较落后、公路技术等级低。云南与中南半岛区域有一条重要的跨国公路对接，即昆明—会晒—曼谷—吉隆坡—新加坡。马来群岛的菲律宾公路基础设施较为落后，印度尼西亚和文莱的公路较为便利。

截至2008年年底，越南公路总长达到25.66万km，铺设的道路占总量的48%，总的来讲公路多而好公路少。越南公路干线贯通南北，遍布全国，以河内和胡志明市为中心向四方伸展。越南的国道以数字作为编号，1～29号公路为主要干线，其中1号公路是从中越边境的零公里处起，经过河内、顺化、岘港、芽庄、胡志明市，直至越南最南端的金瓯市，向西与柬埔寨相通，全长2247km。而其1号支线则可经过柬越边境的柴桢，直达柬埔寨首都金边。5号公路是河内至海防，该国道也是目前越南运输最繁忙、路况最好的公路干线。中部有8号、9号、12号公路与老挝境内相接，可达川圹、琅勃拉邦。南部有26号与柬埔寨相通。2008年越南公路运输量达4.43亿t，占全国总货运量的68.3%。

根据《ASEAN YEARBOOK（2007～2008）》，老挝2007年的公路长度为73323km，铺设路面的公路仅占总量的13%。公路是老挝主要的交通系统，其中13号公路是老挝最重要的交通大动脉，它北端接亚洲3号公路通过磨丁口岸可达昆明，中部在万象有老泰第一友谊大桥与泰国廊开相连，向南到达柬埔寨边境。与13号公路相接的道路还有通往越南的2E、7号、8号、9号和12号公路。

柬埔寨的交通多年来受到战争影响，发展并不完善，以公路和内河交通为主，主要交通线集中于中部平原地区以及洞里萨河流域，北部和南部山区交通闭塞。柬埔寨共有7条国道，根据《ASEAN YEARBOOK（2007～2008）》，2007年的公路长度为11494km，由首都金边向全国各地伸展，东至越南，西至泰国，北至老挝。最主要的公路有四条：1号公路（金边至越南胡志明市）；4号公路（金边至西哈努克港）；5号公路（金边经马德望至泰国边境）；6号公路（金边经磅同、暹粒至吴哥古迹）。大多国民主要使用摩托车，私人汽车并不普遍。

泰国的公路交通网较为完善，是东南亚公路运输系统最好的国家之一，以曼谷为中心，通往全国各地。根据《ASEAN YEARBOOK（2007～2008）》，2007年的公路长度为98053km。主要的公路干线有：1号公路（昆曼公路一部分），从曼谷至清迈一级公路；3号公路，从曼谷通往芭堤雅一级公路；4号公路，曼谷至普吉；曼谷至廊开一级公路，连接老挝万象；曼谷经孔敬到穆达汉一级公路。

根据《ASEAN YEARBOOK（2007～2008）》，2006年马来西亚的公路长度为90127km。马来西亚可以分为东马和西马两个区域，由于两个区域的地理环境和经济状况有着明显的差异，所以马来西亚的交通系统在两个区域有着不同的发展。在西马西海岸地区，密集的高速公路网络连接各个大小城镇，主要的高速公路集中在巴生河流域、新山和槟城。有西海岸高速公路和东海岸高速公路两条公路干线大动脉。在东马，平坦的高速公路相对的较少，主要的公路是弯曲的州际公路和未铺设沥青的石渣路，将东马几大城市古晋、泗务和米里连接起来，并经过文莱的斯里巴加湾与山打根市连接起来。

新加坡本岛的公路完善，拥有10多条高速公路贯穿全岛。根据《ASEAN YEARBOOK（2007～2008）》，2008年的公路长度为3325km。通过新柔长堤北接马来西亚的东海岸高速公路；新马之间还有第二公路通道，即大士通道，新加坡的亚逸拉惹高速公路对接马来西亚的西海岸高速公路。

自1948年独立以来，经过半个多世纪的发展，缅甸的交通基础设施有一定的基础，尤其近年来，缅甸政府在一定程度上加快了公路建设，取得了一些成效。据联合国的统计数据，缅甸大约拥有24000km的公路，其中大约有38%的公路已铺设沥青或水泥，其中1340km是两个或两个以上的车道。总的来说，整个缅甸公路网络很不发达，路况很差，高等级公路十分稀少，相当比例的道路在雨天就难以通行。仰光也是缅甸的公路交通枢纽。纵贯南北的毛淡棉—仰光—曼德勒—南坎公路为主干道；毛淡棉经湄索、孔敬、沙湾拿吉、老保到岘港构成GMS的东西走廊；有公路与中国的打洛、瑞丽、南伞等口岸对接，通往中国。

根据《ASEAN YEARBOOK（2007～2008）》，2008年菲律宾的公路长度为29650km。菲律宾在基础设施建设方面投资最少，平均只占国内生产总值的3.3%。在公路通行里程中，国家级公路只占15%，省级公路只占13%，市镇级公路占11%，其余61%都是乡村土路。国家干道只有70%是沥青混凝土路面。全国有高速公路200km，多数仅为双向四车道，车速慢、质量差。

印尼交通十分便利，根据《ASEAN YEARBOOK（2007～2008）》，2007年的公路长度为396362km。爪哇岛和苏门答腊岛上公路交通较发达，从雅加达、万隆、泗水等中心城市有通往周边地区的短距离高速公路，各大城市间有长途汽车往来。

文莱国土较少，交通配套尚算齐全。2005年，公路总长5000km，未铺平有2500km（50%），已铺平也有2500km。有高速公路连接国内重要地方，东至斯里巴加湾市西至马来西亚边境。由于文莱全民有车和油价便宜的关系，所以巴士、出租车等公共交通数量不多。

3. 水运系统

大量的货运需求以及得天独厚的地理位置，造成了东南亚地区中转枢纽港竞争激烈的局面。新加坡、巴生、丹戎帕拉帕斯这三大港口已经在东南亚地区形成三足鼎立之势。

中南半岛国家共有各类港口200多个，其中越南114个，泰国47个，马来西亚33个，新加坡1个。主要港口有缅甸的勃生港、毛淡棉港，越南锦普港、盖麟港、海防港、岘港、胡志明港，柬埔寨的金边港、西哈努克港、磅逊港，泰国的曼谷港、林查班港、拉格拉邦港、宋卡港，马来西亚的巴生港、古晋港、丹戎帕拉帕斯港、马六甲港、泗务港，新加坡港。马来群岛的菲律宾主要港口有尼拉、马尼拉北部、马尼拉南部、宿雾、杰诺圣多、达沃、苏碧湾等。印尼主要港口有雅加达、三宝垄、泗水、巴淡岛、勿拉湾、孔雀港等。首都帝力是东帝汶最大的港口。

截至2008年，新加坡的集装箱港口吞吐量年吨位为2992万TEU，连续四年保持了“世界最繁忙港口”的称誉。

马来西亚内河运输不发达，水运主要是海运。其海岸线很长，主要港口包括了巴生港和丹戎帕拉帕斯港，其他较次要的港口有基度龙角、亚庇、古晋、巴西古当、关丹、槟城、美里、山打根、斗湖等。2008年港口吞吐量达到3.85亿t，集装箱吞吐量1574万TEU。2008年丹戎帕拉帕斯港集装箱吞吐量为560万TEU，有望跻身地区枢纽之列。

泰国有2614km的海岸线和4000km的内陆河道。至少有16个主要的海岸港口在泰国湾沿岸和安达曼海沿岸，湄公河和湄南河为泰国两大水路运输干线。目前泰国共有47个港口，其中海港26个，国际港口21个，包括8个国际标准深水港口。曼谷是泰国最重要的港口，承担全国95%的出口和几乎全部进口商品的吞吐，而且老挝和柬埔寨部分进出口货物也经此转口，所以该港逐步启用曼谷湾东南岸的梭桃邑（SATTAHIP）港，以缓解曼谷港的拥挤状况。2008年，曼谷港吞吐量达到133万TEU。

柬埔寨内河航运以湄公河、洞里萨湖为主，主要河港有金边、磅湛和磅清扬。雨季4000t轮船可沿湄公河上溯至金边，旱季可通航2000t货轮。西哈努克港为主要对外海港，货物年均吞吐量约为170万t。柬埔寨国际口岸主要有3个，分别是西哈努克口岸、戈公口岸、金边湄公河口岸，货物多从这3个口岸出入。

老挝是内陆国，湄公河是主要水运航道，航道总长4600km。万象、沙湾拿吉港是主要的港口。2007年老挝水运客运量195万人次，货运量76.7万t。

越南拥有着约3000km长的海岸线，共60个沿海港口，主要港口是海防和胡志明市。越南国内河道也很多，约8000km的水路可以全年通航。2006年越南港口总吞吐量达到1.55亿t，2009年增长为2.5亿t。

缅甸现有内河航道约为12800km，其中3200km可航行大型商船。可通航河流主要有5条（不包括缅老边界上的湄公河），自东到西依次为：萨尔温江（怒江的下游）、锡唐河（Sittoung River）、伊洛瓦底江、钦敦江和卡拉丹河（Kaladan River），其中钦敦江在敏建（Myingyan）西南方向汇入伊洛瓦底江。9个主要港口为：仰光、勃生、八莫、稍埠、曼德勒、毛淡棉、密支那、实兑和土瓦。海岸线长2832km，可供远洋货轮停靠的港口主要有仰光港、勃生港和毛淡棉港，其中仰光港最大。仰光因位于内河与海运的交点，内河航运发达。仰光河长37km，水深面阔，向西有端底运河与伊洛瓦底江干流相通，向东有勃因锡唐运河与锡唐河水系相接，构成以仰光为中心的全缅甸最为繁忙的内河航运网。仰光港水深港阔，是全国最大的商港，终年可停泊万吨远洋巨轮，码头从东边的丁因至西边的阿龙，总长约11km，是缅甸吞吐量最大的海港，约占全国总吞吐量的70%。

印度尼西亚2008年海运装卸货量为4.64亿t，最主要的港口是雅加达和泗水港。雅加达港位于印尼爪哇岛的西北沿海雅加达湾的南岸，濒临爪哇海的西南侧，是印尼最大的集装箱港口，又是印尼有名的胡椒输出港，主要贸易对象为日本、美国及新加坡等。丹戎普瑞克港(TANJUNG PRIOK)是印度尼西亚首都雅加达的外港，居全国各综合性商港之首，2008年该港总吞吐量近1.2亿t，集装箱420万TEU以上，印尼全国三分之二的进出口贸易要依赖该港。泗水港位于印度尼西亚爪哇岛东北沿海的泗水海峡西南侧，隔峡与马都拉岛相望，是印度尼西亚的第二大海港。印尼的其他次要港口还有勿拉湾港口、三宝垄、巴淡岛、勿拉湾、孔雀港等。

菲律宾2008年港口集装箱吞吐量为447万TEU，最主要的港口是马尼拉，还有马尼拉北部、马尼拉南部、宿雾、杰诺圣多、达沃、苏碧湾等港口。马尼拉港是菲律宾吞吐量最大、现代化程度最高的港口，2005年吞吐量为262万TEU，比上年增长0.3%，世界排名第三十三位。

4. 航空系统

东南亚地区经济持续增长，人流和物流日趋活跃，各国都致力于充分发挥该地区连接东亚、南亚与中东、非洲的地理优势，努力使本国机场成为国际航空枢纽。目前，东南亚的航空港主要有新加坡的樟宜机场、越南胡志明市的新山一国际机场和河内内排机场、马来西亚的吉隆坡机场、泰国曼谷的素万纳普国际机场。

目前，新加坡拥有5个机场，其中樟宜机场及实里达机场是国际民航机场；另外的巴耶利峇机场、三巴旺机场及登加机场等3个则用于军事用途。新加坡的樟宜机场也是东南亚乃至全世界最繁忙的机场之一，作为亚洲最繁忙的5个机场之一，樟宜机场的年旅客数已经突破3000万人次，年过境旅客人数将达到6670万人次。

河内内排国际机场、岘港机场以及胡志明市新山一国际机场是越南的三大国际机场，开设国内航线15条，国际航线5条。目前有20个国家和地区的20多家航空公司有飞往越南的定期航班。2007年岘港机场服务了200万乘客，货运吞吐量达到40万t。

马来西亚的主要机场是吉隆坡国际机场，次要的机场有梳邦再也国际机场、亚庇国际机场、古晋国际机场、浮罗交怡国际机场、槟城国际机场和士乃国际机场；另外在内陆地区也有供小型飞机起落的简易机场。提供国际航空服务的公司有马来西亚航空、新加坡航空、国泰航空等，提供国内航空服务的公司则有亚洲航空和飞荧航空。

泰国的民航业十分发达，各大中城市都有机场，是东南亚主要航空中心之一，国际航线可直飞亚、欧、美及大洋洲30多个城市。最大的机场是曼谷的素万纳普国际机场，还有清迈国际机场、普吉国际机场、廊曼国际机场、乌塔保国际机场、乌隆他尼国际机场等。

柬埔寨主要民用机场有金边国际机场和吴哥机场。此外，西哈努克市、马德望省、腊塔那基里省、蒙多基里省、上丁省和戈公省也建有简易机场。

老挝的航空业比较落后。万象瓦岱机场、琅勃拉邦机场和巴色机场为国际机场。

目前，缅甸航空业的“机场多、飞机少、运量小”的基本特征并没有改变。据《CIA-THE WORLDFACT BOOK》提供的数字，全国有大小机场80多个，其中有5个国际机场，即仰光、曼德勒、蒲甘与黑河国际机场，还有勃固国际机场。缅甸已与十多个国家和地区建立了直达航线，国内的大城市和主要旅游景点也已通航。

菲律宾为群岛国家，各岛之间的交通以航空、航海为主，故菲国航空业相当发达，但很多机场设施落后。国际线方面，菲律宾航空公司是主要的航空公司，往返于马尼拉及亚洲各国首都之间。宿雾太平洋航空为第二大航空公司，以低价促销的方式吸引顾客。在国内线则有Air Philippines（菲律宾航空公司的子公司）、Zest Airways和South East Asian Airline。

印尼的航空网以雅加达为中心，与国内外主要城市交织而成。新加坡、马来西亚、泰国、中国、巴基斯坦、欧洲和北美各国都有飞往印尼的航班，印尼国内各大城市间也都有航班相通，雅加达、泗水、棉兰、丹巴刹之间每天有多个航班来往。

文莱国内只有1个国际机场为文莱国际机场，通航10多个国家，航点主要为东南亚及大洋洲一带。

第二节 南亚主要国家经济及交通基本状况

南亚包括印度、孟加拉国、巴基斯坦、不丹、马尔代夫、尼泊尔、斯里兰卡、阿富汗8个国家，目前全部加入南盟。

（一）南亚主要国家经济基本状况

1. 总体概况

南亚地处亚洲大陆的南部，四周由西亚、中亚、东亚和东南亚环绕，又扼守印度洋海上航线，因此具有重要的地缘战略意义。矿物资源以铁、锰、煤最丰富。多种农业产品的产量在世界上占重要地位。南亚国家地理位置如图12-3所示。

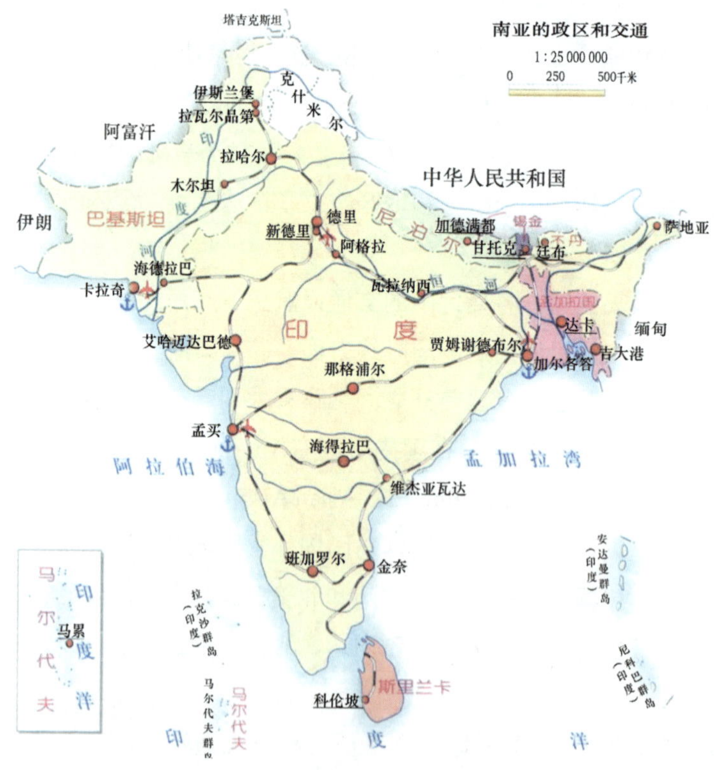

图12-3　南亚国家地理位置图

南亚地区面积与中国接近，有15多亿人口，比中国的人口多。近年来，南亚地区国家经济发展较快，但目前仍是世界上最不发达的地区之一，大部分国家的经济发展仍然相当落后。马尔代夫的人均GDP超过4000美元，不丹和斯里兰卡的人均GDP约为2000美元，其他国家的人均GDP基本不超过1000美元。目前，各国工业化程度较低，工业产值只占其国民生产总值20%多，城市人口仅为30%，至今仍有大约5亿人口生活在贫困线之下。在经济自由化进程中，南亚国家经济增长速度加快。在1998年～2008年间，大多数南亚国家的GDP年增长率都超过5%。但除印度外，其他国家大都以相似的农矿产品为主要外贸商品，互补性差，缺乏经贸合作的基础，各国更愿同经济互补性更强的域外国家加强经贸联系，尽管仍处于贸易逆差中，南亚各国对外贸易有较快发展。现在，所有南盟成员国均批准了南亚自由贸易区协定，并准备建立南亚关税同盟、南亚经济联盟，以期进一步发展区域经济合作。南亚各国2008年基本经济指标见表12-2。

南亚各国2008年基本经济指标　　表12-2

国家	土地面积	总人口	GDP	国际贸易		国外投资
				出口	进口	
	km^2	百万	百万美元	百万美元	百万美元	百万美元
印度	2980000	1140	1159.2	190000	296614	41169
孟加拉国	147570	160	79.6	14151	19481	973
巴基斯坦	796095	166.1	164.5	20427	35472	5438
不丹	38000	0.69	1.3	312	435	30
马尔代夫	298	0.31	1.3	331	1388	15
尼泊尔	147181	28.8	12.6	913	3414	1
斯里兰卡	65610	20.2	40.6	8106	13948	752
阿富汗	652300	29.0	10.6	1835(2007年)	1012(1998年)	300

数据来源：世界银行网站。

2. 各国基本概况

印度与巴基斯坦、中国、尼泊尔、不丹、缅甸和孟加拉国为邻，濒临孟加拉湾和阿拉伯海。印度自1950年成立共和国以来，在经济建设中取得了较大成就，已建立起较完整的经济体系，成为发展中国家里经济发展水平较高的国家之一。印度是南亚地区唯一人口超过10亿，经济、军事实力迅速成长的大国，在这里居主导地位，1998年～2008年间GDP年增长速度达到7.2%，2007年甚至达到9.1%。其国内生产总值在2008年占南亚的79%，但其人均GDP也仅仅达到1068美元。2007年后印度经济发展呈现出高新产业为主导、以服务业为龙头的格局。在印度2008年GDP中，服务业占53.7%，工业占28.8%，农业占17.5%。印度与其他南亚国家和东盟的新加坡、泰国签订了自由贸易区协定，与日本、韩国的自由贸易协定正在商谈中。2008年，海外对印度直接投资达到4116.7亿。2007年6月伊朗—巴基斯坦—印度输气管道协议的签订，反映出印度能源领域国际合作取得了新进展。

孟加拉国位于南亚次大陆东北部的恒河和布拉马普特拉河冲击而成的三角洲上。东、西、北三面与印度毗邻，东南与缅甸接壤，南濒临孟加拉湾。海岸线长550km。近年来，孟加拉国政局保持大体稳定，市场经济有所发展，对外国投资的吸引力增加，经济平稳增长，1998年～2008年GDP年增长率为5.7%。但其仍然是最不发达的国家之一，工业以原材料和初级产品生产为主，重工业薄弱，制造业欠发达。

巴基斯坦位于南亚次大陆西北部，南濒阿拉伯海，海岸线长980km，主要矿藏储备有天然气、石油、煤、铁等。巴基斯坦经济以农业为主，2008年农业产值占国内生产总值的20.4%。20世纪90年代，巴基斯坦政府推行积极稳健的经济政策，经济形势较前大为好转。1998年～2008年巴基斯坦GDP年增长率为5%。目前，欧盟是巴基斯坦最大的贸易伙伴，巴基斯坦与印度的经贸往来也逐渐增加。

不丹位于喜马拉雅山脉东段南坡，其东、北、西三面与中国接壤，南部与印度交界，西南部与锡金毗邻，为内陆国。1998年～2008年GDP年增长率为8.3%，不丹经济原来以农业和林业为主，近年来工业增长迅速，1998年～2008年年增长率达到11.1%，工业总产值约占GDP的46.1%。旅游业也是不丹外汇的重要来源之一。

马尔代夫是印度洋上的群岛国家，南北长820km，东西宽130km，位于印度南部约600km和斯里兰卡西南部约750km。旅游业、船运业和渔业是马尔代夫经济的三大支柱。1998年～2008年GDP年增长率达到6.5%，近年来工业产值大幅增长，工业年增长率为8.3%，2008年工业总产值约占GDP的17.7%。

尼泊尔位于喜马拉雅山南麓，北邻中国，其余三面与印度接壤，国境线全长2400km，是一个内陆山国，也是世界上最不发达的国家之一，2008年贫困人数达到30%以上。尼泊尔是传统农业国，2008年农业人口占总人数的80%以上，农业生产总值占国内生产总值的33.7%。有铜、铁、铝、锌、磷、钴、石英、硫磺、褐煤、云母、大理石、石灰石、菱镁矿、木材等，但只得到少量开采。其工业基础薄弱，规模较小，发展缓慢，2008年工业生产总值仅占国民生产总值的16.7%。

斯里兰卡是南亚次大陆南端印度洋上的岛国，西北隔保克海峡与印度半岛相望。斯里兰卡是以种植园经济为主的农业国，农业人口占总人口数的75%，旅游业也是其经济的重要组成部分。斯里兰卡是南亚人均GDP较高的国家，近年来经济发展势头良好，1998年～2008年GDP年增长率为5%。

阿富汗是亚洲中西部的内陆国家。北邻土库曼斯坦、乌兹别克斯坦、塔吉克斯坦，西界伊朗，南部和东部连巴基斯坦，东北部凸出的狭长地带与中国接壤。阿富汗是落后的农牧业国家，尤其是经过多年战乱，基础设施受到严重破坏，经济处于崩溃边缘。过渡政府成立后，开始着手恢复经济。1998年～2008年，GDP年增长率为11.6%，但阿富汗仍然极不发达，2008年贫困人口占总人口数的42%。

总的来看，尽管南亚各国基础设施改善不明显，贫困人口数量仍然巨大，但资源相对丰富，政局趋于稳定，有利于为经济发展营造更好的环境。近年来，该地区各国国内生产总值持续增长，尤其工业基本上都在以较快的速度增长。

（二）南亚主要国家交通基本状况

东南亚与南亚各国的基础设施普遍比较落后，不能满足经济发展需求，需要进一步加快发展的进度。尤其是尚未形成统一的交通运输网络，对区域经济进一步一体化发展造成了一定的阻碍。

1. 印度

印度的交通系统发展比较完善，以铁路为主，近年来公路运输发展较快，并且拥有世界最大公路网之一，其旅客周转量已显著超过铁路，但货物周转量仍只有铁路一半，海运能力也居世界前20位。

印度的铁路系统在世界上名列前茅，2008年总长度达到63327km，居世界第四位，亚洲第一位。印度火车数量、车站数量和长途旅行人数均居世界第一位。其中复线铁路接近30%，电气化铁路也超过25.44%。但由于印度铁路轨距不统一（三种），大量的换装业务降低了铁路运输效率。印度的主要铁路干线有二十几条，通往全国，连接各重要城市与港口，诸如德里、孟买、加尔各答和马德拉斯等都是重要的交通枢纽。

印度公路网密布全国，公路系统发达，交通十分方便，为世界最大的公路网之一，目前在全国范围基本上形成了以新德里、孟买、加尔各答、金奈四大城市为中心的国道网。印度的道路大致可分为三类：一是高速公路和国道，二是邦道和地方主要道路，三是其他道路和村道。截至2007年，印度国道总长度为6.66万km，邦内公路为12.8万km，地方主要道路为47万km。

印度地处亚洲、非洲和澳洲的海上交通要道，约有7517km大陆海岸线，具有发展海运的优越条件。不仅承担了95%以上的对外贸易，在国内运输中亦有一定比重，但是印度的内河运输水平相对较低。印度共有港口约200个，其中12个大型海港和184个中小港口。2005年～2006年，印度港口总吞吐量达到5.69亿t，主要港口的吞吐量为4.23亿t，非主要港口吞吐量为1.45亿t，同比增长9.26%，2008年港口集装箱吞吐量达到662万TEU。印度主要的可通航河流有东北部的恒河、布拉马普特拉河及其支流，这也是印度内河可通航河流中最重要的河流。目前，以t·km来计算印度内河水运承担的货物，只占到全国内陆运输的0.15%。

印度航空发达，航线分布均匀，乘坐飞机出行，快捷方便。2005年，印度共有108个飞机场，其中有85个大机场、23个小机场、5个大型国际机场（分别设在孟买、加尔各达、新德里、马德拉斯和特里凡特琅）。2008年印度空运完成货运周转量12.34亿t·km，完成航空客运量0.499亿人。

印度城市人口密集，2005年有3个人口超过1200万人的大城市，人口在210万～540万的大城市10个，人口超过100万的城市22个。在过去十年内，汽车拥有量，包括两轮机动车，在大城市以每年超过10%的速度增长。但是，城市道路却发展缓慢，因此在印度的大多数大城市里，公共交通是城市交通运输的主力，但却没有轻轨公共交通线路，郊区铁路在通勤交通中起着重要的作用。

2. 巴基斯坦

巴基斯坦地处南亚、中亚和西亚的交汇处，地缘战略位置十分重要，具有建设南亚、西亚、中亚和中国西部之间的贸易走廊的条件，那么交通运输就尤为重要，而巴基斯坦目前的交通运输系统基础比较薄弱。

巴基斯坦铁路大多修建于19世纪末20世纪初。1947年8月独立后，由于多方面原因，铁路建设长期处于停滞不前的状态，铁路里程从1990年的8775km下降到2008年的7791km。进入21世纪后，政府开始大力投入，以期改善铁路状况。2006年和2007年两年间开通了9条新列车线路以改善客运状况，2009年又开行了车速105km/h的伊斯兰堡—拉合尔的伊斯兰堡快车。这些举措进一步改善了巴基斯坦铁路客运状况。巴基斯坦铁路在客运、货运方面有了明显的改善趋势，从2000年到2007年连续七年分别保持年平均增长5.2%和5.8%的业绩。而且巴基斯坦还在加强与邻国的铁路网络相连，目前，中巴铁路正在修建中。中巴铁路巴境内的起点赫韦利扬位于巴基斯坦西北边境省的阿伯塔巴德地区，距离中巴边境约750km。根据巴基斯坦政府制订的计划，这个铁路网一旦建成，将把伊斯兰堡姊妹城拉瓦尔品第、巴基斯坦东部重镇、第二大城市拉合尔以及位于南部出海口的巴最大城市和商业中心卡拉奇连接起来，并计划与中国青藏铁路连接。

巴基斯坦的公路全长约9000km，连接了整个国家各大城市和地区，相对比较方便，但路况一般。中巴公路从喀什起，经疏附、乌帕、托海、布仑口、塔什库尔干、达不达、红其拉甫、水不浪沟，翻越喀喇昆仑山红其拉甫达坂进入巴基斯坦控制区，再经过巴勒提特、吉尔吉特、齐拉斯、巴丹、比沙姆到达塔科特。

巴基斯坦境内有四个国际机场分别在伊斯兰堡、卡拉奇、拉合尔和白沙瓦。巴基斯坦有卡拉奇和卡西姆两个国际港口，2003年7月至2004年3月卡拉奇港总吞吐量为2050万t。

3. 孟加拉

孟加拉国的交通基础设施十分落后，但随着政府的重视，近年也获得了一定程度的发展。到2008年，孟加拉铁路总里程为2835km，公路大约有22万km，水运可通航约8000km，主要港口有吉大港和蒙格拉港，航空有3个国际机场、5个国内机场。孟加拉的交通主要以内河航运和公路交通为主，内河航运大约承担60%的货运量和30%的客运量，公路的交通状况不好，道路拥挤。

4. 尼泊尔

尼泊尔以公路和航空为主。截至2003年3月，公路总长16000km。有各类机场45个，除首都有一国际机场外，其余为简易机场。国内主要城镇有班机通航，同印度、巴基斯坦、泰国、孟加拉国、文莱、新加坡、阿拉伯联合酋长国、中国、德国、英国和中国香港等国家和地区通航。

5. 斯里兰卡

2008年，斯里兰卡全国有铁路1463km，由科伦坡有放射式的铁路可以通往国内其他各城市。全国拥有公路2.8万km左右，路况较差，没有高速公路。科伦坡机场为国际机场。主要港口有科伦坡、高尔和亭可马里。

6. 不丹

不丹国内几乎没有民航和直升机交通服务，也没有铁路。因此，交通工具主要是汽车和步行。2001年，全国公路总里程3745.9km，其中1558km为国道。不丹唯一的机场设在距首都廷布约65km的帕罗。

7. 马尔代夫

马尔代夫是一个群岛组成的国家，其中最大的一个岛是该国的首都马累

（Male）。马累附近的一个岛被改建成了机场，是外国游客出入马尔代夫的主要通道。大部分岛屿上的路程不过半个小时，因此自行车和摩托车是大众化的交通工具。马尔代夫机场与各个岛屿之间的交通为多尼船、快艇和水上飞机。

第三节 云南省与周边国家经济贸易和国际区域合作

近年来，云南与东南亚、南亚地区的国家联系日益紧密，经济贸易往来频繁，国际区域合作积极推进，促进了该区域的经济社会发展，为今后的共同发展和共同繁荣奠定了基础。

（一）云南省与东南亚、南亚的经济贸易状况

东南亚、南亚各国资源丰富，近年来出现较好的增长态势，更是成为世界经济最为活跃的重要地区之一。东南亚、南亚与中国的贸易往来日益密切，贸易额增长很快，云南省凭借地缘和区位优势，边贸发展迅速，经济合作范围不断扩大，进出口额呈较快增长趋势，所占比重提升。

1. 云南省与东南亚各国贸易状况

东盟数据显示，2009年中国成为东盟区外第四大出口市场、第二大进口来源地、第三大贸易伙伴。我国的海关数据显示，东盟已成为中国的第五大出口市场、第三大进口来源地、第四大贸易伙伴，2008年我国对东盟的进出口贸易总额达到2311亿美元，2009年略有下降，仍然保持在2130亿美元（表12-3）。

2009年我国与东南亚国家贸易情况（单位：亿美元） 表12-3

贸易情况 国家	进出口	出 口	进 口	贸易差额	
	金额	金额	金额	当年	上年同期
东 盟	2130.11	1062.97	1067.14	-4.17	-28.32
文 莱	4.23	1.4	2.82	-1.42	0.41

续上表

国家＼贸易情况	进出口	出口	进口	贸易差额	
	金额	金额	金额	当年	上年同期
缅　甸	29.07	22.61	6.46	16.15	13.31
柬埔寨	9.44	9.07	0.37	8.7	10.56
印度尼西亚	283.84	147.21	136.64	10.57	28.62
老　挝	7.44	3.77	3.67	0.09	1.21
马来西亚	519.63	196.32	323.31	-126.99	-107.19
菲律宾	205.31	85.85	119.47	-33.62	-104.24
新加坡	478.63	300.66	177.97	122.7	121.65
泰　国	382.04	133.07	248.97	-115.9	-100.42
越　南	210.48	163.01	47.47	115.54	107.79
东帝汶	0.2328	0.2326	0.0002	0.2324	0.0904

资料来源：中国商务部网站提供的统计数字。

2008年，云南省外贸进出口总额达到96亿美元，同比增长9%。受金融危机影响，云南2009年全年外贸进出口总额降为80.19亿美元，比上年下降16.5%，出口完成45.14亿美元，进口完成35.05亿美元。云南省与东盟之间的贸易往来占据云南省外贸的重要地位，东盟是云南省的第一大贸易伙伴。2008年，云南省对东盟的进出口总额占该省外贸进出口总额的29%；在金融危机的背景下，2009年，云南省对东盟的进出口总额达到31.51亿美元，增长13.8%，占全省外贸进出口总额的39%。云南对东南亚国家贸易国别情况，见表12-4。

云南对东南亚国家贸易国别情况表（单位：万美元）　　表12-4

国家	合计			出口		进口	
	2009年	2008年	增减(%)	2009年	2008年	2009年	2008年
缅　甸	119279	88655	34.5	72769	64778	46510	23877
越　南	64491	97757	-34	49331	78146	15160	19611
泰　国	24975	22178	12.6	22888	15793	2087	6385
印　尼	22204	33490	-33.7	15698	12554	6506	20936
新加坡	16815	36015	-53.3	14995	32861	1820	3154

续上表

国家	合计			出口		进口	
	2009年	2008年	增减(%)	2009年	2008年	2009年	2008年
马来西亚	11459	7427	54.3	8174	5583	3285	1844
老挝	11046	8452	30.7	5712	3632	5334	4820
菲律宾	4416	4870	-9.3	4030	4543	386	327
柬埔寨	1684	990	70.1	1684	990	0	0
文莱	13	4	225	13	4	0	0
合计	276382	299838	-7.8	195294	218884	81088	80954

资料来源：云南省商务厅。

云南与东盟的进出口贸易存在较强的互补性。根据东盟的数据，其进出口的前三大类商品分别为机电类产品、矿物燃料类产品以及核反应设备。根据云南商务厅的数据，云南出口的前三大类商品为农产品、磷化工和机电产品，进口的前三大类商品为金属原材料、机电产品和农产品。表面上看起来东盟与云南的进出口贸易互补性有限，但由于东盟10国在经济发展水平上具有较大的落差，由此带来了云南省与东盟国家在进出口商品结构上存在特殊的互补性。云南从资源丰富而工业相对不发达的东盟国家主要进口农、林、畜、水、矿5大类商品，特别是矿产品，正越来越成为云南从周边东盟国家进口的重要商品；云南从东盟工业发达国家主要进口精密仪器、电子机械、通信设备等有较高科技含量的工业制成品。在出口商品方面，与云南对东盟的进口正好相反，对经济较不发达的东盟国家出口的主要是工业制成品；对经济较发达的东盟国家主要出口农副产品和原料型的商品。这种特殊的经济和商品结构，带有鲜明的云南省与东盟合作的特点。

云南与东盟贸易关系在原有的互补性基础上快速发展，还伴随着贸易商品构成的变化，初级产品的比重不断下降，高新技术产品贸易快速增长，其增长速度高于贸易平均增速。在对东南亚国家的出口中，相当一部分传统产品在渐渐地减少，而云南的进口也应国内市场“进口替代”的要求，对进口产品的结构、质量等提出了新的要求。与此同时，产业内分工有了明显的进展。当前中国与东盟双边贸易正从传统的产业间贸易为主走向产业内互补性分工，这一切表明中国与东盟经贸关系进入更高的层次。

然而，云南与东盟间的贸易发展仍然面对很大的挑战。2009年云南对东盟的进出口总额达到31.51亿美元，增长13.8%，却仅占全国与东盟进出口总额的1.4%，远远低于广东、江苏等省，甚至低于广西省，这是由多方面原因造成的。

首先，云南省自身的经济发展状况在国内并不处于领先水平。与沿海发达地区相比较，云南省缺乏高科技产业。云南省机电产品、高新技术产品出口仅占出口总额的18%，初级产品和初级加工产品出口则占出口总额的70%左右。因此，云南省很难向东盟国家出口其需要的机电类产品。

其次，与云南接壤的东盟国家越南、老挝、缅甸的经济发展水平较低，直接制约了云南与其开展合作的深度和广度。双方的进出口产品主要是原材料和初级产品，而且我方收汇到账的风险较大。

再次，云南还面临来自广西的竞争。就区位条件而言，目前广西比云南更具竞争优势。广西与东南亚海陆都能相连，钦州和防城港都可以作为去往东南亚的出海口，而云南省去往东南亚的陆路通道尚未达到通畅。东盟也是广西第一大贸易伙伴，广西也把发展与东盟的经贸关系作为重中之重。

因此，云南需要对症下药，从自身的产业、交通等方面着力，以期促进与东南亚的经贸合作关系的发展。

2. 云南省与南亚各国贸易状况

我国与南亚的贸易额和我国与东南亚国家的贸易额相比，存在一定差距，但近年来也有明显的增长（表12-5），尤其是我国与印度之间的贸易额。2008年以来，由于受国际金融危机及政局不稳影响，南亚国家的经济一度受到冲击，与中国的进出口贸易额出现了一定的下滑，之后又恢复增长势头。中国与南亚各国的商贸往来，云南在其中扮演了极其重要的角色，云南省依托区位优势，积极推进与南亚各国的经贸合作。

我国与南亚国家贸易情况（单位：亿美元） 表12-5

国家＼年份	1997年	2000年	2005年	2007年	2009年
孟加拉国	7.5	9.18	24.81	34.59	45.82
不 丹	—	0.0195	0.0047	0.0539	0.042
印 度	18.31	29.14	187.01	386.47	433.81
马尔代夫	0.0033	0.0136	0.1696	0.2507	0.408
尼泊尔	0.68	2.04	1.96	4	4.14
巴基斯坦	10.68	11.63	42.61	68.86	67.75
斯里兰卡	2.55	4.58	9.76	14.33	16.4
合 计	39.73	56.61	266.32	508.55	568.37

资料来源：中国商务部网站提供的统计数字。

云南与南亚国家贸易发展的增长速度快于全国与南亚国家的贸易增速。2008年云南对南亚五个主要国家的进出口总额达到9亿美元（表12-6），占全省外贸进出口总额的9.4%，2009年受金融危机影响，对南亚的进出口总额降为5.41亿美元，降低40.1%，仅占全省外贸进出口总额的6.7%。2010年1月至11月，该省对南亚出口额达72103万美元，比2009年增长91%。

云南对南亚国家贸易国别情况表（单位：万美元） 表12-6

国 家	合 计			出 口		进 口	
	2009年	2008年	增减(%)	2009年	2008年	2009年	2008年
印 度	58557	33300	75.8	34829	15886	23728	17414
孟加拉国	21876	5109	328.2	21731	4960	145	149
巴基斯坦	6196	14882	-58.4	6196	14882	0	0
斯里兰卡	3164	2578	22.7	3164	2578	0	0
尼泊尔	43	55	-21.8	0	0	43	55
全省合计	959936	880274	9	498696	476840	461240	403434

资料来源：云南省商务厅。

云南与南亚国家贸易发展的增长速度还快于云南与东盟的贸易增速。

2008年，云南与东盟的贸易额占中国与东盟贸易额的比重为1.20%，而云南与南亚国家贸易的同类比例则达到了1.37%。云南在全国的同向贸易中所占比重首次出现了南亚超过东盟的情况，由此可见，南亚在云南的对外贸易中的地位正在显著上升。

云南与南亚地区的贸易结构趋向于初级产品，例如云南与南亚地区的矿产资源相互间具有较强的互补性。云南省相对紧缺而南亚富集的矿藏资源如煤、黑色金属及部分建材原料，南亚需求量大而云南省相对丰富的矿藏资源如煤矿、磷矿等。云南向印度出口的主要商品有黄磷、磷酸、有色金属（铅锭、锌锭）、猪鬃、棕榈油、香料油等；进口的主要商品有铁矿砂、氧化铝、食品加工机械等。在农产品上，云南与南亚也能够形成互补。云南省具有丰富的亚热带、温带、寒带生物资源，而南亚国家具有更多的热带、亚热带生物资源。2008年，云南对南亚国家出口增长72.58%，主要产品有磷化工、果汁、电动机、工具、铝材、锅炉、石墨、尿素等。这些基础产品是云南出口的核心产品，能够满足南亚国家初级发展阶段的需求。尤其是南亚农业的发展需要化工产业产品，而云南在化工生产方面有很强的领先优势。2008年，云南从南亚国家的进口增长了35.8%，主要进口产品有铁、锌、锰、铝、铜的矿砂，棕榈油，冻蟹，基本上是原料型产品，尤其是矿产品的比重高，符合云南进口的战略方向。

从云南省与东南亚、南亚各国的贸易额分析，近年来云南与印度的贸易往来增长迅速，印度已成为云南对外贸易中仅次于缅甸和越南的第三大贸易伙伴，并成为昆明的第一大贸易伙伴，而且云南与印度的贸易几乎一直是进口大于出口。来自云南省商务厅的数据显示，2005年滇印双边贸易额为1.24亿美元，2008年双边贸易额已达5.86亿美元，接近2005年全年水平的4.7倍。同时，与巴基斯坦、孟加拉国、斯里兰卡三国的贸易合作也成为了新亮点。

2005年，云南与巴基斯坦的贸易额为1115万美元。2008年，在南亚国家中，云南与巴基斯坦的贸易额达到0.62亿美元，仅次于印度和孟加拉国。尽管近年云南与巴基斯坦贸易额不断发展，但总体规模小、领域窄、波动大。

在与巴基斯坦的双边贸易总额中，均为云南出口巴基斯坦贸易额，进口额几乎为零。

孟加拉与云南的经济贸易合作也在逐步增加。2005年，孟滇双边贸易总额为7407万美元，到2008年，双边贸易总额为2.2亿美元，在云南与南亚国家的经贸合作中排名第二。

2005年，斯里兰卡与云南双边贸易总额为545万美元，2008年，两地区双边贸易总额迅速提升到3164万美元，占全省进出口总额的0.3%，较上年同期增长22.7%，但贸易总额中仍然是以云南对斯里兰卡出口为主。近几年，对斯里兰卡出口额的增大主要是由于重过磷酸钙的出口量增加。

云南与南亚的进出口贸易虽然有较大的增长，但是双方贸易的基础并不稳定，因此需要在未来进行进一步巩固。从制度和基础设施上加强双方合作的力度与深度，改善地区经济贸易发展条件，以促进双方的和谐发展。

云南省内昆明的首位度相当高，2008年昆明地区进出口总额突破了70亿美元，占云南省的73%，其中与东盟的进出口总额占11.9亿美元，与南亚的进出口总额为8.7亿美元。但昆明的进出口总额仅相当于同期广州的8.9%、杭州的15.2%、成都的47.6%。2009年受金融危机影响，昆明地区进出口总额降为51.7亿美元，外贸依存度仅有19.5%。昆明的出口贸易主要依赖磷化工、烟草和花卉等少数产业的资源性产品和低附加值产品（如2009年磷化工产品出口占比为15.3%）。进口贸易则主要集中于烟草生产设备、电子信息设备和元器件、铜矿砂、铁矿石等产品，结构单一，极易受国家宏观调控和国际市场波动影响。

（二）云南省与周边国家的国际区域合作

目前，云南省与周边国家的国际区域合作日趋紧密，主要包括中国—东盟自由贸易区、大湄公河次区域经济合作、孟中印缅地区经济合作等。

1. 中国—东盟自由贸易区

中国—东盟自由贸易区，缩写CAFTA，是中国与东盟10国组建的自由贸易区，是世界上三大区域经济合作区之一，也是世界上人口最多的自由贸易区、由发展中国家组成的最大自由贸易区。自贸区建成后，东盟和中国的贸易占到世界贸易的13%，贸易额达4.5万亿美元，成为一个涵盖11个国家、19亿人口、GDP达6万亿美元的巨大经济体。

2000年11月，朱镕基总理在新加坡举行的第四次中国—东盟领导人会议上首次提出建立中国—东盟自由贸易区的构想。2001年11月在文莱举行的第五次中国—东盟领导人会议正式宣布中国和东盟将用10年时间建立自由贸易区。2002年11月，在第六次中国—东盟领导人会议上，朱镕基总理和东盟10国领导人签署了《中国与东盟全面经济合作框架协议》，这标志着中国—东盟建立自由贸易区的进程正式启动，该框架协议提出了中国与东盟加强和增进各缔约方之间的经济、贸易和投资合作，促进货物和服务贸易，逐步实现货物和服务贸易自由化，并创造透明、自由和便利的投资机制，为各缔约方之间更紧密的经济合作开辟新领域等全面经济合作的目标。2004年1月1日，中国—东盟自由贸易区早期收获计划实施，下调农产品的关税。2004年年底，中国—东盟签署了《货物贸易协议》和《争端解决机制协议》，规定自2005年7月起，除2004年已实施降税的早期收获产品和少量敏感产品外，双方将对其他约7000个税目的产品实施降税。2009年8月15日，《中国—东盟自由贸易区投资协议》签署，标志主要谈判结束。2010年1月1日，中国—东盟自由贸易区正式建立，中国对东盟93%产品的贸易关税降为零。2011年至2015年将全面建成自贸区，即东盟越、老、柬、缅四国与中国贸易的绝大多数产品实现零关税，与此同时，双方实现更广泛深入的开放服务贸易市场和投资市场。2016年之后，自贸区将进入巩固完善阶段。

2．大湄公河次区域经济合作

大湄公河次区域是指澜沧江—湄公河流域内的中国、柬埔寨、老挝、缅甸、泰国和越南六国。全长4880km的澜沧江—湄公河发源于中国的青藏高原唐古拉山，自北向南流经中国青海、西藏、云南三省区和缅甸、老挝、泰国、柬埔寨、越南五国，于越南胡志明市附近注入南中国海。

自20世纪90年代初亚洲开发银行倡导大湄公河次区域合作以来，澜沧江—湄公河流域国际区域合作引起了国际社会的广泛关注，日本、欧美、东盟及其他发达国家和国际组织也先后介入该地区，形成了几个较有影响的合作机制。其中，中国参与的主要是以下三大合作机制，亚洲开发银行大湄公河次区域合作（GREAT MEKONG SUBREGION COOPERATION，简称GMS），东盟—湄公河流域开发合作（ASEAN-MEKONG BASIN DEVELOPMENT COOPERATION，简称AMBDC），湄公河委员会（Mekong River Commission， 简称MRC），其中云南省主要参与亚洲开发银行大湄公河次区域合作项目。

亚洲开发银行大湄公河次区域经济合作是1992年由亚洲开发银行牵头，中国（主要是云南省）、越南、老挝、柬埔寨、缅甸、泰国等澜沧江—湄公河沿岸6个国家共同参与的一个次区域经济合作机制，其面积256.86万km^2，人口约2.95亿，涉及交通、通信、能源、旅游、环境、人力资源开发、贸易和投资、禁毒等八个领域。其宗旨是通过加强各成员间的经济联系，消除贫困，促进次区域经济和社会发展。该合作机制分为两个层次，其一是部长级会议，自1992年起每年一次；其二是司局级高官会议、各领域的论坛（交通、能源、电信）和工作组会议（环境、旅游、贸易与投资），每年分别举行会议，并向部长级会议报告。亚行作为参与方和出资方，主要负责为有关会议及具体项目的实施提供技术和资金支持。大湄公河次区域经济合作以项目为主导，经过10多年的发展，大湄公河次区域已经成为世界上发展最快和东亚一体化速度最快的地区之一。

2002年11月3日，首次领导人会议在柬埔寨首都金边举行，会议批准了《次区域发展未来十年战略框架》，提出了建设重要交通走廊、电信骨干网、电力联网与投资、贸易、旅游等11大标志性项目，使次区域合作进入了一个新阶段。会后，有关国家签署了《大湄公河次区域便利运输协定》谅解备忘录、《大湄公河次区域便利运输协定》中方加入书和《大湄公河次区域政府间电力贸易协定》。2005年7月4日至5日，大湄公河次区域经济合作第二次领导人会议在云南昆明举行，会议主题为“加强伙伴关系，实现共同繁荣”，通过了《昆明宣言》。与会6国签署了便利客货运输、动物疫病防控、信息高速公路建设和电力贸易等多项合作文件，批准了GMS贸易投资便利化行动框架和生物多样性保护走廊建设等多项合作倡议。2008年3月30日至31日，大湄公河次区域经济合作第三次领导人会议在老挝万象举行，6国领导人围绕“加强联系性、提升竞争力”的主题，就加强基础设施互联互通，贸易运输便利化，构建伙伴关系、促进经贸投资，开发人力资源、增强竞争力，可持续的环境管理，次区域合作与发展伙伴关系等六大方面的合作构想交换意见。温家宝总理在会上就加强次区域合作阐述中方倡议主张。与会各国领导人签署了《领导人宣言》，指出了大湄公河次区域经济合作面临的机遇与挑战以及未来行动的方向，提出2008年～2012年大湄公河次区域经济合作发展行动计划。与会领导人还签署了《实施次区域跨国电力贸易路线图谅解备忘录》以及《经济走廊可持续与均衡发展谅解备忘录》等一系列合作文件。同年6月，大湄公河次区域经济走廊论坛在昆明正式成立。

3. 孟中印缅地区经济合作

孟中印缅地区经济合作是在20世纪90年代末期由中国云南学术界提出，并得到印缅孟响应的一个具有重要意义的合作构想。孟中印缅地区经济合作(简称“BCIM合作”）范围包括中国云南省、印度西孟加拉邦和东北部、缅甸和孟加拉全境，区域面积165万km^2，人口超过4亿。这一合作机制是云南发起建立并积极推动，同时也是目前我国面向南亚地区的唯一多边次区域合作机制，其目标是推动成立昆明合作组织，建立地区性自由贸易区。

1999年四国在昆明举行了第一次孟中印缅地区经济合作大会，四国代表共同签署了《昆明倡议》，旨在通过各国努力，在平等互利、持续发展、比较优势的原则下加强联系，促进最大可能的经济合作。2000年在印度首都新德里召开了第二次孟中印缅地区经济合作与发展大会，继续就交通、旅游、贸易等领域的合作进行研讨，此次大会上还提出了这一地区经济合作中应注重非传统安全的问题，诸如毒品走私、非法移民等问题。2002年在孟加拉国首都达卡召开了第三次孟中印缅地区经济合作与发展大会，会议通过的《达卡声明》表明了在四国合作机制上有了新的突破，与会四方同意正式把孟中印缅地区经济合作与发展会议更名为孟中印缅地区经济合作论坛，四国合作正式形成机制。2004年12月21日，孟中印缅地区经济合作论坛第五次会议在昆明隆重开幕。会议正式签署了《昆明合作声明》等框架性文件，确立了论坛的宗旨、原则、发展方向及合作机制，建立了卓有成效的协商对话渠道；加强协调，正式建立了孟中印缅四国合作常设办公机构；以率先开展交通、贸易、旅游、环境保护、反贫困、文化合作等。2006年3月30日～31日，孟中印缅地区经济合作论坛第六次会议在印度首都新德里召开，会议签署了《德里声明》并提出对前五次会议提出的项目和建议进一步具体化。国家主席胡锦涛于2006年11月20日～23日对印度共和国进行国事访问，并发表了《中印联合声明》。2011年1月在昆明举行的孟中印缅地区经济合作论坛第九次会议上，各国代表签署了《关于推进孟中印缅地区经济合作的谅解备忘录》，同时，四国商会代表、学术机构和联络机构就成立孟中印缅商务理事会、四国联合通信、汽车集结赛路考也分别签署了备忘录。

4．其他合作与交流

云南还先后建立和参与云南—泰北工作组、云南—老北工作组、中越五省市经济合作等国际合作组织。

中国（云南）—泰国北部合作机制是推动中泰战略合作伙伴关系框架下的重要机制，旨在实现双方经济社会可持续发展、改善人民生活水平，重在协调和解决交流合作中的实际问题。2004年4月，云南—泰北合作工作组在昆明举行了第一次会议，正式启动了云南—泰北合作机制。目前，双方已就经贸合作达成三项共识：一是双方将尽最大努力改善各自贸易基础条件，促进泰国（北部）和云南之间的贸易发展；二是双方将鼓励各自企业参加在泰国和云南举行的交易会和展销会等贸易促进活动，推动成立泰国（北部）云南商务理事会；三是双方将在工作组框架下成立贸易投资小组，进一步加强双方在经贸等多方面的合作。

中国云南—老挝北部合作工作组机制是按照两国领导人达成的共识，为促进老挝北部开发、加强云南与老挝的经济技术合作而建立的。2004年10月在老挝琅勃拉邦市召开了工作组第一次会议。2005年11月在昆明举行了工作组第二次会议，并就经贸发展的问题达成三方面共识：一是双方要共同推动滇老贸易的稳步发展，不断推进云南对老挝的投资规模；二是要合作开发资源，特别是矿产资源调查、地质矿产图编制、钾盐、铝土、铜矿的勘查开发；三是推进农业合作，重点是老挝农业示范园区合作以及橡胶替代种植项目。2006年11月20日于老挝万象发表的《中老联合声明》中明确提出，发挥中国云南—老挝北部合作机制协调作用，加强边境省份经贸往来，进一步为双边贸易创造便利条件。

中越五省市经济合作机制已经启动。2004年10月，中越两国政府发表联合公报，明确提出双方积极探讨建设“两廊一圈”问题，其中一廊为“昆明—老街—河内—海防—广宁”，双方将把中国的云南和越南的老街、河内、海防、广宁五省市建成中越两国间经济合作的一个重要区域，正式启动了中越五省市经济合作机制。2006年6月，中越5省市第二次经济合作协商会在云南举行，并就扩大双边贸易投资达成四点共识。一是中越五省市商务部门分别向各自的中央政府建议，尽快签署“两廊一圈”合作协定，为昆河经济走廊建设提供法律框架基础；二是在五省市经济协商合作框架下成立经贸合作工作小组，利用每年在昆举办的昆交会和轮流举办的河口、老街边交会举行定期或不定期会晤，及时磋商、解决贸易投资合作中存在的问题；三是共同推动矿产资源开发及农业合作，特别是水稻种子的科技合作以及蔬菜、花卉种植的合作；四是共同促进边境贸易，提升贸易发展水平。2006年11月于河内发表的《中越联合声明》中明确提出，加快“两廊一圈”建设进程，切实稳步推进具体项目合作。

此外，云南还与周边国家探索在边境区域建立经济合作开发区。跨境经济合作区指在沿边地区两国或多国政府间共同推动的享有出口加工区、保税区、自由贸易区等优惠政策的次区域经济合作区。目前中越河口—老街、中缅瑞丽—木姐、中老磨憨—磨丁、缅甸皎漂港境外经济贸易合作区等四个跨境经济合作区各项工作正在加紧推进。中越河口—老街跨境经济合作区设想规划面积129.85km^2。中缅瑞丽—木姐跨境合作区规划先期启动600km^{2}的跨境合作区主体功能区。中老磨憨—磨丁跨境经济合作区规划区域47.914km^2。双方还对合作区的功能定位、发展目标、管理模式和建设步骤进行了规划，规划区内的基础设施也在不断完善。

（三）交通合作

目前，中国与东盟国家已就包括铁路、公路、航空、港口在内的交通运输和基础设施建设合作签订了多个协议、协定，对促进交通改善和运输便利化起到了积极的保障与推动作用。但是，由于各国交通基础设施发展的差距以及相应的合作机制与管理制度不完善，陆路通道运输还存在很多问题，基础设施不足、等级低，过境通行不便、效率不高等。

1. 合作协议

中国—东盟交通部长会议机制建立于2002年，至今已经举行了八次会议。2004年11月27日在老挝万象举行的中国—东盟领导人峰会上签署的《中国—东盟交通合作谅解备忘录》明确提出双方应在沿海和内河港口规划、设计与建设、维护、交通运输便利化、海上安全、海上保安和海上环境保护领域开展合作。在此框架下，中国和东盟国家签署了一系列双边、多边运输协定。

2007年11月，中国与东盟双方签署了《中国—东盟海运协定》，为推动双边海运合作，发展中国、东盟日益增长的贸易和经济关系发挥了重要作用。目前，中国、新加坡、马来西亚、菲律宾、缅甸、越南已完成使协定生效的国内法律程序。在海事合作领域，2010年在北京召开第五次海事磋商机制会议，并提升《中国—东盟海事合作谅解备忘录》的规格。

2007年中国—东盟港口发展与合作论坛在南宁举行，通过了《中国—东盟港口发展与合作联合声明》（南宁共识），确认双方加强港口发展与合作的共识，并同意建立中国—东盟港口合作机制。

2008年，中老缅泰四国签署了《澜沧江—湄公河四国商船通航协定》。

2009年中、老、缅、泰四国在第八次中国—东盟交通部长会议上签署了《澜沧江—湄公河商船通航收费规则》，澜沧江—湄公河国际航运收费得到规范，安全应急预案编制完成。

多年来，我国还逐渐与东盟10国分别建立了双边航空关系，2010年在文莱举行的第九届东盟—中国交通部长会议上，东盟与中国正式签署了《东盟—中国航空运输协议》，这项协议将会使东盟各国与中国之间的航空运输有更多自由。

亚行发起的大湄公河次区域经济合作中，交通运输是重点合作领域之一。中国与各国密切合作，签署了《GMS便利货物及人员跨境运输协定》（CBTA）（简称《便运协定》）的附件和议定书，并签署了中越在河口—老街口岸和中老在磨憨—磨丁口岸实施《便运协定》的谅解备忘录。到目前为止，我国已与东盟国家的缅甸、老挝、越南、柬埔寨和泰国等5个国家签署了政府间汽车运输协定。特别是2008年，与越南就修改汽车运输协定达成了一致，为改变旅客、货物在口岸换乘、换装，开展点对点的直达运输奠定了法律基础。

2. 基础设施

根据大湄公河次区域经济走廊论坛机制谅解备忘录确定的南北经济走廊由连接GMS中、北部地区经济和人口中心的三条主要线路组成，即：①穿过老挝和缅甸的昆明—清迈—曼谷陆路、水路一线；②昆明—河内 —海防一线；③南宁—河内一线。其中南北经济走廊西线（昆明—老挝—曼谷公路），由中国出资建设的昆曼公路3号线老挝段已竣工，连接老挝和泰国的清孔—会晒大桥工程将于2012年建成；中国境内段的改造也已建成通车。南北经济走廊中线（昆明—河内—海防）的中国境内昆明—河口段400km高等级公路已全部建成通车。另外，该通道上的中越河口—老街红河公路大桥已建成。南北经济走廊东线（昆明—南宁—河内）的中国境内南宁至友谊关高速公路（179km）已于2005年年底建成通车。北部走廊（昆明—大理—瑞丽—缅甸）中国境内的昆明—安宁—楚雄—大理—保山—龙陵高速公路已完工。

围绕《澜沧江—湄公河商船通航协定》，云南省推动了四国间的商船通航和上湄公河航道整治工程的实施。2010年4月26日，因干旱停航2个多月的澜沧江国际航运正式复航。云南省还完成了《红河航运发展规划研究》、《河口港总体布局规划》、《红河河口客运码头设计》等工作。

中国积极参与泛亚铁路合作，组织开展了泛亚铁路境内和境外段调研。利用中国政府对外援助资金，先后完成了柬埔寨境内巴登—禄宁（约255km）铁路缺失段前期可行性研究和缅甸境内木姐—腊戍段（约150km）以及腊戍—皎漂港的踏勘工作。2010年9月7日泰国内阁批准了与中国合建高铁的谈判框架草案；根据规划，拟建的3条高速铁路线分别是曼谷至廊开线、曼谷至泰、马边境线和曼谷至罗勇线；前2条高铁是从中国昆明经老挝万象、泰国廊开、曼谷、泰国南部边境直至马来西亚的跨国铁路线的组成部分。2010年12月中老两国签订合作协议，并确定了中老铁路工程建设方案；目前中老铁路整体设计工作已经完成，老挝境内段将在2011年开工建设，2015年建成。与泛亚铁路东、中、西三个方案相对应的中国境内段项目均已列入了中国的《中长期铁路网规划》，并都已开工建设，预计分别在2013年、2014年建成使用。泛亚铁路三大路线蓝图如图12-4所示。

图12-4　泛亚铁路三大路线蓝图

中国还进一步完善机场现有功能，适度建设支线机场，不断扩大航线网络，与周边现有通用机场共同形成空港群体，以促进与次区域国家航空运输快速协同发展。

在2008年召开的中国—东盟自由贸易区第七次部长会议上，双方通过了中国—东盟未来10～15年交通合作战略规划。规划中的“四纵三横”七大运输通道，涉及海陆空约90个基础设施建设项目，连接中国与东盟10国主要城市和工农业生产基地。

3. 云南省与周边国家开通的运输线路

到2009年年底，云南与老挝开通16条国际道路运输班线；云南与越南开通3条国际道路运输客货线路；云南与缅甸虽未签署双边运输协定，但边境地方政府与缅方签订了相关的试点协议，在开通2条客运线路的基础上，2009年又开通了瑞丽口岸、打洛口岸非定期国际道路旅游客运，中方货运车辆也可以通过上述口岸进入缅境内；云南与泰国2009年启动“云菜换泰油”易货贸易，在中老泰尚未签署三边运输协定的情况下，采取中泰两国先期组织运输车辆在老挝地方口岸采用接驳和换装等方式进行运输业务，为昆曼公路中泰车辆直达运输奠定了一定的基础。

（主要执笔人：宿凤鸣）

第十三章

国际城市及其形成发展中交通运输的作用

内容提要：国际城市分为世界城市、区域性国际城市等不同类型，最主要的特征是具有较雄厚的经济实力和国际化程度高，是全球或区域性的网络中心、经贸中心、金融中心，能够较大规模地凝聚与扩散国际经济能量。交通区位条件和交通网络的建设发展在国际城市的形成发展中起着至关重要的作用，国外、国内不少城市在交通运输方面的做法值得借鉴。

改革开放三十多年来，昆明市国民经济和社会取得了巨大发展，经济规模和基础实力大幅提高，对外开放不断深化，国际区域影响力不断增强。胡锦涛总书记提出“把云南建设成为我国向西南开放的重要桥头堡”的重要指示和相关战略措施的逐步贯彻落实，将会极大促进昆明市经济和各项事业的进一步加快发展和国际化进程加快，在国际区域合作中的地位和影响作用将进一步提高。为此，昆明市委、市政府根据现有发展基础和国际区位条件的新变化，把握桥头堡建设的战略机遇，从城市发展的角度提出了要把昆明建成我国面向西南开放的区域性国际城市的发展目标，争取2030年基本建成区域性国际城市。本章将对国际或区域性国际城市的有关特征和一些相对可比城市在发展中交通运输的作用和做法进行分析介绍，以供昆明和其他城市在建设发展中借鉴参考。

第一节 国际城市的划分和主要特征

（一）国际城市、国际化城市的概念及区别

随着我国经济发展水平和实力的快速提高、城市建设的快速发展，自20世纪90年代中期以来，国内许多城市对于建设“国际化城市”、“国际化大都市”

和“国际城市”的热情高涨，相继提出了建设“国际化城市”或“国际城市”的发展目标。据网上资料，1995年全国有50多座城市提出了建设“国际化大都市”的口号，1996年有75个城市，到2004年共有183个城市。如，北京现在的发展目标是“世界城市”；深圳在2003年提出了建设国际化城市，2010年8月国务院批复的《深圳市城市总体规划（2010～2020）》赋予了深圳“国际化城市”的定位，成为了我国继北京、上海之后国家给予批复国际化定位的第三个城市；广州、武汉、厦门、天津、青岛、长沙等提出了建设国际化城市，南宁、昆明等提出了建设区域性国际城市。其充分表明各城市政府对于城市国际化的发展非常重视，希望通过实施国际化的建设和对外开放，增强对资金、人才等各种生产要素的吸引和汇聚，促进城市的发展和国际地位的提升。

提到国际城市，人们马上就会想到纽约、伦敦、东京，以及巴黎、香港等，想到曼哈顿商业区高耸云霄的摩天大楼，想到金融中心、跨国公司总部汇集地等等城市发展的高级形态，但实际上国际城市有不同的层次，形态和类型各异。有关国际城市的研究，初期主要是对世界城市（World City）或者说全球城市（Global City）的研究。1915年，苏格兰的城市规划师格迪斯(Patrick Geddes)首次在英文文献中提出了“世界城市”的概念，他将一些具有统领作用的国家首都(如巴黎、柏林)和商业、交通网络系统中的工业中心(如杜塞尔多夫、芝加哥)界定为世界城市。西方学术界一般认为系统全面的世界城市的概念是在1966年由英国的地理学家霍尔(Peter Hall)在《世界城市》一书中提出的。他认为世界城市作为一个专有名词，指的是那些对全世界或大多数国家具有全球性经济、政治、文化影响的国际一流大城市，这些城市是具有全球意义的政治中心、商业中心、文化娱乐中心、各种专门人才以及规模巨大的人口聚集中心。霍尔认为英国伦敦、法国巴黎、德国莱茵—鲁尔区、俄罗斯莫斯科、美国纽约、日本东京等城市具备世界城市特征。

20世纪80年代和90年代，国内外学者又对世界城市作进一步研究，认为一个城市如果某一个方面或某几个方面的跨国交流比较频繁，其辐射力和吸引力对全球和区域产生重大影响，这类城市可称为国际性城市(International City)。

1986年，美国学者弗里德曼(Friedman)提出了“世界城市假说”理论，并用7项指标来衡量世界城市。这7项指标分别是：①主要的金融中心，②跨国公司总部所在地，③国际性机构的集中度，④商业部门(第三产业)的高度增长，⑤主要的制造业中心(具有国际意义的加工工业等)，⑥世界交通的重要枢纽(尤其是指港口和国际航空港)，⑦城市人口规模达到一定的标准。依据这些指标，弗里德曼认为包括纽约、伦敦、东京等30个城市可以算得上是世界城市，并且这些城市具有不同的序列等级，分布在美洲、欧洲和亚太三个子系统的核心以及半边缘国家中，且划分为四个类别：全球金融中心、跨国中心、国家中心、地区中心。

1991年美国学者萨森(Saskia Sassen)出版了《全球城市：纽约、伦敦和东京》一书，提出了超越国家的城市中心理论，对伦敦、纽约和东京3个公认的世界城市进行了详尽的分析。萨森采用“银行数”和“跨国公司总部数”两个指标来研究衡量世界城市，并将世界城市定义为高度集中化的世界经济控制中心、金融和特殊服务业的主要所在地，包括创新在内的主导产业的生产场所，以及产业和创新的市场等。

国际城市的形成和发展的主要推动力主要来自于经济全球化，经济全球化在推动国际贸易迅速发展的同时，推动了劳动分工、产业分工的国际化和金融、管理、服务业的国际化，使得金融、法律、管理、研究、开发、设计、物流、通信等生产性服务业向世界主要城市迅速聚集，从而使一些大城市成为全球经济网络中的重要节点，成为资源集聚、辐射、流通和经济增长的中心，在全球经济、政治、文化的活动和交流中发挥着重要中心作用。

大多数学者比较一致认同：国际城市是指具有较强经济实力，能够较大规模地凝聚与扩散国际经济能量(商业流、物资流、资金流、信息流、科技流、人才流等等)，有完善的现代化城市基础设施，信息交流快捷，并有完善的服务功能，对世界经济或政治的发展变化有一定影响的城市。

国际城市与国际化城市是两种既相互联系又有区别的城市类型。国际化城市是指拥有较高的国际化程度的城市，即一个城市与世界其他城市之间具有较高的经济、政治、文化交往程度。城市国际化程度高仅仅是国际城市的特征之一，国际城市必然是国际化城市，而国际化城市不一定是国际城市。比如，瑞士的日内瓦国际化程度较高，但因规模小（只有70万人口）等原因，只能称作国际化城市，而不属于国际级城市，拉斯维加斯、维也纳等也都是同样。国际城市需要具有相当的实力和量能规模，对全球的经济、政治、文化等方面具有重要影响力和国际声誉；而城市国际化是一个空间概念，反映了超出国界的内容和跨越国际的集散、辐射和影响的功能。国际化城市与非国际化城市的功能区别，主要指它在经济、政治和文化等方面的控制、影响和辐射力度及范围上的区别，前者跨越了国界，后者一般限于国内。

城市的国际化是从国别的尺度去衡量城市影响的地域和范围，特别是指其功能作用吸引、辐射、影响的范围的国际性，具体强弱程度因城市本身的规模和国际地位而异。简单地说，在人、财、物、信息及文化等方面进行跨国界的相互交流与往来并使之不断增加的过程，就是城市的国际化。如1987年10月，日本东京都规划审议室的国际化问题研究会在《东京的国际化与市政问题》报告中提出："所谓(城市)国际化，是指开辟一个日本与海外诸国进行物资流通、人员交流、信息传播、文化交流等项活动的场所或领域，并使这个场所内双方交流活动的比例不断增加的过程"。国际化最主要的就是经济贸易要和国际接轨，形成与经济全球化和参与国际分工与合作相适应的国际大生产关系、大市场关系；经济运行体制和运行机制要与国际经济体系相适应或兼容，形成广泛的国际交流与合作，使人流、物流、资金流、技术流、信息流在国际上互动畅通，广泛参与国际经济循环和社会文化交流。城市的国际化是一个过程，而国际化城市则是这一过程的目标和结果。

（二）国际城市类别的主要划分

对于国际城市，学术界有着不同的分类法。三级分类法：全球性国际城市（也叫世界城市，指纽约、伦敦、东京），洲际性或区域性国际城市（如巴黎、新加坡、香港等），地区性国际城市（也叫国家中心城市，如北京、上海等）。四级分类法：世界城市、洲际性、国家级、地区性国际城市。也有按城市的专业和功能分类，将国际城市分为综合性国际城市和专业性国际城市。大多数学者对处于国际城市体系金字塔顶端的世界城市意见比较一致，即学术界公认的世界城市主要是纽约、伦敦、东京这三个，世界城市就是国际城市的高端形态，是城市国际化水平的高端标志，对全球政治、经济和文化生活等方面具有重要的影响力、控制力和辐射力；但当划分至较低等级时争议比较大。

Yeung和Olds(2000)在对西方国际城市研究进行批判性总结的基础上，提出国际城市体系可以划分为3个相互联系、相互影响甚至相互交错的层次：处在最高层的国际城市，如纽约、伦敦、东京等称之为超级国际城市(Hyper Global City)，其最主要的特征是通过强大的量能和高度的区际交流与合作，包括高度发达的资本、信息以及人力资源流动，已经完全整合在全球经济体系之中，成为世界经济市场体系中的主要控制点。处于第二层次的即“国际化城市”(或崛起中的国际城市)包括那些具有一定资源(包括人力/资本、信息制度等)控制能力的区域中心城市，这些城市目前尚不具备超级国际城市那样广泛的全球影响力，但它们是超级国际城市在全球范围内施加影响的重要中转节点，在区际交流与合作中它们更为频繁地依赖超级国际城市的外来输入，而较少有相互之间的交流，在空间形态上，也主要以节点而非面的形式出现。处于第三层次或第三个类别上的，是以新加坡为代表的“国际城市国家”(Global City-state)，这一划分主要是针对新加坡的特殊情况而言的，在某种意义上也可以包括我国的香港特别行政区。这种空间形态介乎超级国际城市与国际化城市之间，同时具备两者的某些特质，比如在空间上它们主要以面的形式出现，但在结构功能与区域影响能力上，又更接近于国际化城市。

周一星(2000)主张把最高等级的国际城市称为世界城市或全球城市，它们是在新的国际劳动分工中具有全球协调和调控功能的综合性中心城市，如纽约、伦敦、东京；第二级的国际城市是具有国际区域性多功能的中心城市，或在政治、经济、文化等某方面具有重要国际功能的城市，它们相当于Friedmann（1986、1998）研究中提出的30个除伦敦、纽约、东京3个世界城市以外的重要城市。

吕拉昌（2007）提出国际城市的最高等级应是全球城市，具有全球影响力，是全球生产服务业的主要集中地；第二类是国际枢纽城市，具有与世界各地，尤其与全球城市有紧密的联系能力，在大洲或洲际层面上有重要的影响力，具有较强的生产服务业；第三类是区域性国际城市，具有广泛的国际经济、文化、人员的联系，在跨国界的区域资源配置中起关键作用，但影响力限于区域层次；第四类是国际性的区域中心城市，这类城市是区域经济发展的中心，具有一定的国际影响，但区域内服务功能强于国际服务功能；第五类是单一职能的国际城市，这类城市在某一功能方面具有国际水准，具有国际服务能力。这五类城市都是国际化的城市，但国际化的程度有很大差别。

刘玉芳（2008）提出专业型的国际城市，可以具体分为金融型、政治型、交通型三大类。

（三）国际城市的主要共性特征

国际城市之间尽管存在着较大差异和个性特征，但都是国际化城市，有着许多共性的基本特征。

（1）城市规模大，经济实力雄厚。这是一个硬指标，反映城市的综合经济实力，它至少包括GDP总量大，人均GDP程度高，后工业化经济结构明显、现代服务业发达，总部经济贡献率大等四个方面。国际城市是一国绝对的区域中心，同时也是世界性或者区域性的经济中心，在全球经济版图上具有举足轻重的地位；如大伦敦地区生产总值约占英国国民生产总值的1/5，大巴黎地区生产总值占法国的28%。全球性或区域性的国际城市对全球技术、资金、人才流动的控制功能超出了国家的范畴，城市主体功能职能化明显，服务于全世界，成为世界经济市场体系中的控制中心或控制点。

（2）国际金融中心，跨国公司总部主要集聚地。集中了较多的国际金融机构和跨国公司总部，以及国际经济与政治组织，是世界经济决策中心和资本运营中心、集散中心，在某种程度上能够控制和影响全球或区域性经济活动。大批的国际银行掌握着巨额的金融业务，其作为国际投资决策中心，使国际资本不断流向世界各个领域，同时又以利润的形式源源不断地流回，成为国际资本的聚散中心。而且往往是集金融中心、贸易中心、交通枢纽和通信中心于一体，对世界经济具有较高的参与度和渗透能力与辐射能力，对国际经济活动具有较大协调、控制和影响作用，从而左右着地区、国家乃至世界经济、政治和文化的发展。如纽约、伦敦、东京证券交易所在不同时区的接续运营保证了全球资本市场24h不间断交易；伦敦在1.4平方英里（约362万m^2）的金融城中聚集了547家外国银行、800多家保险公司、180多个外国证券交易中心，这里每天的外汇交易额达6300多亿美元，其国际债券二级市场的交易量占到全球的70%，在外汇交易量、国际借贷总量、黄金交易量、海外证券交易量、海事与航空保险业务、基金管理总量以及海外客户境外资产管理等方面均居世界首位。

（3）城市的国际化程度高，服务业发达。国际城市在经济上的显著特征之一是外向型经济发达，广泛地参与国际经济循环，其生产和销售等经济活动在空间上分布于全世界，形成许多经济实力强大的跨国公司。国际城市的主要功能之一是对商品和要素的聚集和扩散，是国际商贸较大规模聚集的中心；区域性国际城市是国际资本的区域性聚散中心，国际财团和跨国公司的地区总部或分理处、办事处的云集地，具有高度国际化的银行体系和保险体系以及功能齐全的国际金融市场体系，有大量的国外资本流出流入，在国内和国际经济交往中起着重要的衔接作用，承提着国内外经贸交往中的大部分工作量，是联结世界经济的结合点，是沟通国内和世界的重要通道和桥梁。国际城市也是一个国家或地区的政治或文化中心，各国人员往来频繁，是进行政治访问、经贸洽谈、文化交流、旅游观光等活动的重要城市和平台。服务业是国际城市经济的重要主体，一般生产性服务业（尤其是金融、保险、商贸、航运、通信、信息、科技、咨询、商业、市政公用等）都非常发达，具有广泛的国际经贸关系，拥有较大规模的国际资源交易量和流量。交易量就是影响力，流量就是控制力，国际城市不仅要有经济总量规模，更要具有国际产品和技术较大规模的贸易交易量，以及较大规模的国际金融、国际物流、国际人才的流量。如大伦敦地区金融和商务服务业占伦敦总产出的40%，大巴黎地区的商业和金融服务业占其总产出的近一半。

（4）交通、通信发达，拥有完善的现代化城市基础设施。国际城市一般所处地理位置优越，交通条件和设施优良，不仅国际航空发达和公路、铁路四通八达，而且一般拥有优良的港口，与世界或国际区域的联系便捷，是国际交通枢纽和运输中心；国际城市一般都是通信设施先进，拥有沟通全世界各大城市方便快捷的通信网络，为世界信息的传递提供良好的服务，是国际或区域性通信中心。同时，市政基础设施完善，市内交通运输系统和市际交通运输系统发达、便捷、高效。

（5）良好的国际形象，与国际接轨的通行国际惯例和法规。形象包括政治形象和社会形象，其涵盖诚信环境、公众素质、文明程度、社会风尚等等各方面，也包括城市的安全、稳定、法治、宜居等社会环境，是一个城市的品质。国际城市一般都拥有适应国际城市大量外来人口和国际化人才加入的开放、多元、包容的社会人文环境、国际语言环境、跨文化交流、大众传媒等。如，新加坡建国后，将英语列为官方语言之一，在全国推广，大大便利了新加坡与国外的交流，使外国投资、贸易及游客观光消除了语言障碍。在法律法规方面，一般都建立起适应于国际贸易开展和人员往来的与国际接轨的通行惯例和法规及对外政策等。

第二节 交通运输对区域性国际城市发展的作用

国际城市是一个内涵丰富、层次多样、类型多元的城市概念，尽管学术界对国际城市有着不同的划分和标准，但所指的都是具有世界或区域中心地位和影响力的国际化大都市，都是全球或区域经济网络的重要节点以及资源集聚、辐射、流通的中心，发达的交通运输网络起着至关重要的作用。无论是已经发展成为世界城市或区域性国际城市的大都市，还是提出要发展成为世界城市或区域性国际城市的大都市，都是首先从改善交通条件，建立与国际、国内便捷的交通网络，来提高网络中心地位和吸引集聚能力，带动经济、贸易、技术的发展，进而使城市规模和实力不断发展，品质、地位不断提升；不管这些城市的目标定位和发展路径有多大的不相同，基本上都是以发达的国际、国内交通为前提，以产业国际化为先导，以现代化的城市基础设施和立体交通为依托。下面将结合昆明以及我国许多城市提出的建设区域性国际城市，介绍一些规模、条件相对可比的洲际/区域性国际城市的交通运输所发挥的作用和做法。

（一）德国汉堡市

德国汉堡市位于不来梅东北部易北河岸（图13-1），是一座港口城市，面积755km^2，人口170多万人，德国第二大城市，仅次于柏林。汉堡港(Hamburger Harbour)是德国最大的海港，是仅次于鹿特丹港的欧洲第2大港。汉堡港是一个兼用海港和河港的港口，有着极为便利的海上交通和内河运输条件，有300多条航线通往世界1000多个港口，河港则有易北河、阿尔斯特河、比

图13-1　汉堡地理位置图

勒河3大内河通往内陆地区。

汉堡市地处欧洲东西、南北两大贸易线的交汇点，连接了北海和波罗的海，有着历史渊源，在中世纪时期汉堡港就成为汉萨同盟最重要的北海港口，是粮食、布匹、毛皮、鲱鱼、调味品、木材和金属的转运地。港口是汉堡市最突出的经济基础，其凭借港口、航运、外贸、金融、保险及造船等传统加工业的发展，成为德国一个重要的经济和贸易中心，是德国、波罗的海地区、东欧、俄罗斯和中国/远东地区各类进出口货物的主要运输枢纽和物流中心。

汉堡的发展不仅得益于优越的地理区位和港口条件，铁路、公路、航空业也非常发达，是城市发展的重要支撑。

（1）汉堡是德国北部最重要的铁路枢纽之一，拥有北欧地区最大和最先进的货运铁路编组站，是欧洲最大的铁路集装箱转运中心。汉堡港长距离货物运输基本依靠铁路，汉堡港的每一个集装箱码头和散货码头都有铁路相连，铁路在进出汉堡的长距离运输竞争中占据超过70%的市场份额，每天有近200列国际国内集装箱班列进出港口。

（2）汉堡拥有发达的高速公路网，与5条通往欧洲内陆的高速公路干线相连，通达德国本土和欧洲各地。

（3）汉堡机场是继法兰克福、杜塞尔多夫和慕尼黑之后与柏林并肩的德国第5大机场，拥有可处理空客A380客机的跑道、滑行道及停机位，是汉堡从空中通向世界的门户。2008年，汉堡机场共发送旅客1284万人次，飞机起降17.35万架次。

（二）美国迈阿密市

迈阿密位于美国佛罗里达州东南角（图13-2），是全美第11大都市，也是除了纽约之外的全美国际金融业务中心，素有中南美贸易金融之都之称，在金融、商业、媒体、娱乐、艺术和国际贸易等方面拥有重要的地位。迈阿密市总面积143.15 km²（其中陆地面积92.42 km²），人口42万人，这是狭义上所指的Downtown Miami。广义上的迈阿密，实际上是由众多的卫星城组成：北迈阿密海滩、劳德岱堡、迈阿密泉、珊瑚顶、珊瑚泉、好莱坞等十几个城市。一般所讲的迈阿密都是广义上的，就是迈阿密地区，总人口约547万人，整个都会区人口约592万人。

迈阿密不仅是“通往美洲的门户”，而且是一个国际性的贸易、商业中心。优越的地理位置，完善的运输线，使得迈阿密成为美国对中南美洲及加勒比海经济贸易门户。在交通运输方面，迈阿密海陆空交通皆十分发达、完善。

图13-2　迈阿密地理位置图

（1）迈阿密位居中南美洲与北美洲的枢纽位置，是南北美洲贸易命脉要地，穿越美洲大陆的巴拿马运河就比邻于迈阿密，通过迈阿密的港口，出口商品可以顺畅抵达南美洲的34个国家，是中南美洲货品运转中心，也是美国最大的转口贸易集散地，几乎95%的南北美洲贸易是在这里进行交易。在过去十年中，迈阿密市进出口贸易额每年增长20％。

（2）迈阿密周边有三大国际机场，两个货运机场。迈阿密主要的国际集散地是迈阿密国际机场，迈阿密国际机场是美国第三大（世界第七大）外国航空旅客进境港（仅次于纽约的约翰·F·肯尼迪国际机场和洛杉矶的洛杉矶国际机场），每年旅客超过3500万人次，也是目前在美国际货运排名第1的国际机场。相距50英里（约80450m）的另外一大国际机场——劳德代尔堡—好莱坞国际机场(Fort Lauderdale-Hollywood International Airport)也为这个都市区的城市服务，而且使用它的南佛罗里达旅客比使用迈阿密国际机场的更多，每天大约有200架次的国际班机起降，进出旅客6万多人次，极大地缓解了迈阿密国际机场的压力。

迈阿密国际机场主要向拉丁美洲和加勒比海地区运送货物，国际货运中的80%是属拉丁美洲贸易，每周约有300班次货机飞往中南美洲及加勒比海70个城市，每年转运货物达150万t。迈阿密与拉丁美洲间的国际货运成长率每年约15%，远胜于其他国家的4%。因此，与这些地区间的航线营运网络，以及与国内各大城市间航线网络非常密集。

（3）迈阿密港也是世界第一大游轮停泊港，其货柜吞吐量为佛州第一位，大约有100条航线来往世界的250个港口。2004年，将近600万的来自世界各地的海上游轮旅客，通过迈阿密港口运转的货物超过1100万t以及超过100万TEU的货柜。仅上述游轮和货物转口就给迈阿密每年带来超过140亿美金的收入。

（4）拥有百年历史的迈阿密铁路网非常发达，与大西洋沿岸铁路系统相连，可以在最短时间内将所委托的任何物品运进或运出。

（5）迈阿密地区的高速公路也非常发达，横贯东西的有826号、836号、595号、84号高速公路，直穿南北的95号(可直达纽约)、75号(可直达加州)、state 7号高速公路。

（三）中国香港

香港位处华南沿岸，珠江口以东，北接深圳市，南面珠海市万山群岛（图13-3），土地总面积约1100km^2，目前人口已达700万人。第二次世界大战后，香港以自由的经济体系和完善的法制推动着经济和社会迅速发展，成为全球最富裕、经济最发达和生活水平最高的地区之一。香港是一个高度国际化的城市，其在自由经济贸易体系主导下，凭借优越的地理环境和发达的海运、航空条件，不仅早已成为亚洲重要的金融、服务和航运中心，也是国际公认的金融商贸中心、国际航运中心。

图13-3　香港地理位置图

1. 航运是香港经济发展的主要依托

港口是香港的主要天然资源。香港1841年开埠，早年商业活动以贸易为主，作为中国与外国之间一个主要的转口港。在葵青货柜码头建成之前，香港的货运业务主要集中在维多利亚港的尖沙咀九龙仓码头。维多利亚港是天然良港，港阔水深，被英国人看中有成为东亚地区的优良港口的潜力，不惜采用战争从满清政府手上夺得香港，发展其远东的海上贸易业。维多利亚港一直主导香港经济和旅游业的发展，是香港成为国际大城市的关键之一。早期，维多利亚港一直是重要商港，直至后来海港西部的葵涌及青衣货柜码头的兴建，香港海运才逐渐离开维多利亚港中心地带，维多利亚港转而以旅游和交通为主。

1950年以前，香港经济是一个典型的转口港经济，本地出口值仅占总出口的20%左右，因此，香港对国际货运的发展非常重视。在20世纪50年代国际集装箱开始使用后，20世纪60年代在香港兴起，政府就规划在葵涌醉酒湾通过填海兴建货柜码头。1972年香港建成第一座专门的货柜码头，此后，为了适应香港本地的经济发展和内地改革开放带来国际贸易量快速增长的需要，又相继建成了二号、三号、四号、五号、六号、七号、八号货柜码头，到2000年码头实际操作处理能力达1180万TEU，另外还有中流作业处理能力350万TEU，实际完成装卸的货物达1.75亿t，装卸的集装箱达1810万TEU，对香港经济和珠三角经济的快速发展起到了重要的支撑作用。2003年、2004年又相继建成了九号码头6个集装箱泊位，2010年香港的集装箱装卸量达到2353万TEU。1994年～2004年葵青货柜码头货柜吞吐量一直居全球第一，随后相继被新加坡、上海港超越，现排名全球第三。根据香港公布的有关资料，包括与港口和航运有关的贸易、金融、保险等服务在内的围绕港口运营的相关总经济收入，约占香港年生产总值（GDP）的20%，相关就业人数更是占到总就业人口的25%。

2. 香港的三次经济转型也与贸易和航运密切相关

20世纪50年代前，香港主要的经济支柱是转口贸易。由于朝鲜战争爆发，联合国对中国实行禁运，影响了香港的转口贸易，迫使香港产业结构转向了轻加工制造业，主要生产成衣、玩具、钟表、一般消费的电子电器等技术较为简单的劳动力密集型产品，其产品90%以上出口，50年代至80年代是香港工业的全盛时期，成为纺织品、服装、电子产品及其他轻工消费品的生产中心，出口量与日俱增，走向了工业化和“出口导向型”道路。70年代末，香港已是亚洲“四小龙”之一，成为首个承接欧美电子加工与制造业外移的地区，引领东亚走上以出口加工为动力的发展之路，完成了由转口贸易为主向轻工制造业为主的转型。

到了20世纪70年代后期和80年代，香港工业面临劳动力短缺以及高地价、高工资、高通胀的威胁，国际竞争力下降，很难就地扩展生产以应付日益激烈的国际竞争等问题，加工业开始部分外移到韩国及东南亚地区。此时，适逢内地的改革开放，给香港制造业和经济的发展提供了新机遇，香港工业大举北移，并由此启动了第二次经济转型。香港厂商充分利用其天时、地利、人和的优势，开始将劳动密集型产业北移内地，香港与珠江三角洲地区的产业合作逐步形成了“前店后厂”的关系，在初期，补偿贸易和加工装配（简称“三来一补”）所占比重非常大。1991年，广东出口香港的商品中，有240亿美元与产品加工有关，占内地总出口的33.4%，占内地对香港外贸出口加工的份额高达94.5%。实际上，绝大部分自广东输入香港的货品，均来自港商在广东设立的三资企业及为香港商人做原料加工的集体或乡镇企业，这些商品在香港经过更深层次的加工、包装，再出口到欧、美市场。

在此期间，香港依靠其国际化、与国际市场联系紧密的优势，成为了内地融入世界的桥梁和转口贸易的枢纽。内地大量的产品和原料源源不断地通过香港转口贸易和从香港港口进出口，极大地支撑了香港国际贸易和航运业的发展。从1985年起，内地取代美国成为香港第一大贸易伙伴，是香港最大的进口来源地，最大的转口贸易市场。从1993年起，内地已成为香港本地产品出口的第一大市场。在1997的对外贸易额中，香港由内地进口商品占其进口额的37.7%、港产品出口内地的商品占其出口额的30.2%，转口商品中来源于内地的占58%、输向内地的占35.7%。与此同时，香港在运输、仓储、保险、包装和其他小型加工等方面为内地对外贸易提供相关服务中，获得的利润估计占商品贸易额的25%。随着制造业的转移，贸易对香港经济的贡献和作用越来越大，从1980年贸易增加值占GDP的10.7%增至2001年的20.1%。在依托内地广阔的经济腹地和巨大市场以及蓬勃发展的转口贸易等支持下，香港经济逐步完成了从制造业主导型向服务业主导型的转变，从工业中心变身为服务业中心，服务业占GDP的比重从1980年的67.3%上升至2001年的86.5%。

到了20世纪90年代中后期和21世纪，随着内地经济的快速发展和规模的不断壮大以及东南亚各国加工制造业的迅速发展，香港的优势渐减，而且高地价、高工资等造成了高成本劣势更甚，出现了竞争力下滑倾向；同时，香港在工业北移后出现了非工业化情况（有人称之为“空洞化”），制造业占香港本地生产总值(GDP)的比重从1980年的23.6%下降到了2001年的5.2%，不仅缺乏宽广的工业基础，难以形成体系，而且工业经济活动的空间也十分有限。在贸易和航运方面，随着中国加入WTO和贸易经营人才的成长以及深圳、广州、上海等集装箱港口的迅猛发展，对香港形成了分工与竞争，在多元化的竞争格局中，香港的增长速度受到了很大的影响。虽然国家“十一五”规划中首次将香港纳入，明确表示支持香港维持现有的金融、航运及商贸等三大国际中心地位，但在周边迅速崛起和强大的竞争下，三大中心的地位也全都面临压力。因此，香港面临着经济再次转型的压力，形势也非常急迫，对于此转型要求的内容很多，向高端服务业和新兴产业（尤其是创新科技、高新科技产业）的转型是主要核心，香港正为此努力。

3. 不断加强交通改善，发展和巩固贸易与航运枢纽地位

贸易和航运是香港优势的根本、经济的支柱，内地是香港经济发展的依托和最主要的市场，是香港最主要的货源地和客源地。因此，香港在不断提高国际服务水平的同时，非常重视重大基础设施的建设和与内地交通的不断改善，以弥补其地域狭小、资源匮乏的不足，通过建立与世界、与内地畅通的交通联系和紧密的经济关系，来保持香港经济的繁荣发展和巩固香港国际航运中心地位。

（1）适应航运业发展要求，及时支持港口泊位建设和能力的提高。香港港口设施设备全部由私营公司投资建造、拥有和运营，香港政府根据航运业的发展趋势和贸易量的增长，及时规划码头建设和用地，并在相关方面给予支持。至目前香港港口在葵涌—青衣港池共有建造了9个码头24个泊位，由五个运营商运营管理，集装箱吞吐量自1994年以来曾连续11年荣登世界第一，现在的吞吐力量达2300多万TEU，居全球第三位。为了保持香港航运业的继续发展和国际航运中心的地位，香港政府还规划将在青衣西南海滨，填海兴建十号货柜码头，在能力上保障竞争发展的需要。

（2）建设大型的现代化航空枢纽港。1998年前，香港唯一的民航机场是位于九龙城区的香港启德国际机场，旧机场位于市区中心，对九龙城区的居民造成很大不便，而且机场吞吐量进入90年代已经远超饱和量。1989年中英两国政府都同意：香港迫切需要一个新机场，以保证并发展其繁荣和稳定。并透过中英联合联络小组，就新机场的财务安排进行了谈判，于1991年9月3日，签署《关于香港新机场建设及有关问题的谅解备忘录》。香港新机场全称为香港国际机场（英语：Hong Kong International Airport，简称HKIA，IATA代码：HKG， ICAO代码：VHHH），是一座大型的现代化机场，位于新界大屿山以北的赤鱲角，于1998年7月6日正式启用，同时启德机场关闭。香港国际机场现阶段设有两条跑道，96个停机位，全日24h运作，2010年处理旅客5090万人次、货物410万t，是全球最繁忙的机场之一，国际客运量位列世界第五，国际货运量称冠全球。为满足日益增加的航空交通需求和发展成为亚洲的客货运枢纽，机场正不断增添新设施及建筑；为了进一步巩固香港作为国际和区域航空中心的地位，机管局已就是否兴建第三条跑道和2030年规划展开了研究；香港国际机场的发展目标是年客运量达8700万人次，货物吞吐量达900万t。

（3）极力改善与内地的陆路交通联系。为了适应香港的制造业北移和两地经济的紧密合作发展以及居民的便捷往来，更为了适应与内地的贸易和转口贸易，满足和吸引更大量的货物在香港港口进出，香港政府及时对连通口岸、港口的道路和铁路加强了改造和新建，并及时改造提高了既有口岸通过能力和新增开通新的口岸。其包括1985年新开通了沙头角口岸，1989年新开通了落马洲口岸，并于2003年进行了口岸通道的改扩建；随着过境车流量的不断增长和客流的迅猛增长，先后启动了深港西部通道、落马洲铁路支线的建设，并于2007年建成投入使用及新增了深圳湾和落马洲支线/福田两个口岸。目前，香港与深圳之间共有6个陆路口岸，大大缓解了过境的紧张压力，紧密了与珠三角及内地的联系，使大量的内地人员能便捷地进出香港，大量的内地集装箱能快速地抵离香港港口。为了进一步增强香港经济的发展能力和促进贸易以及航运业的增长，香港与珠海、澳门之间的港珠澳大桥重大基础设施，在中央的支持下，也已于2009年年底开工建设，预计2016年建成通车；经广州、深圳连接香港西九龙的广深港高铁香港段，长约26km，预算投资约652亿港元，拨款申请也已于2010年1月正式获得香港立法会财务委员会的批准。此外，香港与深圳之间还将规划新建一批口岸，以适应客货流大幅增长的需要。

（4）积极发展与珠三角的内河运输。为了促使更多的珠江三角洲地区的集装箱便捷、经济地运抵/运离香港港口，一方面加大对珠江三角洲内河港口的合作投资与经营，以及开展内支线等，增强对香港港口的喂给；另一方面改善内河船舶停靠条件，减少在大码头停靠的等待时间，提高内河运输效率，1996年开始建造屯门内河码头，1999年投入了使用。

（5）大力发展城市轨道交通。香港地铁1979年诞生，第一段为15.6km，铺设在九龙；此后，连续建设了观塘线、荃湾线、港岛线等；配合香港国际机场建设了公路、铁路两用的青马大桥，开通了机场快线；分别于1993年和1998年完成了第一次、第二次铁路发展研究报告，对香港铁路长期发展作出了规划。香港的铁路近年来发展迅速，政府共投放了1000亿港币发展了6个铁路项目，铁路网络现正扩展至香港各主要地区。2007年12月2日，香港地铁公司和九广铁路公司正式合并，两铁合并后改名为“香港铁路有限公司”（简称“港铁公司”）。目前，整个综合铁路系统总里程达239.5km，由观塘线、荃湾线、港岛线、东涌线、将军澳线、东铁线、西铁线、马鞍山线、迪士尼线、机场快线及轻铁各线共152个车站组成。全港每天乘坐公交工具人数约为1100万人次，占每天出行总人次的九成，其中港铁每日平均载客量已超过400万人次，占公共交通出行量的40%。港铁与大型枢纽建立了便捷连接，机场有机场快线，罗湖口岸有东铁，落马洲/福田有东铁马洲支线。在未来发展中，香港政府已启动了港岛西线、沙中线等项目，地铁覆盖范围将进一步扩大。香港轨道交通运营线路示意图如图13-4所示。

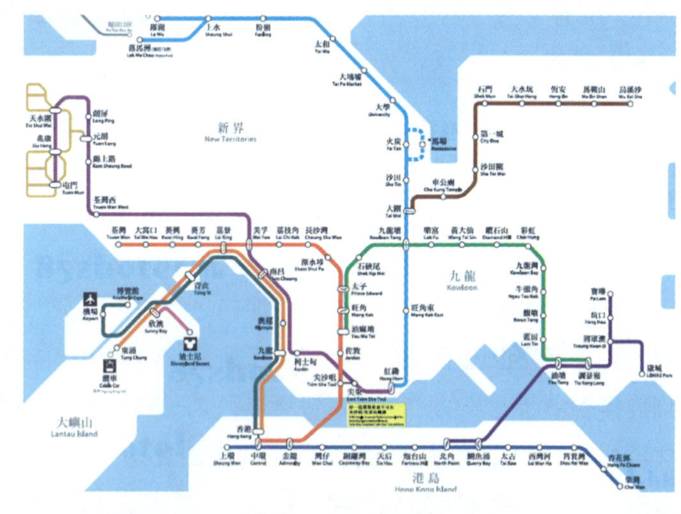

图13-4　香港轨道交通运营线路示意图

（四）中国深圳市

深圳市位于广东省南部的珠江口东岸，东临大鹏湾，西接珠江口，南接香港（图13-5）。1979年3月建市，1980年经国务院批准成为我国首批创办的四个经济特区之一，1988年成为国家计划单列市，是我国最早对外开放、开放度最大和最具有活力的城市。深圳市总面积2020km^2，建市之初（1979年）仅是一个人口31.41万人、GDP1.96亿元的小市，经过“经济特区”30多年的超常规快速发展，现已成为常住891.23万人（2009年）、总人口1400多万人的现代化大都市。2009年，深圳市生产总值8201.23亿元，人均GDP达9.3万元，在全国大中城市中排名首位。

图13-5　深圳地理位置图

深圳市的快速发展和国内、国际知名度及影响力的提高，一是在改革开放“经济特区”、“改革试验田”的政策支持下，深圳人的大胆改革、锐意创新；二是毗邻香港的有利条件，承接香港国际化大都市和自由经济贸易体系的辐射，以及依托香港港口便利的国际贸易和进出口运输，通过早期的“三来一补”、“来料加工”为后来产业的发展和经济的起飞创造了实力基础；三是深圳港口的快速发展、区域通道和国内通道的不断建设与逐步完善，以及经济腹地的拓展，为产业和国际贸易的快速发展提供了有利的支撑。

交通运输在深圳的发展中发挥了重要的支撑作用，形成了交通建设发展与经济、国际贸易、城市的发展相互促进的紧密关系。“十五”期间深圳市提出了建设国际化城市的发展目标，2009年国务院批准了《珠江三角洲地区改革发展规划纲要（2008～2020）》，深圳市更是加大了交通基础设施的规划与建立力度，更加注重对外大通道和枢纽的建设以及区域交通的整体发展。

1. 着力建设发展港口

改革开放之初至20世纪90年代初期，香港制造业有80%左右逐步北移至珠江三角洲地区，基本上是一个“前店后厂”格局，深圳进出口货物主要是由香港转口贸易或依托香港港口进出，深圳本身的港口发展非常滞后。1978年以前，深圳市仅在西乡、茅洲、布吉河沿岸有4个处于自然状态的岸坡式内河码头，靠泊100t级以下的内河小船，年装卸货量不足10万t，海上运输则基本处于空白状态。1979年深圳经济特区成立，深圳市才逐步开始了大规模的港口建设。深圳港从1988年利用蛇口多用途泊位开展集装箱业务起步，到1990年蛇口第一个集装箱专用泊位正式投产，再到1993年10月盐田港集团成功地与香港国际和记黄埔集团合作，以合资方式成立盐田港国际集装箱码头有限公司，共同经营盐田港口一期工程和建设二期，才开始步入了快速发展期，集装箱吞吐量从1988年仅有的1.01万TEU，1994年17.81万TEU，到1999年达到了298.60万TEU。此后，随着运输量的大幅增长，继续进一步加大力度建设东部盐田港区和西部港区的集装箱码头，2003年集装箱吞吐量超过1000万TEU，“十一五”期又开始开发建设大铲湾港区，2007年大铲湾一期中的2个泊位开始投入使用，一期完成后还将建设二期、三期。至2010年深圳港口集装箱吞吐量达到了2250.96万TEU，连续8年保持世界集装箱港口第四位，接近香港港口的2353万

TEU，成为了华南沿海名副其实的大型枢纽港。深圳港口的快速发展为深圳及华南地区的进出口货物提供了便捷的条件，降低了物流成本，进一步促进了产业和外贸的发展，深圳市的外贸出口总额从2000年的345.63亿美元快速增长到了2009年的1619.79亿美元（受金融危机影响，比2008年下降了10.6%）。

2. 及时新建和改造提高口岸过境能力

2000年之前深圳的货物主要依托香港港口进出口，尽管2000年之后深圳港口快速发展后，吸引了大量货物从深圳港进出口，但香港具有国际贸易与航运中心地位，以及港口班轮航线多、船期密、服务水平高等优势，仍然吸引大量的货物过境香港从香港的港口进出口，口岸的建设发展对于深圳以及珠三角的外贸发展以及紧密与香港的关系、承接国际大都市的辐射具有十分重要的作用。

深圳建市前，仅有罗湖口岸和文锦渡口岸两个口岸通往香港。1985年，经国家批准开通了沙头角公路口岸，1989年年底皇岗口岸货运部分启用通车，1991年8月8日客运部分开通使用。随着经济的快速发展和香港的回归，过境客货流量迅猛增长，到2000年深港陆路过境旅客超过1亿人次，日均过境车辆超过3万辆，既有口岸难以适应深港两地来往日益增长的需要。为此，在对皇岗口岸、沙头角口岸进行了扩能改造的同时，结合深港西部通道工程和深圳地铁建设，2007年又新建开通了深圳湾、福田两个现代化口岸。深圳目前已拥有经国务院批准对外开放的一类口岸15个，其中陆路口岸6个，海港口岸8个，空港口岸1个；经省政府批准对外开放的二类口岸3个。2009年，经深圳口岸出入境人员达1.85亿人次，日均50.7万人次，出入境车辆达1474.1万辆次，日均4.2万辆次；近几年，道路过境香港的货物超过3000万t（2009年受金融危机影响为2671.6万t），大部分为来往于香港港口进出口。未来五年，深圳还将规划建设莲塘口岸、广深港客运专线口岸、前海口岸、龙华铁路口岸、南澳旅游专用口岸、太子湾邮轮母港等六个口岸。深圳陆路口岸分布现状如图13-6所示。

图13-6 深圳陆路口岸分布现状示意图

3. 大力建设城际、区际通道网络，变末梢为重要枢纽

深圳市极力改善与周边城市、其他省市的交通联系，1987年开始建设广深高速公路，1994年建成通车，此后，又建成了梅观高速、机荷高速、惠盐高速、深汕高速以及盐坝高速、盐排高速，“十一五”开工的广深沿江高速将于2012年全线建成通车；在既有广深铁路的基础上，建设了国内第一条准高速铁路——广深铁路，“十一五”期间又增建了广深四线，形成了与广州之间的铁路、高速公路、国道公路的综合运输大通道，以及与其他周边城市的高速公路连接。

深圳市规划将通过建设五大陆路通道形成与全国的便捷联系，分别为：深圳经厦门至长三角的沿海通道，深圳经惠州至江西通道，深圳经东莞至湖南通道，深圳经广州分别至北京、重庆、昆明通道，深圳经深中（山）过江通道至湛江通道。未来将有4条客运专线引入深圳枢纽，分别为京广深港客运专线（广深段已于2010年年底建成）、厦深客运专线（将于2011年年底建成通车）、京九客运专线、深湛客运专线。

城际轨道交通方面，深圳将建设深圳经东莞至广州的穗莞深城际铁路（预计2011年年底建成通车），深圳至惠州城际铁路，深圳至中山、珠海城际铁路以及虎门至龙岗城际铁路。

在深圳至广州通道中，将形成2条高速公路、1条G107国道公路、4线的广深铁路、广深城际铁路、京广深港客运专线等大能力超强综合运输通道格局，进一步强化区域两大都市的紧密联系。

深圳市对外铁路如图13-7所示。

图13-7　深圳市对外铁路示意图

4. 积极做大做强航空枢纽港

在珠江三角洲机场密集、竞争的环境中，依靠自身优势，大力提高机场能力和服务水平，增强客货运吸引力，形成与其他机场的分工与合作关系。深圳宝安国际机场旅客吞吐量在2003年超过1000万人次后，2010年达到了2670万人次。依靠填海建设的第二条跑道将于2011年6月建成启动使用，可以起降目前世界上最大的空中客车A380飞机；此外，还将规划建设第三条跑道。正在建设的总投资65.5亿元的T3航站楼将于2012年年底建成，设计吞吐能力3000万人次，45万m^2的单体面积在全国仅次于首都机场、昆明机场和新白云机场，位居第四。预计到2020年，深圳机场的旅客吞吐量将达到4500万人次，飞机起降

37.5万架次，比2008年的数字翻一番。

5．大力加强城市轨道交通线网建设

2001年年底编制完成的《深圳市综合交通与轨道交通发展规划》和《深圳市城市轨道交通近中期发展综合规划》规划的全市远景轨道网络共由15条线路组成，总长365.2km；此后又进行了调整，《深圳市城市轨道交通建设规划（2011～2020）》确定的深圳市轨道交通线网远期方案共有16条线路，总长约597km。主要次中心利用轨道交通基本能在30min内到达市中心区，市域内其他组团利用轨道交通基本能在45min内到达市中心区。2004年年底深圳铁路一期工程开通使用，到2011年6月深圳轨道交通二期工程5条线路将全部建成运营，轨道总里程将达178.8km，开始进入网络化建设和运营的新阶段。根据深圳市交通规划，“十二五”及今后的10年，深圳轨道交通仍将保持集中大规模建设的基本态势，目前已开始轨道三期工程建设，三期工程由5条线路及相关延长线组成，投资高达950亿，超过一、二期的700多亿元总投资额，三期工程完成后，轨道运营线路达12条，总里程425km。

（五）中国南宁市

南宁市依托中国—东盟自由贸易区的建立和广西北部湾经济区的建设发展，以及地处广西北部湾经济区、大湄公河次区域、泛珠三角区域、南贵昆经济带等多区域合作的交汇点，华南经济圈、西南经济圈和东盟经济圈的结合部的区域优势，2009年提出了建设“区域性国际城市”的新目标。

在交通运输方面，南宁市提出了将以构建“便捷、安全、高效、通畅的区域性国际综合交通枢纽城市”为主要目标，把南宁建设成为广西北部湾经济区衔接泛珠三角地区、西南地区和中国—东盟自由贸易区等多区域的“更加便捷、更加安全、更加高效、更加通畅”的区域性国际交通枢纽。

（1）形成“一枢纽两大港三通道四辐射”的布局。即以南宁国际综合交通枢纽为中心以海港、空港为龙头，以泛北部湾海上、南宁—新加坡陆路和南宁通往东盟国家航空通道为主轴，以广西通往广东、湖南、贵州和云南方向运输通道为主线的国际通道体系。形成通往广东、云南、湖南、贵州周边省的高标准、大能力铁路通道；与周边国家、邻省建成14条高速公路通道；水运方面，加快港口码头建设，充分发挥港口物流带动作用，整合防城港市、钦州市、北海市港口，统一规划、建设、运营，提升整体核心竞争力；开展综合客运枢纽站场建设，鼓励货运枢纽向现代化的物流中心和物流园区发展，实现铁路、民航、城市公共交通与公路客运的高效换乘和有机衔接；形成广西省连接国内主要城市和东盟、日韩、欧美等国家重要城市的广覆盖、大密度航空网络。

（2）建设“三基地”。一是建设区域性物流基地，加快南宁保税物流中心和重点物流项目建设，建立现代物流配送体系，发展为广西北部湾经济区和更大区域服务的现代物流业。二是建设区域性商贸基地，加快商贸业基础设施建设，优化布局，将南宁打造成为集购物、餐饮、休闲、娱乐、商务、旅游等为一体的区域性商贸基地。三是建设区域性加工制造基地，优化产业结构，着力培育主导产业，形成强大的产业集群。此外，还要发展总部经济，打造区域性国际化服务总部基地。

到2020年，南宁综合运输通道将由东、南、西南、西北、北向和东北六个方向的进出南宁中心城的运输大通道构成，通过“突出东向、加强南向、提升西南、优化西北、完善北向、扩充东北”，逐步形成以“高速公路+普通公路+城际铁路+普铁+内河水运+大密度航空网”等结合的快速化大运量综合运输通道，以满足客货流对于出行费用、时间的不同需求。

（主要执笔人：罗仁坚）

参考文献

[1] 云南省发展和改革委员会.云南省滇中城市经济圈区域协调发展规划(2009~2020). 2009.

[2] 云南省发展和改革委员会.云南省综合交通体系和通信建设情况. 2010.

[3] 云南省交通运输厅，昆明市交通运输局.昆明公路运输枢纽总体规划.2010.

[4] 昆明市人民政府.昆明城市总体规划修编（2008~2020）. 2008.

[5] 昆明市发展和改革委员会.昆明市“十二五”规划重大前期研究课题汇编.2010.

[6] 昆明市发展和改革委员会.昆明市国民经济和社会发展第十二个五年规划纲要（征求意见稿）. 2010.

[7] 昆明市规划局.昆明市综合交通运输体系总体规划（2011~2020）. 2010.

[8] 昆明市发展和改革委员会.昆明市“十二五”现代物流发展规划. 2009.

[9] 昆明市规划局，昆明市交通运输局.昆明市“十二五”综合交通发展规划. 2010.

[10] 昆明市规划局，昆明市交研所，中铁四院，中铁二院.昆明都市区轨道交通概念性规划方案.2010.

[11] 中国口岸协会.中国口岸年鉴（2009年版）. 北京：中国海关出版社，2010.

[12] 云南省发展和改革委员会.云南省综合交通运输体系规划图册. 2010.

[13] 昆明铁路局.昆明枢纽总平面布置示意图. 2009.